JN410197

한국문헌정보학특강 ①

Digital Library

전자도서관 특강

노동조 . 이상렬 공저

Eureka • Digerati • BoBos

에듀컨텐츠

Http://www.ecbook.biz

전자도서관 특강

발행일 초판 1쇄 • 2006년 8월 30일
9쇄 • 2016년 3월 15일
발행처 에듀컨텐츠휴피아

서 명 **전자도서관 특강**
저 자 **노동조, 이상렬 共著**

출판등록 제22-682호(2002년 1월 9일)
주 소 서울 광진구 자양로 30길 79
전 화 (02) 443-6366
팩 스 (02) 443-6376
e-mail iknowledge@naver.com

만든사람들 기획 • 이정희 / 책임편집 • 김아름 신효정 / 디자인 • 김미나 / 영업 • 이순우

정 가 15,000원
ISBN 89-90045-37-1 (94020)
89-90045-33-9 (세트)

CIP

전자도서관 특강 / 노동조, 이상렬 共著. - 서울 : 에듀컨텐츠휴피아, 2006.
355p. : 삽화 ; 26cm - (한국문헌정보학특강; 1).

ISBN 89-90045-37-1 (94020)
89-90045-33-9 (세트)

1. 전자도서관 특강 2. 노동조. 3. 이상렬. 4. 한국문헌정보학특강;1.

K: 026.9 D: 027.69

KORMARC

020 $a8990045371 $g94020 :$c₩15,000
020 $a8990045339(세트)
056 $a026.9 $24
082 $a027.69 $221
245 20 $a전자도서관 특강 /$d 노동조 $e 이상렬 共著.
260 $a서울: $b에듀컨텐츠휴피아, $c2006
300 $a355p.: $b삽화; $c26cm
440 00 $a한국문헌정보학특강; $v1
653 $a전자도서관 $a디지털도서관 $a문헌정보시스템
700 1 $a노동조
700 1 $a이상렬
950 0 $b₩15,000

◆CIP = Cataloging In Publication
◆KORMARC = KORean Machine Readable Catalog

머 리 말

지식정보사회에서 전자도서관의 기능은 매우 중요하다.

개인이나 국가 차원에서의 정보 접근과 활용을 보더라도 정보도구로서의 전자도서관 활용은 일상화되었다고 해도 과언은 아닐 것이다

이 책은 크게 5개의 Part로 구성되어 있다. Part 1은 정보의 이해로서, 정보학 영역과 관련 이론 및 전자도서관에 관련된 기초 지식을 학습할 수가 있다. Part 2는 전자도서관의 이해로서, 전자도서관의 기본적인 개념과 관련 기술 등을 설명하고 있다. Part 3은 시스템 분석과 설계, 문헌정보시스템의 이해, 자동화 목록인 KORMARC 등을 담고 있다. Part 4는 전자도서관과 인터넷으로서, 전자도서관 환경에서 접할 수 있는 인터넷의 기술 및 이론, 인터넷 주소체계 및 통신 프로토콜, 웹과 클라이언트•서버 등에 대해서 학습할 수가 있다. 끝으로, Part 5에서는 전자도서관에서 접할 수 있는 각종 컨텐츠를 작은 프로그램을 통해서 제작하고 실습할 수 있도록 꾸몄다.

본 서의 내용이 독자들의 전자도서관에 대한 인식과 활용에 도움이 되기를 바라며, 지식정보사회를 선도해 나가는 지식정보 관리의 전문가로서 거듭나는 기회가 되었으면 하는 바람이다.

2006년 8월 저자 씀

저자소개

노 동 조

- 상명대학교 문헌정보학과 교수 / - 한국문헌정보학회 회원
- 한국정보관리학회 회원 / - 한국도서관.정보학회 회원
- 한국비블리아학회 이사

이 상 렬

- 숭의여자대학 문헌정보과 겸임교수 / - 서울보건대학 겸임교수(전산계열)
- 에듀컨텐츠 공동대표 / - 휴피아 작은도서관 관장

Contents

MEMO

Part 1

정보의 이해

Contents

Part 1

한국문헌정보학특강; 1

전자도서관 특강

Chapter
01

정보학의 이해

Section 1 도큐멘테이션

1.1 도큐멘테이션의 발생

1. 도큐멘테이션 용어는 1905년에 오틀렛이 최초로 사용
2. 1892년, 오틀렛과 랑퐁텡이 도큐멘테이션 활동을 추진하기 위해 IIB를 설립하기로 하고 서지 편찬계획을 세움
3. 형태에 관계없이 범세계적인 차원에서 기록된 지식을 색인 및 조직함에 있어서 기법과 전략을 도서관학에 기초함
4. 책자형 도서관 목록형태로 서지를 만들고, 서지분류를 위해 DDC를 사용함
5. 언어와 공간을 초월하여 범세계적인 기록정보에 대한 종합서지 편찬에 모든 지식분야를 망라한 포괄적이고 상세한 분류표를 모색
6. 서지자료 주제분석에 사용할 수 있는 분류표를 모색하게 됨
7. IIB는 DDC보다 세분된 분류표의 개발에 중점을 두고, 결과적으로 1899년에 UDC를 제정
8. 오틀렛과 랑퐁텡의 문헌활동은 도서로서 보존되어진 것 뿐만 아니라 비음성 기록자료까지도 도큐멘테이션에 포함시킴
9. 문헌의 주제나 내용적인 측면의 분석을 강조

도큐멘테이션 발생원인
- 과학기술문명의 발달
- 정보요구의 증가
- 정보의 대량생산

1.2 도큐멘테이션의 정의

1. **오틀렛** : 인간활동의 모든 분야에 있어서 모든 종류의 문헌을 수집, 분류, 배포하는 과정
2. **세라** : 서지조직의 일부분
3. **브래드포드** : 인간의 지적활동에 대한 모든 종류의 기록 자료를 수집, 분류하여 손쉽게 접근할 수 있도록 행하는 기술
4. **볼코** : 정보학분야 중에 하나
5. **맥과 테일러** : 정보를 최대한 입수하고 이용할 수 있도록 하기 위하여 기록된 전문지식을 일정의 순서에 따라 나타내고 조직하고 전달하는데 필요한 일련의 기법
6. Aslib(1945년) : 도큐멘테이션이란 전문화된 지식을 기록하고 조직하고 배포하는 것
7. SLA(1951년) : 도큐멘터의 생산, 배포, 이용 등으로 구성되어진 기술로서 기록방법이나 이용방법에 관계없이 어떠한 기록 형태의 정보라도 도큐멘트로 정의함
8. FID : 도큐멘테이션을 인간활동의 모든 분야에 있어서 모든 종류의 도큐멘트를 수집, 분류, 배포하는 것

- 도큐멘테이션이란 새로운 지식에 대한 정보를 이용자에게 제공하기 위하여 도큐먼트를 조직하는 활동으로 활동에는 수집, 분류, 축적, 배포 등이 포함됨
- 도큐멘테이션은 그 방법이 기계화든 비기계화든 간에 서지나 색인 및 초록과 같이 학구적인 도구의 개발에 관심을 가지는 활동

1.3 도큐멘테이션의 활동

Section 3 도큐멘테이션의 활동

1. 포토레미에 의하여 설립된 알렉산드리아 도서관이 효시
2. **게스너** : 세계적인 서지편찬 계획
3. **랑가나단** : Documentation and its facet에서 최초로 도큐멘테이션 활동
4. **파니찌**(1839년) : 서지작성 기술규칙 중요성 지적
5. **Jeweet**(1853년) : 국가종합목록 제의
6. **영국과학진흥협회**(1955년) : 수학 및 물리학 분야 활동
7. **커터**(1876년) : 사전체 목록규칙
8. ALA 목록규칙
9. AACR(1967년)-AACR(1978년)

1982년, 오틀렛과 랑퐁텡은 서지작성 문제점을 인식하고, IIB설립 후 본격적인 도큐멘테이션 활동이 시작

1.4 도큐멘테이션의 발전

1. 유럽지역에서는 2차 세계대전까지 기록된 자료에 대한 물리적 측면과 내용적 측면의 연구가 과학기술분야에서 도큐멘테이션이란 명칭이 사용됨
2. IIB-IID-FID-IFD로 명칭이 변경되었고, 브래드포드에 의해 도큐멘테이션이란 용어가 정착됨
3. 2차 세계대전후 각국은 과학자 및 연구자들에 대한 최신정보의 배포에 대해 그 중요성을 인식하고 국가적 차원의 도큐멘테이션센터 설립하였으며 이것은 저개발 국가의 도큐멘테이션 설립을 주요 사업 중에 하나(국제간의 커뮤니케이션 장애를 제거하기 위한 UNESCO 발의)
4. 미국에서는 유럽과 달리 마이크로필름과 같은 마이크로 복제에 관심을 갖게 되었으며, 1937년 ADI를 발족시킴으로 미국에서는 도큐멘테이션 활동이 절정에 도달
5. 미국에서의 도큐멘트는 기술적, 물리적인 면을 강조한 것으로 유럽지역에서 발달한 도큐멘테이션 즉, 문헌의 내용적 측면에서의 연구는 거의 찾아 볼 수 없음
6. 1952년, ADI 활동은 지식문헌에 대한 주제분석의 완전한 철학방법론 및 기술개발 등을 위한 터전이 됨
7. 1951년, 정보검색이란 용어를 최초로 사용한 무어는 Zato coding시스템을 개발하였고, 토오브는 유니텀과 조합색인기법을 개발함으로 도큐멘테이션 이론개발에 공헌
8. 1957년, 소련에서 Sputnik이 성공적으로 발사되자 미국은

자극과 반성의 기회가 되었고, 과학기술부분야가 소련에 뒤떨어진 원인을 규명하면서 도큐멘테이션의 활동과 조직적인 면에 있어서 소련보다 뒤떨어짐을 시인하게 됨

9 미국 내 정보기관들은 연구자들에게 효과적인 정보전달을 위하여 과학정보의 조직과 검색에 대한 새로운 방법론의 개발에 적극 지원함

1.5 도큐멘테이션의 쇠퇴와 정보학 발생

1 도큐멘테이션이 정보학으로 명칭이 바뀌게 된 가장 중요한 시점은 ADI, FID, NAS, NRC의 협력으로 국제과학정보회의 개최를 계기로 도큐멘테이션이 쇠퇴

2 Luhn이 정보검색을 위한 새로운 원리와 기법을 개발함으로 도큐멘테이션 영역이 더욱 쇠퇴

3 미국내 ADI+SLA 합병

4 1960년 Heilprin은 정보의 성질, 속성 및 이용에 관한 문제는 수학적 도구 사용과 기타 학문분야에서 개발된 방법을 적용하여 과학적 방법으로 연구해야 한다고 지적

5 ADI-ASIS 변경은 미국에서 도큐멘테이션의 붕괴를 의미

1.6 정보학의 정의

1 정보의 속성, 행태, 흐름을 지배하는 요인 및 최적의 접근성과 이용성을 가지도록 정보를 가공, 처리하는 수단을 연구하는 학문영역

2 정보학이란 정보자체가 지닌 내•외적인 성질인 속성과 일정

시점에 있어서의 정보의 정적상태 및 일정기간에 있어서의 동적인 상태인 정보의 행태를 연구

1) 정보의 속성

1. **내적, 내용적 속성** : 키워드, 주제명, 디스크립터, 분류기호
2. **외적, 물리적 속성** : 저자, 표제, 발행일, 발행지, 크기, 출판사

2) 정보의 행태

1. 정보의 정적인 상태(상대적 가치의미)
2. 정보의 동적인 상태(상대적 가치변화 : 계량서지학 접근)

> 정보학이란 정보자체가 지니고 있는 내•외적인 성질인 속성과 일정시점에 있어서의 정보의 정적상태 및 일정기간에 있어서의 성보의 동적상태인 정보의 행태를 연구하며, 정보의 발생과 전달에 따른 모든 요인 및 최적의 접근성과 이용성을 가지도록 정보를 가공처리하는 수단을 연구하는 학문영역

3) 정보학의 정의

1. **세라** : 사회과학에 속하는 학문으로 정의
2. **테일러** : 정보학의 순수과학적 측면과 응용과학적 측면을 정의
3. **볼코** : 정보를 가공처리하는 기법을 연구하는 종합과학으로 정의
4. **헤이즈** : 과학적 방법을 적용해야 올바른 연구가 수행된다고 정의

4) 정보학의 유사명칭

Documentation, Scientific, Information, Documentalistic, Information Science, Informatoligy, Informatic

1.7 정보학의 특성

1 학문의 구비조건에서 본 특성(세라세빅, 리이즈)

1. 공통된 관심이 존재할 것
2. 학술 연구기관에 참여하는 사람이 많을 것
3. 연구를 행하기 위한 유용한 기법, 도구 방법론 등이 있을 것
4. 해당 분야에 종사하는 사람간의 공식, 비공식 커뮤니케이션 채널이 있을 것
5. 전문 학회나 협회 및 학술지의 출판 등이 존재할 것

2 관점의 차이에서 오는 특성(베르지히와 네벨링)

1. 사상지향적 견해
2. 방법지향적 견해
3. 기술지향적 견해
4. 목적지향적 견해

3 정보의 정의에서 오는 특성

1. **미하이 로프** : 정보란 원시자료이며 데이터 집합으로 구성
2. **헤이즈** : 데이터 처리 결과에 의하여 생산되어진 데이터
3. **요비쯔** : 의사결정에 가치있는 데이터 또는 정보
4. **샤논** : 인간과 인간 사이에 전달되는 일체의 기호계열
5. **베르지히, 네벨링** : 정보란 불확실성을 감소시켜주는 것 (의미론적 분석결과)

Section 2 계량정보학

2.1 Bradford 분산법칙

1 1934년 브래드포드는 특정 주제분야에 있어서 그 분야의 과학잡지에 분산되어 출판된 여러 관련 논문들은 공통적인 분포현상을 나타낸다는 사실을 관찰함

2 그러나 이러한 현상이 수학적으로 동일하게 되어질 수 없었기 때문에 서술법칙과 그래프법칙이란 두 개의 법칙으로 묘사함(이 두 법칙은 일치하시 않음)

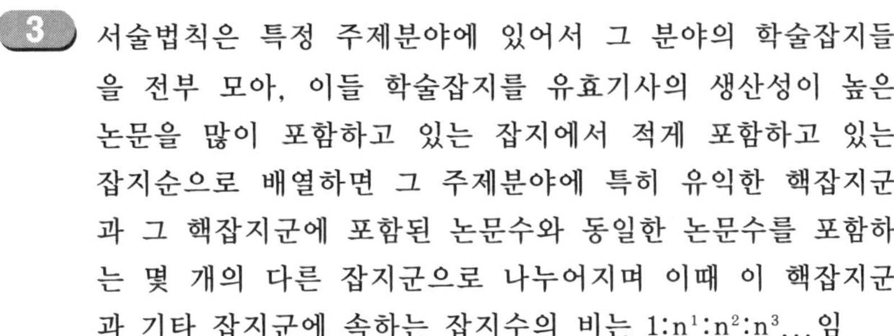

학술잡지는 과학기술문헌에 있어 다른 어떠한 문헌보다도 중요한 위치를 차지하여 왔다 과학잡지 수는 엄청나게 증가하고 있으며 이러한 상황하에서 도서관은 잡지의 구입결정이나 핵심 저널 선택 등 많은 어려운 접을 겪고 있음. Bradford 분산법칙은 이러한 문제점을 다소나마 해결하여 줄 수 있는 이론임

3 서술법칙은 특정 주제분야에 있어서 그 분야의 학술잡지들을 전부 모아, 이들 학술잡지를 유효기사의 생산성이 높은 논문을 많이 포함하고 있는 잡지에서 적게 포함하고 있는 잡지순으로 배열하면 그 주제분야에 특히 유익한 핵잡지군과 그 핵잡지군에 포함된 논문수와 동일한 논문수를 포함하는 몇 개의 다른 잡지군으로 나누어지며 이때 이 핵잡지군과 기타 잡지군에 속하는 잡지수의 비는 $1:n^1:n^2:n^3...$임

4 브래드포드 법칙의 도서관 적용

❶ 주어진 특정분야의 장서구성을 위한 기법
❷ 주어진 예산으로 전 자료를 이용자에게 제공
최소한의 비용으로 최대의 정보봉사를 할 수 있음

2.2 지수곡선적 증가법칙

1 프라이스는 거의 전체의 과학적 지식을 대상으로 이를 적용하여 저서 Science Since Babylon에서 지식을 나타내는 두 개의 주요 지침으로써 과학잡지와 논문의 수의 증가를 예시하여 설명함

2 프라이스는 초록지의 수도 논문의 수와 같은 정도로 증가하여 반세기 마다 거의 10배로 증가

3 프라이스는 '지수곡선적 증가법칙'을 유도하였으며 새로운 학술잡지의 증가는 일차함수로 증가하는 것이 아니라 지수함수로 증가하고 있다고 주장

4 지수함수 상수는 약15년마다 2배로 증가하게 되는 것으로 나타나며 이렇게 될 때 50년마다 10배, 150년마다 1000배로 증가

5 이러한 현상은 단순히 성장속도가 빠르다는 것보다도 그 곡선이 지수함수로 증가한다는 점에 주목할 만한 가치가 있다.

6 과학잡지의 수에 적용되는 지수함수에 의한 증가법칙은 잡지에 게재되는 논문의 수에도 적용된다.

2.3 Zipf 법칙

1. 문헌의 본문에 나오는 개개의 단어에 대하여 이들 단어가 사용되고 있는 빈도를 높은 것에서부터 낮은 것의 순으로 배열하게 되면 이들 개개 단어별 순위와 빈도의 곱은 일정하다라는 것이다.

2. Zipf 법칙을 적용함에 있어
   1. 도서관업무상에 있어 자료의 배가의 효율화
   2. 문헌상에 나타나 있는 단어의 사용빈도를 측정한 후 그 문헌의 내용을 가장 잘 나타내고 있는 단어를 선택하므로 자동색인 기법 가능

3. 고출현 빈도 단어에는 적합한데 비해 저출현 빈도에 대해서는 부적합하다.
   1. Booth는 $I_1/I_1=n(n+1)/2$와 같은 법칙을 정립
   2. Goffman은 고출현 빈도의 단어에서 저출현 단어로의 전환하는 전환점을 밝힘
   3. 자동색인을 할 때는 이러한 단어사용빈도 리스트로부터 색인어를 자동적으로 선택할 수 있어 컴퓨터에 의한 문헌의 자동분석이 가능함을 시사함

2.4 문헌의 수명감소 법칙

1. 과학문헌의 이용회수를 발행된 연도부터 통계화해 보면 발행 후의 시간적인 경과가 길면 길수록 이용 회수가 떨어지

게 됨(새로운 문헌이 이용의 빈도가 높음)

2 이미 나온 정보자료는 해가 거듭할수록 내용이 낡아지며 문헌의 연령이 많아지게 되면 이용빈도가 감소하게 되고 점차 이용회수가 거의 없는 제로 상태로 됨.(문헌의 노화현상)

3 이용횟수가 감소하여 가는 양상이 모든 문헌에 동일한 것은 아니며 어떤 문헌은 급격히 그 수가 감소하고 있는 반면 어떤 문헌은 장기간 이용이 계속되기도 한다. 모든 문헌이 무조건 연령으로만 문헌의 가치를 결정할 수 없음

4 노화곡선이 지수곡선이기 때문에 이 개념이 부합되는 것으로서 어떤 문헌의 이용회수가 그 반으로 줄어들기까지 기간을 문헌수명의 반감기라 함

5 노화곡선이 지수곡선이라면 어떤 시점을 택하더라도 반감기는 동일하게 되며 문헌에 있어 수명 감소과정을 나타내기 위하여 방사성 물질 반감기의 개념이 도입된 것은 1960년 이후임

6 방사성 물질의 반감기 이론에 의거하여 문헌의 수명감소 속도 측정이 가능하다고 제시한 사람은 Burton과 Kebler임

7 Burton과 Kebler는 어떤 방사성물질이든지 그것의 일정량을 가진 원자수가 그 반으로 붕괴되는데 소요되는 시간이 언제나 같으며 또 처음 반의 붕괴는 급속히 진행되나 나머지 반의 붕괴는 점차 느려진다는 현상이 과학문헌의 이용가치 감소현상과 유사하다는 사실을 발견

8 Burton과 Kebler는 시간경과에 따라 감소하는 방사선물질의 양을 출판 후 시간경과에 따라 감소하는 과학잡지의 이용가치와 유사하다고 보고 어떤 과학분야 문헌이 출판되어 그 이용가치가 정확히 반으로 감소되기 까지 소요되는 기간을 반감기라 함

9 방사성 물질의 붕괴와 과학문헌의 가치감소 과정사이에 유사성이 있다고 생각하게 된 것은 그들이 후자의 연구과정에서 발견한 곡선이 전자의 것과 아주 유사한데서 비롯된 것

임

> 문헌이 출판된 이후 시간적 경과에 따른 그 잔여 이용 가치로 나타나는 문헌의 수명은 반감기 이전보다 훨씬 길고 이용회수가 상대적으로 낮게 나타나기 때문에 도서관에 따라서는 이 반감기를 기준으로 학술잡지의 보관 장소를 좁은 열람실로부터 다른 장소로 옮겨 이용시키는 방법을 고려할 수 있다.

2.5 Lotka 법칙

1. Lotka는 학술논문의 빈도분포에 대하여 화학과 물리학 분야의 논문을 분석
2. 화학분야는 Chemical Abstracts에 수록되어 있는 데이터에 의거하여 개개 저자별 출판물의 출현빈도를 계산하되 공저자는 분석대상에서 제외시키면서 A와 B로 시작하는 저자들의 이름만을 분석대상으로 함
3. 물리학의 경우는 1900년 이후 역사에 대하여 망라적으로 수록되어 있는 Auerbach's Geschichtstafeln der Physik를 분석대상으로 하였다.
4. Lotka는 학술논문의 생산성에 대한 빈도분포를 다음과 같이 밝히고 있다.

> "n편의 논문을 기고한 저자의 수는 한편의 논문을 기고한 저자의 수의 약$1/n^2$이다. 그리고 모든 기고자 중에서 한편만 기고한 저자의 수는 약 60%이다"

Note

Chapter 02

정보의 유통

정보의 유통

Section 1 정보의 이해

1.1 정보의 정의

1 전통적 관점에서 본 정의

1. 정보란 어떤 주제나 사실에 관하여 전달되는 지식
2. 정보는 객관화되기 이전의 인식요소로 지식과 구별
3. 인식되기 이전의 정보는 결코 지식이 될 수 없다.
4. 정보는 지식을 형성해 가는 요소

2 행동과학적 측면에서 본 정의

1. 정보란 알리는 것, 알리는 것을 목적으로 보내거나 받는 자극
2. 정보란 감각기관을 통하여 수신한 자극
3. 정보와 지식을 인간의 행위나 행태를 연구대상

3 정보이론 측면에서 본 정의

1. 정보는 인간과 인간 사이에서 전달되는 일체의 기호계열(샤논)
2. 정보란 전달되는 신호 중심

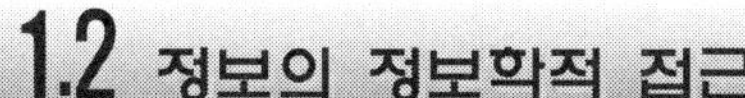

1.2 정보의 정보학적 접근

1 Shannon의 정보개념

1. 샤논은 커뮤니케이션의 수학적 이론의 일부로써 정보전달에 있어 신호의 정확한 전달과 수신한 신호의 적절한 해석을 공학적 문제로 다룸
2. 샤논의 정보이론은 전송채널의 용량과 잡음에 관한 기본 정의, 메시지의 정보량 측정이 포함

2 베르지히와 네벨링의 정보개념

의미론적 측면에서 6가지 유형으로 구분하고 있다.

1. 구조 접근법
2. 지식접근법
3. 메시지 접근법
4. 의미 접근법
5. 효과 접근법
6. 과정 접근법

3 세라, 켄트, 페리의 정의

1. 정보란 어떤 특정의 사실, 대상, 사상에 관한 지식
2. 정보는 알고 있는 사실
3. 정보는 메시지의 의외성 척도

4 헤이즈, 베커의 정의

정보란 데이터의 처리결과로 생겨난 데이터

5 벨킨, 로버터슨의 정의

정보란 텍스트로 구성되며 수신자의 이미지를 변화시키는 것

6 부룩스의 정의

1. 지식과 정보를 관련지어 정보를 정의
2. 정보를 지식구조의 일부로 정의
3. 정보는 언어정보에 국한된 것이 아니라 음악, 회화, 조각 등도 포함
4. 객관적인 정보와 주관적인 정보로 분류

1.3 발생형태에 따른 구분

1 정보를 인공정보와 자연정보로 구분

1. 인공정보 : 행동정보, 구술정보, 기록정보, 기기적 정보
2. 자연정보 : 내부정보와 외부정보로 구분
   1. 내부정보 : 유전정보, 생체정보, 본능정보, 직감정보
   2. 외부정보 : 자연계 정보, 우주정보

2 수신기관에 의한 구분

1. 지각정보 : 시각정보, 청각정보
2. 감각정보 : 후각정보, 미각정보, 촉각정보

3 사용주체에 따른 구분

1. 사내정보(내부정보) : 하나의 개체사이에서 전달되는 정보
2. 사외정보(외부정보) : 개체와 개체사이에서 전달되는 정보

4 포함하는 내용에 따른 구분

경제정보, 시장정보, 과학기술정보, 특허정보, 군사정보 등

5 입수형태에 따른 구분

1. 직접정보(일차정보) : 체험이나 경험에서 현상을 보고 듣고 느껴서 얻는 정보
2. 간접정보(이차정보) : TV, 라디오, 신문, 컴퓨터 등 간접적으로 정보를 입수하는 정보

1.4 정보원

1 정보원의 종류

1. 문자정보 : 도서, 잡지, 회의록
2. 영상정보 : 영화, TV, 비디오, CD-ROM
3. 음성정보 : 레코드, 사운드 테이프, 라디오
4. 뉴미디어 : CATV, 전자미디어, 인터넷

2 정보원의 종류와 특성

1. **1차 자료**

   학술잡지, 논문, 보고서, 레터지, Preprint, 특허, 회의자료, 도서

2. **2차 자료**

   1. 색인, 서지, 목록(1차 자료를 효과적으로 찾아보기 위한 자료)
   2. 백과사전, 텍스트북, 핸드북, 데이터집(1차 자료에 포함되어 있는 정보를 압축정리해서 읽기 쉬운 형태로 제공하는 자료), 통계류, 리뷰논문, 데이터베이

스, CD-ROM

3 초록, 리뷰논문 : 양자의 기능을 겸하는 자료

③ 3차 자료

참고도서 안내, 서지의 서지

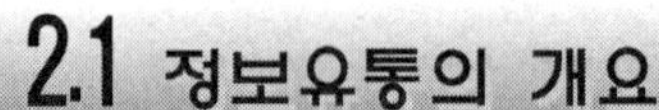

Section 2 정보의 유통

2.1 정보유통의 개요

1 정보 유통의 정의

① 정보의 유통(광의의 의미)을 커뮤니케이션(협의의 의미)이라고 함

② 커뮤니케이션은 비공식적인 커뮤니케이션과 공식적인 커뮤니케이션으로 구분할 수 있음

③ 공식적인 커뮤니케이션은 불특정 다수를 대상으로 하며 한쪽 방향으로만 일방적으로 전달되고 기록매체를 대상으로 함

④ 비공식 커뮤니케이션은 특정인을 대상으로 하며 대화나 구두, 편지, 컴퓨터 통신과 같은 것이 주체가 됨

2 커뮤니케이션의 요소

생산자-메시지-수신자-Channel

3 정보의 유통

1. 정보는 생산자(발신자)-수신자(이용자)에게 전달되지만 정보는 다시 다음의 수신자에게 전달된다. 이 과정에서 정보의 형태나 정보가 추가되거나 삭제되는 유동적인 양상을 띔
2. 정보의 유통에는 다수의 발신자와 수신자가 서로 관련되어 있어 망과 같은 모양을 하고 있음
3. 유통을 원활하게 하기 위해 창고와 같은 정보축적의 장소나 시장과 같은 정보교환의 장을 이룸

4 정보유통의 경로

1. 정보의 유통경로는 비공식적인 것과 공식적인 것으로 나누어짐
2. 공식적인 전달방법은 출판되는 것과 출판되지 않는 것으로 구분됨
   1. 출판되는 것에는 도서, 잡지가 있고 불특정다수의 독자를 대상으로 한다.
   2. 출판되지 않는 것에는 기술보고서, 학위논문, 특허 등이 있음(회색문헌)
3. 도서, 잡지, 논문은 1차 정보원이며 1차 정보매체는 직접 이용자에게 도달되는 한편 2차 정보서비스기관인 도서관, 정보센터, 초록/색인 작성기관, 크리어링하우스 등의 기관에서 수집, 축적, 분석 작업이 이뤄짐

2.2 정보의 유통과정

학위논문, 특허, 기술보고서는 유통의 초기단계에서 거의 대부분 어떠한 형태로든지 평가가 이루어진다.

1 기술보고서

1. 연구조성기관의 심사를 거치지 않으면 공개되지 않는 특징이 있음
2. 유통과정에 있어 다양한 형태로 가공됨에 따라 정보전달에 있어서 시간적인 지연이 발생할 수 있으며 또 동일한 내용이 서로 다른 매체에 가공되는 전달되는 일도 있음

2 학술잡지

1. 학술정보의 유통과정에서 가장 중요한 위치를 차지
2. 학술잡지에서 발표되기 전에는 비공식발표이지만 발표 후에는 공식적인 커뮤니케이션의 주체가 됨

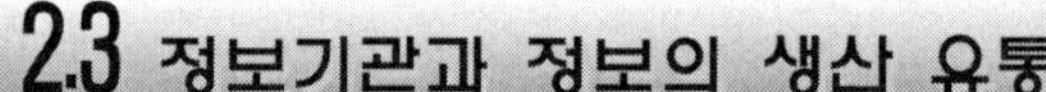

2.3 정보기관과 정보의 생산 유통

1 편집 출판기관(ICSU)

2 정보센터

3 초록•색인지 작성기관(AI서비스기관)

1. 초록 • 색인지 작성기관은 그 전문분야의 자료를 수집하고 서지사항을 통일한 규칙에 따라 기술하여 색인이나 초록을 작성하며 2차 자료를 정기적으로 간행함
2. AI기관은 국가기관, 학술단체, 비영리단체, 기업체 등으로 분류할 수 있으나 채산성이 맞지 않아 기업체가 운영하고 있는 기관은 적음
3. Wilson과 ISI, ICUS/AB, NFAIS가 잘 알려져 있음

4 크리어링 하우스

1. 크리어링 하우스는 광범위한 정보원에 대해 안내 서비

스를 행하는 기관임

2. 진행중인 연구(Ongoing Research)에 대한 정보를 수집, 제공하는 기관임
3. 대표기관인 SSIE는 1949년 Medical Science Information Exchange로 발족하여 1960년부터 모든 분야를 대상으로 정보서비스를 행하고 있음
4. 크리어링 하우스의 검색대상은 1차 정보로 출현하기 이전의 정보임
5. 미국의 National Referral Center for Science and Technology가 대표기관

2.4 정보의 이용

1 연구자와 정보

1. 학문분야에 그 분야마다 독자적인 사회시스템과 구조가 있어 정보 이용패턴의 모델화를 시도할 때 다음과 같은 사항을 고려해야 함
   1. 이용자의 학문영역
   2. 학문 영역의 발전 단계
   3. 연구영역 변동

2 정보의 요구

1. 정보요구의 종류

   소급적인 정보요구와 최신정보주지요구 일상 업무수행을 위한 요구 등의 세 가지로 구분

   1. 소급적인 정보요구(RS)

      이미 나온 정보에 대한 요구를 의미하며 과거의 정보를 망라적으로 탐색하는 경우에 발생하는 요구
   2. 최신정보주지요구(Current Awareness)
      - 현재의 상황의 인식을 위한 정보요구이며 가장 최근에 나온 정보에 대한 요구와 향후 특정 시

점까지의 계속적인 정보요구
- 최신정보주지 요구는 특정주제에 대한 연구정보를 계속 추적할 필요가 있는 연구자에게는 중요한 정보 접근 방법임
- 신착도서목록서비스, 학술잡지목차서비스, 문헌속보서비스, SDI가 있다

3 일상업무 수행을 위한 요구
- 일상업무 과정에서 발생하는 각종 정보요구임
- 단편적인 정보요구에서부터 다소 전문적인 요구도 존재함

2 정보요구의 수준

정보요구의 유형은 표현하는 요구(Demands)와 직접적으로 표현되지 않은 요구(Need)로 구분할 수 있다.

1 Demands는 도서관의 참고질문과 같이 표현되는 것으로서, 이에 대한 측정이나 분석이 가능하다.

2 Need는 Demands의 개념보다 훨씬 추상적이기 때문에 측정이 어렵다.
- 라인(Line)은 정보요구를 명확하게 이해하기 위해서는 먼저 이용과 Demands에 관한 데이터를 획득하고 여기에 의도적인 요구와 비요구적인 요구를 구별하여 밝혀내지 못했던 요구를 명확하게 해나가야 한다고 주장하였다.

3 정보요구에 영향을 미치는 요인

1 Paisley는 연구자가 소속하고 있는 시스템에 대하여 논하고 있다.
- 공식적인 정보시스템, 비공시적인 시스템, 일반문화를 제공하는 시스템 등

2 Line은 환경, 연구유형, 학문분야, 연구영역, 연구활동, 연구자의 유형, 연구자의 개인적 속성, 심리학적 속성에 영향을 받는다고 지적하였다.

3 Bourne은 이용자가 처해 있는 상태나 심리도 정보요구에 영향을 미친다고 주장하였다.

3 비공식적인 정보원의 이용

1 비공식적인 영역의 특징

1. 안정성이 결여되어 있음
2. 정보를 취사선택할 수 있음(가장 큰 특색)
3. 정보가 단명하나 같은 연구가 반복하여 보고됨
4. 많은 수신자를 대상으로 함
5. 정보전달활동, 정보흡수활동의 구별이 모호함
6. 연구자는 정보의 생산자 동시에 이용자이다.
7. 상호작용에 의한 정보를 교환함(비공식영역의 큰 특색)
8. 기록물조차 영구적이거나 공식적인 것이 될 수 없으며 정보의 비인격화도 필요하지 않음

2 비공식적인 정보전달의 역할

1. 비공식적인 영역에서 주요한 미디어로서 사신, 소규모의 집회, 국제수준의 학회 미완성 원고, Preprint, Reprint 등이 포함된다.
2. 비공식적인 정보전달이 하나의 사회적 조직으로 된 예가 보이지 않은 대학(invisible college)이다.

3 비공식적인 미디어

사신, 연구 동료와의 대화, 소규모의 회합, 대규모적인 과학집회, 국제적인 과학회의

4 비공식적인 기록미디어

Copy, Preprint, 회의록, Reprint

5 비공식적인 기록미디어 문제점

1. 비공식적인 영역에서 생산된 본래의 자료를 심사원의 심사를 거치지 않고 존재하면서 그 이후에 그것이 처음부터 공식적인 영역의 산물인 것처럼 취급됨

2 학술잡지 시스템의 질적인 통제를 유지할 수 없게 되면 과학적 지식의 기초적인 공적인 영역의 정보가 신뢰할 수 없게 된다.

3 학술대회에서 발표한 논문에서 심사원제도를 적용하는 것은 비공식적인 영역의 본질인 신속한 정보전달이 어렵게 한다.

4 대회발표 논문에 높은 질적 기준을 적용한다고 하는 해결안도 비공식적인 정보교환의 이점을 상실하게 되는 결점을 가지고 있다.

5 연구자에게 비공식적인 미디어가 사적인 것이고 한정된 소수의 연구자에게만 개방되어 있다.

4 보이지 않는 대학

정보의 홍수화로 인해 정보처리 능력에 한계를 느낀 연구자들은 유연성이 있는 비공식적인 정보전달 영역을 활용함으로써 어려운 문제를 해결하고자 하여 자연발생적으로 생겨난 조직이 보이지 않은 대학이다.

1 프라이스는 이 현상을 많은 분야에 있어서 특히 발달속도가 빠른 연구분야에 있어 자연적으로 생기는 장치로 파악함

2 보이지 않는 대학의 특징

1 보이지 않는 대학의 현상은 학술정보 전달시스템에 큰 영향을 줌

2 과학문헌의 증가 과학문헌을 이용하는 인적자원 증가, 연구비의 증액 등 이러한 요인들이 과학의 성장을 가속화시킨 요인임

3 프라이스에 의하면 정보를 소화하는 연구자 한사람의 능력에는 한계가 있음

4 보이지 않는 대학의 특징은 활발한 연구자들로 구성됨

5 정보전달 수단이 비공식적인 커뮤니케이션이라는 점이 강조됨

3 보이지 않는 대학의 기능과 구조

1 순기능

1) 정보량의 억제(중복의 배제)
2) 학술잡지가 발행되기까지의 시간적인 지연해소
3) 커뮤니케이션 위기라고 제 문제에 대한 하나의 해결안
4) 개인능력으로 처리가능
5) 수신자를 선택할 수 있고 효과적인 피드백(feedback)을 즉석에서 입수할 수 있다
6) 선별 통합 평가된 정보를 입수할 수 있다는 점

2 역기능

1) 보이지 않은 대학의 폐쇄성
2) 정보의 독점화
3) 패러다임에의 영향

4 크레인은 보이지 않는 대학의 구조를 칭하여 사회집단이라고 하였고, 연구는 농촌사회학과 수학에 대한 조사를 진행하였다.

5 보이지 않는 대학의 구조를 지탱하는 정보원은 비공식적인 커뮤니케이션망이다.

6 폐쇄성이 강하여 일종의 비밀결사와 흡사하다.

7 크레인이나 프라이스가 지적하고 있는 바와 같이 보이지 않는 대학은 자연과학 분야에 국한된 것이 아니고 어느 전문분야나 마찬가지로 지식 전파과정에서 반드시 볼 수 있는 현상임

8 보이지 않는 대학은 당해 연구영역의 핵심을 이루고 이 조직의 주요 연구자들만 결속시키는 기능을 행함
크라우포드는 수면과 꿈이란 주제의 연구영역에 있어 비공식커뮤니케이션을 조사하여 도식화 하였다.
크라우포드는 연간 3회 이상의 접촉을 가진 연구자의 명단을 열거한 후 사회측정학의 수법을 사용하여 조직망을 도식화 하고 중심인물의 유대관계를 발견하였다.

Note

Chapter
03

정보의 분석 및 가공

정보의 분석 및 가공

Section 1 정보의 분석

1.1 정보 분석의 목적

1. 전통적인 도서관 운영방식에서는 이용자가 필요한 정보를 찾고자 하여도 특정정보를 알고 있어야만 문헌에 접근할 수 있는 단점이 있어 찾고자 하는 주제를 알고 있어도 그 주제에 바로 접근할 수 없는 경우가 대부분이었다.
2. 이러한 문제점을 해결하기 위해 정보학적 측면에서 문헌분석은 그 문헌이 갖고 있는 다양한 속성 즉 키워드, 분류 내적속성, 저자, 표제, 출판사 등 외적속성을 파악하여 정확하고 다양하게 필요한 문헌에 접근하게 하기 위한 노력이다.

1.2 문헌의 속성

1 외적 속성

1. 표제요소 : 논문명, 제명, 지명, 서명, 기사명
2. 인명요소 : 정보생산자명, 저자명, 편자명, 역자명
3. 시간적 요소 : 작성일, 발행일
4. 장소요소 : 발행지, 회의개최지
5. 식별요소 : 문헌번호, 코드번호, 계약번호
6. 매체요소 : 자료종류, 신문명, 지명

2 내적 속성

1. 분류기호 : 어떠한 원리를 가진 그룹으로 나누는 것을 분류라 한다.
2. 주제명 : 문헌의 내용을 나타내는 단어나 단어의 결합을 의미한다.
   주제명이 주제명표목으로 부터 만들어지는데 비하여 디스크립터는 시소러스로 생성된다. 주제명은 전조합시스템이고, 디스크립터는 후조합시스템에서 사용하기 위해 만든 것이다.
3. 키워드 : 키워드를 너무 상세히 나타내면 불필요한 잡음의 원인이 된다.
   키워드는 동의어가 많으며 의미가 다양하고 정의가 불명확하기 때문에 용어의 통제가 필요하다. 통제된 용어 가운데 색인의 표목으로 사용가능 한 용어를 디스크립터라고 한다.
4. 초록

1.3 주제분석

주제분석이란 문헌의 내용을 개념적으로 분석하고 문헌에 대한 효율적인 접근을 할 수 있도록 조직하는 과정으로 복잡한 내용을 지니고 있는 주제를 그 구성요소인 중요개념으로 분석·처리하는 것으로 문헌의 내용 가운데서 저자의 의도는 무엇인지를 파악함과 동시에 가능한 원문의 내용에 일치하도록 분석하여 정보접근에 대한 효율성을 높이기 위한 것이다.

1 **표현방식에 있어 분류표에 따라 코드화하면 분류기호가 형성되고 용어로 나타내면 주제명이 된다.**

2 **자연어의 문장으로 나타내면 초록이 되며 소정의 기호 또는 용어로 표시하면 색인이 된다.**

3 주제명 시스템의 경우는 통제여부에 따라 자연어 시스템과 통제어 시스템으로 나누어지며 통제어 시스템의 경우에는 주제명표목이나 시소러스가 사용된다.

4 주제분석의 과정은 다음과 같다.

1) 내용분석
2) 주제분석
3) 색인어의 결정(시소러스, 주제명표목을 사용)
4) 색인어 표기

5 색인어의 표현

① 자연언어에 의한 색인어 표현(재현율이 낮아진다)

1 검색대상이 되는 그 색인어로 바로 결정하는 것으로 통제가 되지 않는다.

2 추출한 용어를 그대로 색인어로 사용한다.

3 자연언어에 의한 색인의 경우는 검색시 관련 문헌을 모두 검색할 수 없는 단점과 그 용어에 대해서 표현성이 풍부하기 때문에 정확성이 있는 장점이 있다.
자연어에 의한 시스템의 운용은 색인의 표목 선정에 많은 노력을 경감시켜 주며 정보검색자의 대부분이 자연어에 의한 문헌검색을 원하고 있기 때문에 오늘날 많은 정보시스템에서 이를 사용하고 있다.

② 통제어에 의한 표현(재현율이 자연어 색인보다 증가한다)

1 자연어로 표현함으로 유발되는 단점 즉 정보검색효율의 저하를 방지하고자 의도에서 고안한 것이 통제어에 의한 색인방식이다.

2 자연어를 통제하기 위하여 사용하고 있는 대표적인 도구로는 주제명표목표와 시소러스가 있다.

3 주제명표목표는 전통적인 도서관에서 주제명 목록

카드의 작성과 배열을 고려하여 편찬한 것으로 주제를 한곳에 모으기 위하여 도치표목을 사용하고 있다.

4 시소러스는 주로 정보센터에서 사용할 목적으로 고안하였기 때문에 카드상의 배열 보다는 정보검색적인 면을 중점을 두어 각 용어간의 상호관계를 묘사있음

5 통제어에 의한 분석은 각 용어마다 유사어, 관련어, 상위어, 하위어 사이의 관계를 명확히 묘사하고 있다. 유사용어 가운데 어떤 용어가 색인의 표목으로 채택되어야 히는지 지시하고 있기 때문에 모든 유사용어를 디스크립터로 사용할 수 없다.

3 복수의 단위개념으로 표현

1 단일개념으로 색인시 정보검색에서는 재현율 및 정도율이 저하된다. 이러한 현상을 방지하기 위해 고안된 것이 복수단위개념으로 표현하는 방법

2 오늘날 많은 정보검색시스템에서는 여러 개의 단위개념으로 색인하고 검색할 때 이들 개념을 조합함으로써 시스템의 효율을 높이고 있다.

3 복수개념을 논리적(n), 논리화(u), 논리차를 사용하여 검색함으로써 더욱 검색효율을 높일 수 있다.

4 하나의 문헌에 대하여 여러 개의 단위개념으로 색인 할 경우에는 그 문헌에 대한 접근점이 그 만큼 늘어나기 때문에 재현율이 증가하며 색인어를 검색할 수 있기 때문에 정도율이 높아진다.

5 언어학적 측면에서의 분석

1 음운론은 언어학적 관점에서 소리에 관한 것을 연구하는 것이다.

2 형태론은 단어의 형성에 관한 연구하는 것이며 의미론은 의미에 관한 연구이다.

3 통사론은 의미를 가진 문법의 최소단위인 형태소를 적절하게 결합하여 문법적인 구성을 하는 방법을 연구하는 학문이다.

6 의미론과 통사론적인 측면에서의 분석

1 의미론적 축면에서의 분석

1 의미론은 언어와 의미구조를 연구하는 학문이다.

2 의미론적 분석은 정보의 축적 및 검색에 있어서 입력정보로부터 모든 용어를 전부 사용할 수 없기 때문에 디스크립터로 사용되어 질 수 있는 용어와 사용할 수 없는 용어를 구별하고 사용할 수 없는 경우에는 디스크립터로 변환시켜 주는 것이 바람직하다.

3 의미론적 측면에서는 여러 개념 상호간의 상하관계뿐만 아니라 동의어, 유사어, 단수, 복수 등의 관계를 명백히 함으로써 정보검색시의 재현율을 향상시키기 위한 것이다.

4 용어의 동의성, 의미의 계층성, 유연성 등 3가지 형태로 구분

1) 용어의 동의성 : 동의어와 반대어, 유사어, 두문자어를 통제
2) 의미의 계층성 : 종속관계, 전체와 부분관계 등을 다룸
3) 유연성 : 동등관계, 유전적 관계, 동시발생관계, 유사성관계 등을 통제

5 의미론적 분석의 대표적인 산물은 오늘날 정보검색시스템에서 많이 사용하고 있는 시소러스에서 찾아 볼 수 있다.

2 통사론적 측면에서 분석

1 통사론적 측면에서의 분석은 정도율을 향상 시켜주는 역할을 한다.

2 정보검색시스템에서는 문장에 대한 의미론 및 통사론적 분석이 주요 관심사가 될 수밖에 없다.

3 통사론 측면에서의 분석은 문헌의 표제, 초록, 문헌

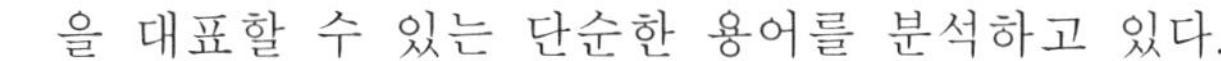

을 대표할 수 있는 단순한 용어를 분석하고 있다.

4 우리가 실제 사용하고 있는 문장구조를 표면구조라 할 때 이 두 문장의 경우 형태소는 같다 하더라도 다른 표면구조를 갖고 있을 수 있다.

5 이러한 문제를 정보학적 측면에서는 Link와 Role부호로 해결한다.

6 Link란 문헌의 구문에서 관계있는 개념끼리 연결시켜 문헌의 검색 때 정도율을 향상하기 위한 것이다.

7 Role이란 용어간의 역할을 기호로 부여한 것으로 정도율을 향상한다.

Section 2 색인과 초록

2.1 색인언어

1 색인언어의 의미와 필요성

> 색인언어란 문헌과 정보탐색자간의 효과적인 커뮤니케이션을 위해 사용하는 일종의 인공적인 매개 언어로서 정보검색의 효율성을 높이는 데 있다.

1. 색인언어란 색인표목(색인어)을 조절하기 위하여 사용하는 기호군이다. 즉 검색 대상이 문헌의 내용을 표현하기 위하여 선정한 기호군으로 용어, 숫자, 부호, 모든 기호를 포함하고 있다.
2. 색인언어는 문헌의 표제가 본문에서 사용된 자연언어

형태를 그대로 사용할 수도 있으나 인공적인 통제를 가함으로써 검색의 효율성을 높이고 있다. 즉 문헌의 내용을 나타내는 개념을 일관성 있게 표현하기 위하여 인공적으로 규정한 언어를 색인어라고 할 수 있다.

3 색인언어에는 분류표, 주제명표목표, 시소러스, 키워드 등이 있다.

4 색인시스템에서 사용하는 색인언어가 어떤 색인언어냐에 따라서 검색하고자 하는 탐색어가 달라진다.(색인어가 분류표이면 탐색어는 분류기호, 색인언어가 시소러스이면 검색언어는 디스크립터가 된다. 이를 이용하여 이용자는 문헌검색을 수행한다.)

5 자연언어 색인시스템은 효율성에서 볼 때 두 가지 중요한 문제점이 있다.

1 동일한 개념이 다양한 용어에 의해 표현되므로 관련문헌이 여러 개의 색인어 아래 분산된다.(동의어로 발생하는 검색효율의 저하는 통제된 색인어를 사용하여 용어를 통제함으로써 방지할 수 있다.)

- 자연언어 색인시스템에서 동일한 개념을 나타내는 동의어 유의어 모두 탐색어로 사용하지 않으면 재현율이 저하된다.

2 주제가 복합주제일 때 각 개념에 해당되는 여러 개의 단어를 결합하여 이 주제를 표현하는 경우 주제가 분산된다.

1) 이러한 문제는 다양하게 표현되는 자연언어 구문을 통제하여 색인어가 일정한 구문구조를 갖게 함으로써 해결된다.
2) 같은 개념의 복합주제는 언제나 일정한 구문구조를 사용하여 색인하도록 통제하는 것이다

2 색인언어의 종류

① 분류표

1 문헌의 주제를 기호로 나타내기 위한 색인언어로서 대부분 도서관에서 사용하고 있는 것이 분류표이다.

2 분류기호들은 색인어의 집합을 이루며 이렇게 분류기호로 이루어진 색인어가 일정한 순서로 나열된 것이 분류색인이다.

- 장점
  1) 모든 체계적으로 인접한 주제와 관련된 주제를 한곳에서 검색이 가능하다.
  2) 사용된 언어가 아무리 다양해도 관련 주제를 한곳에서 검색이 가능하다.
- 단점
  1) 특정한 주제에 직접 접근하지 못하고 언제나 분류표의 이해를 통해서 특정 주제가 어느 항목에 속하는지 알고 나서야 주제접근이 가능하다는 점
  2) 동일한 주제가 다루어진 관점에 따라 분산되고 분류표에 나타나지 않은 새로운 주제의 자료를 찾기가 어려운 점

② 주제명표목표

1 주제명표목표는 전통적인 도서관에서 수작업으로 사용하고 있는 주제명 통제도구

2 자모순 주제색인을 하기 위한 용어통제도구인 주제명표목표는 문헌의 내용을 분석하여 추출한 키워드에 대하여 용어통제를 하여 색인어로 결정하기 위한 도구

3 주제명 색인은 통제어휘를 사용하며 도서관의 주제명 목록과 동일

4 주제명 목록에서는 주제명표목표를 통제어휘집으로

사용하여 단행본을 색인해 주고 있으나 색인, 초록, 잡지는 잡지의 기사나 보고서 등에 대해 색인함

• 장점

1) 주제를 나타내는 용어로 직접 탐색할 수 있다.
2) 다루어진 관점이 달라도 한 주제 아래 그 주제에 관한 모든 자료가 모아진다.

• 단점

1) 종속관계에 있는 주제 및 체계상 서로 인접 주제라도 한곳에 모아지지 않고 자모순에 의해 분산된다.
2) 사용언어가 다를 때 같은 주제를 나타내는 문헌이라도 분산된다.
3) 동일한 국어 내에서도 두 개 이상의 동의어가 있거나 또는 시대에 따라 용어를 처리해야 한다.

③ 시소러스

1 자연어로 해당주제를 모두 검색할 수 없다.

2 해당 주제분야에 필요한 모든 개념을 수집하여 이들에 대한 개념의 대소관계나 동의어, 동형이의어, 관련어를 조절하여 정보시스템과 문헌생산자, 색인작성자, 이용자간의 통일적으로 사용할 수 있도록 통제하여 둔 용어 통제표를 시소러스라 한다.

3 시소러스는 1952년 로제에 의해 최초로 사용되었고 브라운슨이 분류에 관한 회의에서 사용한 것이 최초이다.

4 MeSH는 후조합방식의 정보검색시스템인 MEDLARS용으로 편찬된 것으로 명칭은 주제명표목표이나 실제로는 시소러스이다.

5 정보검색시스템에서 시소러스가 사용되기 이전에 전통적인 도서관에서는 용어통제표로서 주제명표목표가 사용되었다.

6 오늘날의 정보시스템에서는 일반도서보다 학술잡

지의 기사가 그 주종을 이루고 있고 주로 데이터베이스화하여 컴퓨터에 의한 검색하는 것이 일반적이므로 정보검색시스템에서는 색인작성자와 이용자가 다같이 이용할 수 있는 도구가 시소러스인 것이다.

7 시소러스는 주제명표목표를 발전시킨 것이라 할 수 있고 주제명표목표는 관련 문헌을 한곳에 모으기 위한 것이 주된 기능이나 시소러스는 관련문헌을 한꺼번에 탐색하기 위한 것이다.

8 시소러스는 도치표목을 주로 사용하고 있지 않으나 주제명표목표는 도치표목을 사용하고 있다는 차이점이 있다.

9 시소러스 구성

- 시소러스는 키워드들의 상호관계만을 명시하고 있다.
- 용어 즉 자연언어는 크게 키워드와 스톱워드로 구분하고 있다.
- 키워드는 중요어라 하고 주제 의미를 표현하며 StopWord(불용어)는 주제의 의미가 없는 단어로서 전치사, 관사, 접속사, 형용사, 부사 등이 이 부류에 속한다.
- 키워드는 다시 디스크립터와 비디스크립터로 구분되며 디스크립터란 색인을 작성할 때 색인의 표목으로 사용 가능한 용어 즉 색인어가 될 수 있는 용어를 의미하며 비디스크립터란 색인의 표목이 될 수 없는 단어를 의미한다.
- 시소러스란 키워드 상호관계 즉 디스크립터와 비디스크립터의 상호관계를 지시하여 주는 도구이다.
- 아직까지 모든 학문분야를 망라한 시소러스는 존재하지 않고 있으며 주로 주제분야별로 작성되고 있다.

4 시소러스의 일반적인 작성단계

1 주제영역의 정의(핵심영역은 상세히 개발하고 주변영역은 기존 시소러스 사용)

2 시소러스 특성의 결정(고려해야할 중요한 특성은 용어의 특정성수준, 전조합수준, 계층관계와 연관관계표시정도, 보조적 언어장치)

- 특정성이란 색인어가 주제를 상세히 표현할 수 있는 능력으로 특정성이 높을수록 개념을 정확히 색인할 수 있다.
- 낮은 특정성 언어는 도입어(USE)나 특정어를 사용하여 검색효율을 비슷한 수준으로 유지한다.
- 전조합수준은 시소러스가 복수단어 디스크립터를 어느 정도 포함하고 있는가를 나타내는 것으로 색인어의 특정성과 밀접한 관계를 갖고 있다.
- 시소러스에 복합개념을 표현하는 복합어가 얼마나 포함되어 있는가를 말한다.

3 시소러스 형태의 결정(자모순과 체계적 시소러스로 구분)

- 가장 기본적인 형태는 디스크립터를 자모순으로 배열한 자모순 시소러스다.
- 자모순 시소러스 부분에 추가된 분류체계 형태는 다음과 같다.

1) **포괄적 주제분류체계(COSATI 분류시스템)**
2) **계층적 분류체계(INSPEC 시소러스, TEST)** : 디스크립터간의 계층적 관계를 최상위 개념의 용어 아래 재정리하여 보여주는 것
3) **패싯 분류체계**
4) **용어도표** : 시소러스내 디스크립터들을 주제별로 모아 도표화한 것

4 용어의 수집(용어 수집원은 주로 문헌이 된다.)

5 용어의 표준화

6 디스크립터의 선택 및 용어의 상호관계 결정(용어간의 어의적 관계: 동등, 계층, 연관관계)를 결정하는데 바람직한 방법은 분류도구를 사용하는 것이다.

- 용어간의 관계를 표현하는 약어기호는 SN(Scope Note), USE(→:우선어), UF(Used for:비우선어) TT(Top Term:최상위어), BT(<:상위어), NT (>: 하위어) RT(관련어), 동등관계(동의어, 유사동의어) 설정되며 USE/UF로 표시
- 계층관계는 BT, NT가 사용

- 연관관계는 RT사용(용어간의 상호관계 결정과 SN에 작성된다)
- 시소러스는 특정한 디스크립터에 대해 개념의 정의나 사용범위를 기술함으로써 정확한 색인어의 선택을 돕고 있다.
- SN은 디스크립터의 사용에 대한 간략한 지시사항으로 의미가 모호한 용어나 용도를 한정할 필요가 있는 용어에 대해 추가하며 표시하는 기호로 사용

7 시소러스 편성

8 시소러스 테스트

4 키워드

1 키워드는 1950년대 기계를 이용한 정보검색시스템에서 사용되기 시작한 색인언어이다. 키워드는 자연어를 그대로 색인어로 결정하는 방식이다.

2 이 색인은 자연어를 색인어로 그대로 사용하기 때문에 색인하기가 비교적 쉽고 용어통제의 어려움이 없다.

3 키워드에 의한 색인방식은 후조합색인 또는 그냥 조합색인이라고 한다.

4 키워드 색인의 효시는 Taube가 개발한 유니텀시스템을 들고 있으나 후조합색인의 원리는 1940년대 광학일치카드시스템과 엣지놋치드 카드색인시스템에서 사용되었다.

5 키워드색인 원리는 문헌의 내용을 여러 개의 단위개념으로 색인하고 탐색할 때 단위개념을 조합하여 적합문헌을 검색하는 색인방식이다.

6 키워드색인기법은 불리안 논리에 의한 집합이론이 주로 사용되고 있으며 가중치에 의한 검색과 매칭함수에 의한 검색기법도 사용되고 있다.

7 키워드는 문헌에 나타난 자연어를 그대로 색인어로 채택하면 자유키워드 통제어휘집에 의거하여 통제된 색인어를 채택하면 고정키워드 또는 통제키워드라 한다.

8 통제언어 색인시스템에서는 고정키워드만을 디스크립터라 한다.

9 컴퓨터 정보검색시스템은 대부분 키워드색인을 채택하고 있는데 자동색인의 경우에는 자유키워드가 색인어가 된다.

10 자동색인의 경우에는 자유키워드가 색인어가 되고 수작업색인은 하나의 문헌이 여러 개의 키워드로 색인되는데 이때 각각의 키워드들이 잘못된 조합으로 인하여 부적합 문헌이 검색되는 경우가 발생한다.

11 키워드색인에서 연결기호와 역할기호를 사용할 수 있는 검색기법이 있다.

⑤ 용어열

1 용어열색인(String Indexing)은 전조합색인의 일종으로 검색효율을 향상시키기 위해 색인언어의 구문관계에 중점을 둔 색인언어다.

2 연관색인법, PRECIS, BTI, POPSI, PASI, KOSIS 등이 있다.

2.2 색인언어와 탐색언어

1 과거의 정보검색시스템은 색인언어와 탐색언어를 모두 통제하는 방법으로 검색효율의 향상을 시도하였다.

2 통제어휘를 사용하여 동일한 개념을 나타내는 용어는 언제나 하나의 색인어로 표현되게 함으로써 색인자의 색인어와 탐색자의 탐색어를 일치시키는 방법을 사용했다.

3 컴퓨터에 의한 기계가독형 데이터베이스의 증가와 온라인 방식의 정보검색은 통제어휘의 유용성을 상당히 감소시키고 있다.

4 대규모 컴퓨터 정보검색시스템은 표제나 초록에 나타나는

자연어로 된 키워드들로 해당 문헌을 검색할 수 있으며 온라인 정보검색시스템의 탐색행태가 정보전문가에 위임하여 탐색하는 직접탐색으로 변화되고 있기 때문에 주제전문가인 이용자 입장에서는 자연어 형태의 탐색어 사용이 훨씬 효과적이다.

5 초록 전문을 수록하는 데이터베이스 출현은 자동색인기법의 발전과 더불어 자연어 형태의 색인을 가능케 하였으며 온라인 정보검색시스템의 보편화는 자연어에 의한 탐색을 실현하였다.

6 정보검색시스템은 색인언어와 탐색언어의 통제여부에 따라 다음과 같이 5가지로 구분할 수가 있다.

1 색인언어와 탐색언어가 모두 통제언어인 시스템

분류표, 주제명표목, 시소러스와 같은 색인언어를 사용하여 색인어를 통제하는 시스템은 사전통제어휘 시스템이다.

- 장점
  1) 동일한 용어로 색인되므로 검색효율의 재현율이 높다.
  2) 용어간의 다양한 의미관계를 이용하여 관련있는 용어로 추가 탐색이 가능함으로 탐색범위를 확장할 수 있다.
- 단점
  1) 통제언어는 용어의 특정성 떨어지므로 구체적인 표현이 어렵다.
  2) 통제언어에 익숙해야만 효과적인 탐색이 가능함으로 정보전문가에게 적합
  3) 통제어휘집은 지속적인 갱신 필요

2 색인언어는 통제언어 탐색언어는 자연언어 시스템

1 탐색을 위한 용어통제가 없기 때문에 탐색자는 어떤 용어든지 사용할 수 있다.

2 이 시스템에는 자연언어 형태의 시스템 내에서 통제언어로 자동 변환시켜 주는 장치가 필요하다.

- 장점
  1) 탐색자가 통제어휘에 익숙할 필요 없이 자연언어를 사용할 수 있다.

- 단점
  1) 용어의 자동변환을 위해 상당한 크기의 사용 가능한 자연언어 형태의 탐색어를 컴퓨터에 온라인으로 소장시키는데 어려움
  2) 동형이의어, 다의어로 인한 정확한 탐색의 어려움
  3) 자동변환의 어려움

3 색인언어와 탐색언어가 모두 자연언어인 시스템

1 미래 정보검색시스템의 전형적인 특징이 된다.

2 전문을 수록한 데이터베이스의 제작이 본격화 되면 본문에 나타난 자연언어로 탐색하는 본문탐색기법이 활용될 수 있다.

3 초록이나 본문에 나타나 있는 용어의 기능어를 제외하고 모두 탐색어로 사용될 수 있기 때문에 문헌의 주제와는 관련 없는 용어를 탐색어로 사용하게 되어 검색효율의 정도율이 저하된다.

4 해결방법은 인접어 탐색기법이나 주제어로서의 중요도를 측정하는 여러 가지 기준이 사용된다.

5 용어를 통제하지 않음으로써 야기되는 재현율 저하는 용어절단 기법을 사용하여 해결할 수 있다.

6 이 기법에서는 탐색어와 어간은 같으나 의미가 전혀 다른 용어도 검색 될 수 있어 정도율이 떨어지는 경우도 있다.

7 어미변화에서 글자 수 제한기법이나 부적합한 단어를 제외시키는 ignore기법이 사용될 수 있다.

4 색인언어는 자연언어, 탐색언어는 통제언어 시스템

1 색인을 위한 용어의 통제는 하지 않고 검색할 때 동의어 사전과 유사한 탐색용 시소러스를 사용하여

검색효율을 높이기 위해 탐색어의 대략적인 통제만 을 해주는 사후통제어휘시스템이다.

2 컴퓨터 정보검색시스템을 위해 바람직한 방법으로 자연언어시스템의 장점에 전통적인 통제언어시스템의 장점을 추가시킨 시스템이다.

5 색인언어와 탐색언어에 통제언어와 자연언어를 모두 사용하는 시스템

1 대규모 정보검색시스템은 통제언어와 자연언어를 함께 사용한다.

2 Dialog DB는 색인어로 디스크립터를 사용하며 표제나 초록에서 나타난 용어는 9개의 불용어를 제외하고 자연언어 그대로 탐색어로 사용한다.

2.3 색인법

1 색인은 이용자와 정보원을 연결시켜 주는 중간매체가 바로 색인이 이 역할을 수행한다.

2 정보검색의 측면에서 색인은 정보원과 이용자를 연결시켜주는 중간매체의 역할을 한다.

1 저자명색인

1 문헌에 대한 접근 수단이 저자명이다.

2 저자명에는 인명, 기관명, 단체명, 정부기관명, 대학의 명칭이 포함된다.

2 서명색인

1 서명이나 논문의 표제나 배열의 기준이 되는 것을 말한다.

2 저자명색인은 간접적인 주제접근이나 서명색인은 직접적인 주제접근이다.

③ 주제명색인

1 문헌상에 나타난 주제를 일정한 순서로 배열한 색인을 말한다.

2 주제는 문헌의 내용을 분석한 후, 주제명을 추출하여 색인항목으로 선택한다.

④ 분류색인

문헌을 특정의 분류표를 사용하여 분류한 후에 분류기호에 의거하여 배열한 색인을 말한다.

- **장점**
  1) 관련 주제를 한 곳에서 탐색할 수 있다.
- **단점**
  1) 분류기호에 의한 탐색 후 이차파일 즉 알파벳순 파일이 필요하므로 두 단계로 이루어진다.
  2) 색인자료가 대량인 경우에는 일일이 분류하기가 어렵고 다양한 접근점을 제공할 수 없다.

⑤ 조합색인

1 조합색인이란 2개 이상의 색인파일를 조합하여 문헌이 주제를 만들어 내는 색인법을 말한다.

2 부울대수를 사용하여 검색함으로써 정도율을 높일 수 있게 된다.

3 조합색인 조합과정에 따라 전조합색인과 후조합색인으로 나누어진다.

4 전조합색인은 색인어가 탐색이전에 색인 작성자에 의하여 조합된 것을 의미(주제명색인, 분류색인)

5 후조합색인은 문헌의 내용을 여러 개의 단위개념으로 색인하고 탐색시 각 단위개념을 조합하여 적합한 문헌을 검색하는 색인법이다.

6 조합색인의 개념은 정보검색을 위해 펀치카드기법이 적용된 결과 생겨났기 때문에 조합색인 개념조합 이라 할 때는 후조합색인을 의미한다.

- **전조합색인**
  1) 단일개념(색인어 검색언어)
  2) 비조작적(논리단계)
  3) 주제명색인, 분류색인, KWIC, KWOC(전통적인 도서관)

- **후조합색인**
  1) 복수의 단위개념(색인언어)
  2) 단위개념의 조합(검색언어)
  3) 조작적, 부울논리 사용(논리관계, 검색방법)
  4) 유니텀, 펀치카드, 단위개념에 의한 오늘날 색인법(온라인정보시스템)

6 순열표제색인법

1 순열표제색인은 컴퓨터를 사용하여 문헌의 표제에 나타난 여러 개의 키워드를 자동적으로 추출하여 특정 위치에 고정시키고 알파벳순으로 배열하는 색인법을 말한다.

2 이 색인법은 문헌의 표제가 내용을 잘 묘사하고 있다는 전제하에서 가능하며 색인작성이 간단하여 신속히 행할 수 있는 장점이 있다.

3 대부분의 주제색인은 색인작성자가 내용을 파악한 후 주제를 추출하나 컴퓨터에 의한 순열색인은 이러한 문제점을 해소할 수 있다.

4 KWIC(Keyword-in-Context) 색인과 KWOC(Keyword-Out-of-Context) 색인 등이 여기에 속한다.

7 인용색인(Citation Index)

1 인용색인이란 문헌에 수록되어 있는 인용된 문헌과 인용한 문헌을 체계적으로 편성한 색인을 의미한다.

2 문헌간의 상호관계를 확인할 수 있다.

3 색인의 편집이 기계색인 방법에 적합하여 주제전문가인 색인작성자가 많이 필요하지 않다.

4 주제색인에 비하여 최신성이 있다.

5 인용색인개념에 따른 최초의 색인으로는 Sheprard'

s Citation이지만 실제 과학문헌에 본격적으로 적용된 것은 1963년 가필드 SCI가 출판되면서 부터이다.

6 SCI 출판 후 SSCI, A&HCI를 비롯하여 CD-ROM, Web으로 접근할 수 있다.

7 인용색인은 3부분으로 구성되어 있다.

1) 인용색인
- 인용된 저자의 알파벳순을 배열되어 있고 인용된 문헌의 엔트리는 저자명, 출판연도, 잡지명, 권, 페이지로 구성

2) 소오스 색인
- 인용한 저자들의 알파벳순 배열
- 저자명, 공저자명, 완전표제, 잡지명, 권, 호, 페이지

3) 순열주제색인
- 표제에서 키워드를 추출하여 순열로 배열한다.

8 PRECIS 색인법

1 PRECIS란 PREserved Context Index System의 약어

2 BNB를 자동화하기 위하여 Austin이 개발한 색인법으로 전세계의 많은 색인작성기관에서 채택

3 PRECIS는 컴퓨터에 의해서 만들어지나 컴퓨터에 의해 용어가 모두 추출되는 것은 아님

4 PRECIS 색인의 두 단계

1) 색인작성시 인간에 의해 문헌상에 적절한 색인언어를 선택, 결정함
2) 색인작성자에 의하여 선택된 색인어는 Input String의 형태로 기록

2.4 자동색인

1 자동색인 개요

1. 전통적인 색인작업은 훈련된 사서나 주제전문가에 의해 수행되어 왔다.
2. 1950년대 이르러 색인해야 할 문헌의 급속한 증가와 함께 색인경험과 주제지식을 제대로 갖추고 있는 색인자의 절대적인 부족현상이 발생하면서 컴퓨터를 이용한 자동색인이 출현하게 되었다.
3. 자동색인은 컴퓨터에 입력된 문헌의 텍스트를 분석한 후 이 문헌의 주제내용을 대표할 수 있는 단어나 어구를 추출해 내는 것으로 분석대상이 되는 텍스트는 문헌의 전문이나 초록 또는 표제가 된다.

2 자동색인 연구

1. 자동색인의 효시를 이룬 연구가는 1957~1958년 Luhn에 의하여 발표되었으며 룬의 사상은 자동색인 기법의 기초를 이루었다.
2. Luhn의 가설은 문헌에 출현한 단어들은 문헌의 내용분석을 위하여 사용할 수 있으며 단어의 출현빈도가 이 단어의 주제어로서 중요성을 측정하는 기준이 된다.
3. 룬은 고빈도 단어는 일반적인 단어이므로 주제어로서 가치가 없으며 나머지 단어가 색인어의 대상이 되는 주제어라고 보았다.
4. 중간빈도의 단어들이 문헌내용의 식별력이 크다고 보고 중간빈도어를 색인어로 선정하였다. 그러나 산출방법은 제시하지 않았다.
5. 박센데일은 룬과 함께 자동색인의 기초를 이룬 연구가로서 산출방법을 제시하였다.

   1. 기능어를 제외한 모든 단어를 색인어로 선택하는 방법(KWIC 색인을 비롯한 대부분의 자동색인 기법의 기본적인 방법으로 사용)

2 각 문단의 첫 번째 문장과 마지막 문장에 출현한 단어를 색인어로 선택하는 방법(문헌 구조적 특성을 이용하는 방법)

3 문헌을 구성하는 전치사구로부터 색인어를 선택하는 방법(구문적 분석기법)

6 자동색인의 기본원리는 문헌을 구성하는 단어들을 일정한 기준에 의해 주제어와 비주제어(기능어)로 구분하여 주제어로 평가된 단어를 색인어로 선정하는 것이다.

3 자동색인 기법

1 자동색인은 색인어 선정기준에 따라 통계적 기법, 언어학적 기법, 문헌구조적 기법으로 분류할 수 있다.

2 언어학적 기법은 어휘적단계, 구문적 단계, 어의적 단계 세단계로 나눌 수 있다.

1 어휘적 단계 색인기법은 불용어 사전을 이용한 불용어제거기법이 있다.

2 구문적 기법은 단어의 구문적 범부 결정을 위해 단어사전을 사용하는 방법이 있다.

3 언어학적 기법 : 속하는 것은 불용어제거기법과 단서어기법과 구문분석기법이 있다. 구문분석기법이 주류를 이루고 있으며 어의분석이 포함된다. 일반적으로 구문분석과 어의분석을 통괄하여 언어학적 기법이라 한다.

1 불용어제거기법 : 불용어(전치사, 접속사, 조사, 관사 등)와 기능어 및 공통적으로 사용되는 고빈도 단어를 제외한 나머지 단어들을 모두 색인어로 선정하는 기법이다.

1) 불용어를 제거함으로써 전체 문헌파일의 크기를 30-50% 감소시킬 수 있어 색인어 선정을 위한 텍스트 처리가 훨씬 쉽다.
2) 불용어제거기법을 채택한 가장 간단한 자동색인으로는 표제로부터 불용어 이외의 단어를 모두 색인어로 선정하는 KWIC 색인류을 들 수 있다.
3) 불용어제거기법을 사용하는 색인은 온라인 정보검색시스템인 DIALOG시스템의(자동색인)을 들 수 있다.
4) DIALOG에서는 an, and, by, for, form, of, the, to, with 9개의 불용어 이외에 표제와 초록에 나타나는 모든 단어들 색인어로 채택하고 있다.

2 단서어기법 : 결론, 결과, 요약, 입증 등과 같이 문헌의 주제를 축약적으로 표현해 주는 단어가 출현한 문장 속에 함께 출현한 단어들을 색인어로 선택하는 방법

3 구문분석기법 : 전치사구나 명사구등의 한 단어로 처리되는 단어군을 찾아낸 다음 빈번히 나타나는 단일어나 복합어를 색인어로 선택하는 방법

4 문헌구조적 기법 : 단어가 나타난 위치에 의해 색인어를 선정하는 기법으로 서론, 본론, 요약 등의 제목을 갖는 특정한 부분에 나타난 주제어들을 색인어로 선택하는 방법과 각 문단의 첫 문장과 마지막 문장과 같은 주제적 문장을 선택하여 이 문장 속에 나타난 주제어를 색인어로 선택하는 방법

4 통계적기법 : 단어의 출현빈도에 근거하여 주제어로서 중요도를 측정한 다음 색인어를 선정하는 색인방법을 망라한다.
통계적기법의 기본 가설은 단어의 출현빈도가 높을수록 그 단어가 문헌의 주제를 대표할 확률이 높다는 것이다.

1 단순빈도와 상대빈도

- 색인어선정을 위한 통계적 기준은 모두 단어의

출현빈도에 근거하고 있다.

- 단어의 산출방식에 따라 단순빈도와 상대빈도로 구분한다.
- 단순빈도는 단어가 어디 출현했는가에 따라 단어빈도 문헌빈도 장서빈도로 구분한다.
- 단순빈도는 문헌집단의 크기나 분석대상 텍스트 길이 단어의 사용빈도를 전혀 고려하지 않은 것으로 이것으로 색인어를 선정기준으로 사용하기는 어렵다.
- 이러한 요인을 고려한 상대빈도가 더 적합한 기준으로 평가되고 있다.
- 상대빈도는 단어빈도를 각각 문헌빈도, 장서빈도, 문헌길이 등으로 나누어 줌으로써 빈도의 값을 표준화시킨 것이다.
- 상대빈도를 역문헌빈도라 하며 이 상대빈도 개념이 일반적으로 널리 쓰이고 있다.
- 스파크존스가 제시한 역문헌빈도는 문헌빈도가 낮은 단어 즉 적은수의 문헌에 나타난 단어에 높은 중요도를 부여하는 결과를 가져온다.
- 역문헌빈도를 가중치로 준 색인방식이 가중치를 사용하지 않은 경우보다 효과적인 검색결과를 가져옴을 실험을 통해 입증하였다.
- Salton은 문헌내의 단어빈도를 곱한 값을 가중치로 줌으로써 문헌빈도가 낮고 단어빈도가 높을수록 역문헌빈도도 높아지도록 하였다.
- Damerau는 자동색인에 관한 실험에서 3가지 빈도기준에 의해 선택한 색인어를 수작업에 의해 선택한 색인어와 비교하였다.
- 단어빈도를 기준으로 하였을 때 고빈도단어와 저빈도단어는 각각 기능어와 희귀어이므로 색인어로 적합하지 않은 반면 중간빈도의 단어가 주제어이므로 색인어로서 적합하다는 발견하였다.
- 단어의 출현빈도에 근거한 통계적 기준을 이용한 자동색인에서는 컴퓨터가 산출해 낸 빈도가 바로 가중치가 된다.
- 문헌내 단어빈도나 단어빈도를 포함한 상대빈도 공식은 한 문헌 안에서 특정한 단어의 주제어로서 가치를 측정하는 기준인 반면 장서빈도나 문헌빈도 스파크존스의 역문헌빈도 등은 전체 문헌집단내에서 특정한 단어가 갖는 주제어로서

가치를 측정하는 기준이 된다.

2 단어의 문헌분리 능력에 의한 기준

- Salton이 제시한 문헌분리는 특정한 단어가 한 문헌집단 속에서 상호 관련없는 문헌들을 분리시키는 능력을 측정한 것이다.
- 좋은 색인어는 문헌집단을 구성하는 문헌들 가운데서 서로 주제가 다른 문헌들을 가능한 분리시키며 나쁜 색인어는 문헌들을 무리짓는다는 것이다.
- 특정한 단어의 문헌분리가란 이 단어가 색인어로 부여되기 이전과 부여된 이후의 문헌간의 평균 유사도의 차이를 측정하는 것이다.
- 평균유사도는 문헌집단의 밀집도를 나타내므로 평균 유사도가 클수록 문헌들이 밀집해 있음을 의미한다.

3 정보이론을 이용한 기준

- Shannon의 정보이론에 기초한 색인어 중요도 측정 방법이 있다.
- 정보의 개념을 선택의 자유로 보고 이것은 정보원이 생산해 낼 수 있는 다양한 메시지로 부터 하나의 메시지를 선택할 때 부여되는 선택의 자유를 말한다.
- 선택의 자유가 클수록 어느 메시지가 선택될 것인가에 대한 불확실성이 커진다고 보고 이 불확실성의 크기를 엔트로피로 측정하였는데 이것이 메시지가 갖는 평균 정보량이 된다.

4 검색문헌의 적합성을 이용한 기준

- 역문헌빈도에서는 단어의 출현빈도를 산출할 때 특정한 질문에 대한 문헌들의 적합성을 고려하지 않았다.
- 적합문헌과 부적합문헌을 구별하지 않고 전체문헌을 통틀어 출현빈도를 산출하였다.
- 문헌의 적합성 정보를 이용한 기준들은 단어의 출현빈도 뿐만 아니라 단어가 출현한 문헌의 유형(적합문헌과 부적합문헌)을 고려한 것이다.
- 적합문헌과 부적합문헌의 분포를 직접 이용한 적

합성가중치공식과 단어의 탐색실용성이론에 근거한 가중치 공식이 있다.

- 적합성가중치공식 중 대표적인 것이 단어정확도를 측정한 것이 있다.
- 단어의 정확도가중치와 실용도가중치는 실험결과 높은 검색효율을 가져오는 것으로 나타남
- 적합성에 근거한 가중치는 색인작업이나 탐색작업에 앞서 적합문헌과 부적합문헌의 수를 알아보기 쉽지 않으므로 적용하기는 어렵다.
- 적합성을 이용한 가중치는 탐색시 질문을 구성하는 탐색어에 부여할 목적으로 연구되었다.

5 확률분포를 이용한 기준

- 단어의 출현빈도에 따른 확률분포를 이용한 확률색인은 1960년 Maron과 Kuhns가 문헌의 검색확률에 근거한 확률색인의 개념을 제창한 이래 계속 발전해 왔다.
- 확률색인은 주제어와 비주제어의 분포패턴이 다르다는 것에 근거하고 있다.
- 주제어와 비주제어의 분포패턴에 관한 모형으로는 단어가 문헌집단 속에 랜덤하게 분포되어 있는 현상을 설명한 포이슨분포모형과 두 개의 포이슨분포를 결합시킨 2-포이슨분포 모형이 있다.

1) **포이슨분포** : 전체문헌집단에 랜덤하게 분포되어 있는 단어는 색인어로는 부적합한 단어이므로 포이슨 분포 모형은 색인어로는 부적합한 비주제어 분포모형임을 알 수 있다
2) **단어의 집중도** : 북스타인과 스완슨은 비주제어는 전체문헌집단에 랜덤하게 분포되어 있지만 주제어는 몇 개의 문헌 속에 집중적으로 출현한다는 가설 아래 단어의 집중도를 이용한 색인어 선정기준을 제시하였다
3) **2-포이슨분포 모형** : 북스타인과 스완슨, 하터는 단일 포이슨분포가 비주제어의 분포양상에 잘 적용된다고 지적하고 주제어의 분포모형으로는 복수 포이슨분포 함수를 제시하였다
   한 문헌이 어떤 개념을 얼마나 깊이 있게 다루고 있는가는 이 개념을 표현하는 단어의 출현빈도에 의해 결정된다고 전제하고 특정한 개념을 다루고 있는 정도에 따라 전체 문헌집단을 여러 개의 다른 수준의 문헌 클래스로 구분하면 각 클래스 내에서의 단어들의 출현빈도는 포이슨분포를 따른다는 것이다.

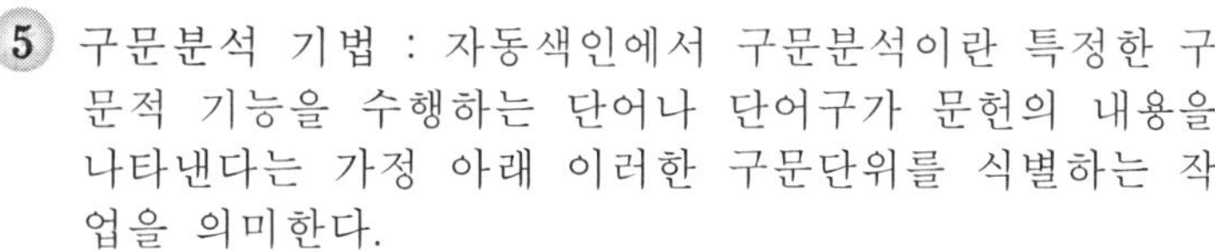

5 구문분석 기법 : 자동색인에서 구문분석이란 특정한 구문적 기능을 수행하는 단어나 단어구가 문헌의 내용을 나타낸다는 가정 아래 이러한 구문단위를 식별하는 작업을 의미한다.
자동색인을 위한 구문분석을 분석 수준에 따라 일반적으로 세단계로 구분하고 있다.

1 완전한 문장분석(가장 높은 수준)
- 자동색인에서는 큰 효과가 없고 질문응답시스템이나 자동번역 분야에서 요구
- 초기 SMART 시스템에서 색인어구의 선택을 위한 방법으로 완전한 구문분석을 시도한 적이 있다.

2 문장을 거의 완전하게 분석은 하지만 어의적인 처리를 하지 않은 분석
- LEADERMART나 PHRASE와 같은 시스템이 있다.

3 특정한 단서를 이용하여 주제적 구문단위를 선택하

는 방법을 말한다.

- 분절주제색인 시스템이 있다.
- 우리말 신문기사를 대상으로 개발된 자동색인시스템인 KAIS는 형태소 해석기, 구문해석기, 불용어 제거기 세부분으로 구성되어 있다.
- KAIS 시스템은 각 문장을 단어사전을 이용하여 형태소 단위로 분리한 다음 비교적 간단한 구문분석을 통해 색인어를 추출한다.
- 구문분석은 한국어 용언이 가질 수 있는 격틀(case frame)을 이용하여 명사나 명사구들만을 색인어로 선정하고 색인어로 가치가 없는 명사들을 불용어 사전에 의해 제거한다.
- PHRASE는 Palo Alto 연구소가 자동색인과 자동초록을 위하여 개발한 문장분석시스템이다.
- MAI는 입력된 표제와 초록의 문장을 분석하여 특정한 패턴의 단어구를 색인어로 선택한다.
- 이 시스템은 많은 수의 단어를 수록한 단어사전과 색인어로 선택될 단어구의 구문형식을 수록한 형식사전을 이용한다.
- FASIT는 특정한 구문적 카테고리에 속하는 다른 색인시스템과 마찬가지로 특정한 구문적 카테고리나 또는 카테고리에 속하는 단어 및 단어구가 주제구가 된다는 가정하에 개발되었다.
- 병리진단보고서 색인시스템은 구문분석 기법을 사용한 색인시스템이다.
- 이 시스템의 분석대상 텍스트는 의학용어로 씌어진 환자에 대한 진단문이며 구문분석결과 추출된 의미어는 SNOP라는 색인어휘로 변환된다.

2.5 자동분류

1 자동분류의 개념

1. 문헌분류란 유사한 문헌들을 모아 집단화하는 작업이다.
2. 전통적으로 문헌분류는 미리 만들어 놓은 분류표에 의거하여 수작업으로 수행하여 왔으나 1960년대 들어서

자동분류의 개념이 발전하기 시작하였다.

3. 문헌의 자동분류는 기본적으로 두 가지로 분류된다.

   1. 분류작업 이전에 분류체계가 만들어져 있는 상태에서 각 문헌을 가장 적합한 클래스에 배정하여 문헌들을 집단화하는 것
   2. 사전 분류체계가 없이 문헌간의 유사성에 근거하여 유사한 문헌들의 집단을 형성하는 것

4. 전자의 분류는 전통적으로 문헌분류의 방법을 따르는 것으로 자동적으로 수행하는 분류라는 의미로 자동분류라 한다.
5. 후자의 분류는 문헌분류, 용어분류, 잡지의 분류, 검색질문의 분류 등에 적용되고 있으며 클러스터링이란 용어가 사용되고 있다.
6. 자동분류는 분류대상물의 선택과 대상물의 유사도 측정을 위해 필요한 속성의 선택에 따라 다양하게 적용된다.
6. 문헌의 자동분류를 위해서는 문헌에 부여된 색인어가 속성으로 선택된다. 즉 공통되는 색인어를 많이 가질수록 두 개의 문헌을 유사하다고 보는 것이다.
7. 용어의 자동분류를 위해서는 특정한 용어를 색인어로 갖는 문헌들이 속성으로 선택된다. 즉 두 개의 용어를 공통으로 갖는 문헌이 많을수록 이 두 개의 용어들이 유사하다고 보고 같은 색인어 클래스에 포함하는 것이다.
8. 문헌분류에는 색인어와 논문이 인용한 인용문헌을 속성으로 삼아 문헌을 분류하기도 하며 검색질문을 이용하기도 한다.

2 사전분류체계에 의한 문헌 자동분류

사전 분류체계에 의한 자동분류란 기존 분류체계를 그대로 수정하여 이용하거나 아니면 실험문헌집단을 이용하여 경험적으로 작성한 분류체계를 이용하며 이 분류체계를 구성하는 각 카테고리로 문헌들을 자동적으로 분류하는 것을 말한다.

1. 마론(Maron)은 컴퓨터 관련문헌의 초록 405개를 대상

으로 한 자동분류를 실험

② 보코(Borko)는 실험문헌집단을 사용하여 새로운 방법의 자동분류 실험

1 보코는 요소분석기법을 사용하여 경험적인 분류체계를 작성하였다.

2 요소분석이란 많은 변수들을 서로 관련 있는 것끼리 묶어서 이로부터 몇 개의 공통적이고 핵심적인 요소를 추출해 내는 통계적 기법이다.

③ 라슨(Larson)이 최근에 수행한 자동분류 실험에서는 미국의회도서관분류표(LCC)로부터 추출한 주제클래스로 문헌들을 분류하였다.
LCC분류번호를 갖고 있는 3만개 이상의 MARC 레코드를 실험문헌집단으로 이용하였고, 자동분류를 위한 단서로는 문헌의 표제와 주제명 표목을 사용하였다.

3 문헌클러스터링

문헌클러스터링의 목적은 컴퓨터에 의한 파일탐색을 효율적으로 하는데 있으므로 일종의 파일조직 기법으로 볼 수 있다.

① 연속파일(Linear File)로 조직된 문헌들은 클러스터링 결과 클러스터화일로 재조직 되며 파일전체를 탐색하는 대신 정보요구 주제와 관련된 문헌클스터만을 탐색하여 검색시간 절약과 검색효율의 향상을 기대할 수 있다.

② 문헌클러스터링 기법들은 일반적로 문헌에 부여된 색인어나 또는 기계적으로 추출된 키워드들 문헌내용의 식별요소로 삼아 클러스터를 형성

③ 형성된 클러스터는 클러스터를 대표하는 클러스터 프로화일을 갖게 되며 탐색시 정보요구와 각 클러스터프로화일이 대조되어 정보요구에 가장 유사한 클러스터가 선택된다.

④ 클러스터링이 정보검색에 이용하게 된 것은 밀접하게 상호 관련된 문헌들은 동일한 정보요구에 대해 모두 적합하다는 것이다.

⑤ 클러스터링이 안고 있는 문제점은 많은 양의 문헌에는 효과적으로 사용하기 힘들다는 것이다. 도서관이 소장하고 있는 방대한 양의 문헌 분류에는 적용이 불가능하다는 것이다.

6 클러스터링기법은 2가지 접근방법이 있다.

1 문헌간의 유사도를 측정하여 유사도 행렬을 작성하고 이로부터 계층적 클러스터를 형성하는 기법

2 직접 문헌의 내용을 표현하는 색인어리스트를 가지고 클러스터를 형성하는 기법

7 클러스터링에는 클러스터의 수, 클러스터 크기, 클러스터 중복도, 기준치 등을 나타내는 파라미터를 입력하여 클러스터 과정을 통제한다.

8 유사도행렬에 의한 클러스터링은 파일의 크기가 큰 경우에는 너무 많은 계산 작업을 요하므로 적합하지 않다.

9 재배치클러스터링은 클러스터링 시간은 빠르나 대부분 검색효율측면에서 떨어지거나 또는 문헌의 입력순서에 따라 클러스터링 결과가 변화하는 문제점을 갖는다.

10 클러스터링 기준은 문헌과 문헌간의 유사도나 문헌과 쿨러스터간의 유사도이다.

1 두 개의 문헌간의 유사도가 기준치 이상일 때

2 클러스터와 문헌간의 유사도가 기준치 이상일 때 클러스터가 형성된다.

11 유사도 측정은 유사계수공식을 주로 사용한다.

1 다이스계수(널리 사용)

2 자카드계수

3 코싸인계수(널리 사용)

4 중복도계수

5 타니모토계수

12 SMART시스템에서 주로 코싸인계수공식 되었다. 유사계수행렬에 기초한 클러스터링기법은 주로 그래프이론을 이용하며 싱글링크 기법과 보너식 기법으로 구분된다.

13 그래프 형태로는 스트링, 스타, 부분연결 그래프, 완전연결 그래프가 있다.

1 보너식클러스터링기법 : 부분연결그래프나 완전연결그래프 등의 그래프 형태로 클러스터를 형성하는

방법이다. 클리크 형태로 클러스터를 형성하는데 경비가 너무 들고 사용이 쉽지 않다.

2 싱글링크식클러스터링 : 계층적 클러스터를 형성하는 기법

- 유사계수행렬로부터 일단의 클러스터를 형성한 뒤 이 클러스터를 다시 합쳐서 더 큰 크기의 클러스터를 형성
- 싱글링크식클러스터링기법은 부분연결그래프 형태로 클러스터가 형성되며, 문헌의 입력순서에 무관하고 안정성이 있으며 클러스터가 중복되지 않는다는 속성을 갖는다.
- 다른 클러스터링기법에 비해 그다지 복잡하지 않으며 문헌클러스터링 실험을 위해 일반적으로 많이 선택되는 기법
- 문헌간의 상이계수행렬을 작성하고 클러스터수준을 달리하여 각 수준에서 클러스터를 형성한다.

3 자기발견적 클러스터링 : 문헌을 클러스터에 재배치함으로써 초기의 클러스터를 점차 정련해 가며 이 결과 최종의 클러스터들이 형성된다.

- 문헌화일 내 문헌들은 한번 처리로 끝나는 것이 아니라 여러번 처리가 된다.
- 처리란 문헌과 클러스터 센트로이드와의 유사도 측정작업을 의미한다.
- 자기발견적클러스터링은 클러스터 센츠로이드와 문헌간의 유사도 측정에 기초하므로 클러스터 센트로이드의 형성이 선행되어야 한다.
- 클러스터 센트로이드는 벡터형태로 표현되며 클러스터내의 가장 중심적인 문헌의 문헌벡터가 센트로이드가 된다.
- 일반적으로 클러스터에 속하는 문헌들의 평균벡터를 산출하여 센트로이드로 삼는다. 이 클러스터링 알고리듬에서 문제가 되는 것은 초기의 문헌클러스터를 어떻게 선택할 것인가와 클러스터 평가기준으로 어떠한 기능들이 최적화될 것인가이다.
- 선택은 가능한 공통의 속성을 갖는 문헌들의 집단을 선택하도록 한다.
- 최적화 시킬 기능으로는 클러스터의 안정성, 클러스터링 속도, 소장장소의 크기 등 자기발견적

클러스터링에는 디톨라식기법, 로치오식기법, 싱글패스알고리듬이 있다.

1) **다톨라식기법** : 문헌집단을 임의로 여러 개의 초기 클러스터로 나눈 뒤 각 클러스터는 클러스터 센트로이드로 대표하도록 한다.
   다톨라식 알고리듬은 문헌의 입력순서에 따라 클러스터의 내용이 달라지므로 고도로 순서 의존적이라점과 쿨러스터 중복성이 허용된다는 점이다.
2) **로치오식 기법** : 로치오식 클러스터링 알고리듬은 각 문헌을 연속적으로 조사하여 일정한 기준을 만족시키는 문헌을 클러스터 센트로이드로 선택한다. 로치오식 알고리듬은 특정한 문헌의 주변에 충분한 수의 문헌들이 인접해 있을 경우 이 문헌이 클러스터의 센트로이드로 적합한 것으로 판정된다.
3) **싱글패스식기법** : 가장 간단한 클러스터링 기법으로 임의로 선택한 문헌은 이미 형성된 클러스터에 포함되거나 아니면 새로운 클러스터의 중심문헌이 된다.
   - 싱글페스식기법은 클리스터링 과정에서 각 문헌이 한번씩만 처리되고 마지막 문헌이 처리되면 과정이 완료되므로 컴퓨터 시간 면에서는 상당히 효율적이다.

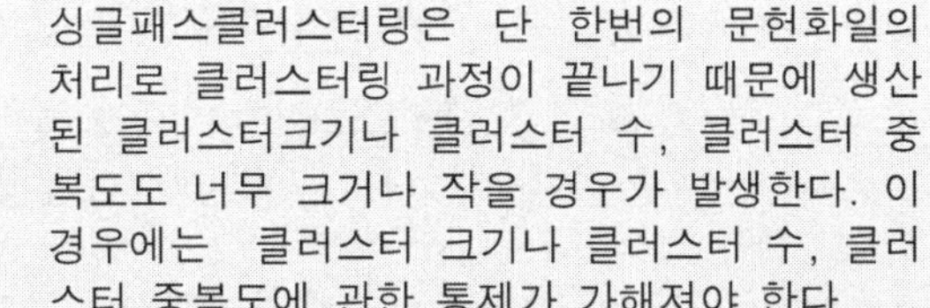

- 싱글패스클러스터링은 단 한번의 문헌화일의 처리로 클러스터링 과정이 끝나기 때문에 생산된 클러스터크기나 클러스터 수, 클러스터 중복도도 너무 크거나 작을 경우가 발생한다. 이 경우에는 클러스터 크기나 클러스터 수, 클러스터 중복도에 관한 통제가 가해져야 한다.

4 용어의 자동분류

1. 용어의 자동분류란 컴퓨터에 입력된 용어들 가운데 서로 관련 있는 용어들을 일정한 기준에 따라 모아서 여러 개의 용어클래스를 형성하는 것을 말한다.
2. 여러 개의 클래스로 분류된 용어들의 집단은 용어간의 관계가 나타나 있는 일종의 시소러스로 볼 수 있다.

3 용어의 자동분류는 시소러스 자동작성 작업과 같은 것으로 간주된다.

4 자동분류에 의해 작성되는 시소러스는 색인작업을 위한 것이라기보다는 탐색확장을 목적으로 하는 것이므로 탐색용 시소러스이다.

5 용어의 자동분류 결과는 그대로 탐색용 시소러스로 채택되거나 수작업 시소러스작성을 위한 기초 데이터로 사용할 수 있다.

6 용어의 자동분류는 용어의 의미는 고려하지 않고 용어의 통계적인 특성만을 이용하기 때문에 자동분류 결과 작성되는 시소러스는 수작업에 의한 시소러스와는 근본적인 차이점을 갖는다. 즉, 동의어관계나 계층관계가 식별되지 못하고 모두 연관관계로 정의된 다동시출현빈도를 이용하여 측정한다.

7 용어의 자동분류에서 용어들의 연관성은 주로 문헌집단 내 용어들의 동시출현빈도를 이용하여 측정한다.

8 용어간의 연관성을 측정하기 위한 다른 기준으로 검색된 문헌에 대한 이용자의 적합성 평가을 이용하는 방법이 있다.

9 용어의 자동분류를 위하여 문헌의 자동분류에서와 같이 다양한 클러스터링기법을 사용할 수 있다.

10 실제로 용어의 분류에는 그래프를 이용한 클러스터링기법과 클럼프방법이 많이 사용되고 있다.

1 그래프이론 방법
- 용어간의 연관성 측정은 유사계수공식을 이용한다.
- 타니모토계수공식이 용어의 연관성 측정에 사용된다.
- 그래프 이론을 이용하여 용어를 분류한 대표적인 연구는 스파크존스의 연구가 있다.

2 클럼프이론 방법
- Needham에 의해 소개되었다.
- 스파크존스의 의해 본격적으로 실험되었다.
- 클럼프방법은 어떠한 응집함수를 사용하든지 클럼프 형성과정이 너무 복잡하며 분류 결과도 만족스럽지 못하므로 효과적인 클러스터링 기법이

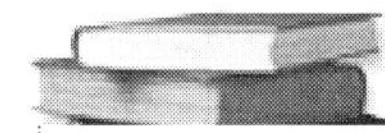

라고 볼 수 없다.

2.6 초 록

1 초록의 개요

1. 초록은 원문의 내용을 요약해 놓은 문장의 집합으로 대개 50~500 단어의 길이로 기술
2. 초록은 색인어와 함께 문헌의 내용을 축약석으로 표현해 주며 정보검색에 있어서 중요한 요소
3. 초록은 원문의 내용을 요약해 줌으로써 원문을 대용하는 기능과 적합문헌 판정에 도움을 주는 정보검색의 기능을 함께 수행
4. 초기에는 초록은 문헌의 저자나 초록작성 전문가에 의해 수작업으로 작성
5. 정보량 급증으로 인해 전문초록가의 부족현상이 야기되었고 초록작성에 소요되는 인적노력과 시간을 컴퓨터가 대신하도록 하는 자동초록에 대한 요구가 발생
6. 자동초록은 원문으로부터 중요하다고 판단되는 문장들을 그대로 또는 약간 수정하여 발췌한 것으로 초록이라기 보다는 발췌문의 성격을 보임
7. 자동으로 작성된 초록은 발췌된 문장들을 순서적으로 나열하여 놓은 것으로 사람이 작성한 초록과는 달리 문장의 흐름이 부자연스럽고 문장간의 연결에 상당한 무리가 있음
8. 실제로 가동되고 있는 자동초록시스템은 없으며 초록에 관한 1960년대에 수행되었으나 1970년대 이후는 활발하지 않음
   1. 지시적 초록 : 논문의 존재를 알리고 원문을 읽을 것인지의 판단에 필요한 만큼의 정보를 수록한 초록
   2. 통보적 초록 : 원문을 읽지 않아도 연구의 개요를 알 수 있도록 충분한 정보를 수록한 초록(원문의 대용물이 될 수 있다.)

3. 비평적 초록 : 원문에 대한 비평을 포함한 초록
4. 발췌문 : 원문으로부터 문장이나 문단을 발췌하여 작성한 초록으로 성격상 지시적이거나 또는 통보적이다.(자동초록은 발췌문에 해당되며 지시적 초록의 성격을 띤다.)

2 자동초록

1. 초록에 포함하는 요소로는 목적, 방법, 결과, 결론 등의 네 가지 기본적인 정보를 들 수 있다.
2. 컴퓨터가 초록의 대용물을 생산할 수 있다는 발상은 Luhn에 의해 시작되었다.
3. 초록 작성기법
   1. 원문의 내용을 어느 정도 대표하는가에 대한 대표도를 측정
   2. 각 문장속의 단어의 대표도를 합하여 문장 전체의 대표도 산출
   3. 일정한 기준에 의해 초록을 구성할 문장을 선택
4. 자동초록에서 문장선택기준은 통계적 기준, 언어학적 기준, 문장구조적 기준으로 구분한다.
   1. 통계적 기준은 단어의 출현빈도를 이용
   2. 언어학적 기준은 특정한 단어가 갖는 의미를 이용한 단서어기법
   3. 문장구조적 기준은 표제에 나타난 단어를 단서어로 삼는 표제어 기법과 논문의 특별한 위치에 나타나는 문장을 선택하는 소재지기법(소재지기법은 박센데일의 자동색인에 관한 연구에서 기원)
5. 자동초록에 관한 연구
   1. Luhn의 통계적 기법 : 문장의 대표되는 문장 내 각 단어의 중요도와 문장 내 단어의 상대적 위치에 의해 결정된다고 봄
   2. 에드먼슨의 연구 : 단어의 중요도 측정방법을 달리한 네가지 초록기법이 제시
      - 단서어사전기법
      - 주요어기법(가장 비효과적)

- 표제어기법
- 소재지기법

3 Rush연구 : 구문분석 방법을 도입

Note

Chapter

정보의 축적

Chapter 04

정보의 축적

Section 1 정보의 축적

1.1 정보 소장장치

1 정보검색 대상이 되는 서지 및 텍스트 형태의 정보파일은 데이터 검색시스템의 수치정보와는 다른 몇 가지 특성을 갖는다.

1. 정보파일 규모가 방대하며 새로운 정보의 증가량 또한 크다는 점
2. 정보 레코드는 주로 문자로 구성되며 레코드의 길이가 길고 동시에 가변장이다.
3. 정보검색이 거의 온라인 실시간 방식으로 수행된다.
4. 탐색키의 종류가 다양하다는 점
5. 단일작업으로 끝나지 않고 이용자의 피드백에 의한 재검색이 가능하다는 점

2 소장장치의 특성 : 소장장치의 물리적인 특성은 파일조직의 선택에 큰 영향을 준다.

1. 자기 테이프의 경우, 테이프의 연속적인 성격 때문에 파일조직은 연속파일이나 순차파일이 선택되며 정보처리는 연속적으로 진행된다.
2. 직접 접근이 가능한 자기드럼이나 자기디스크는 파일조직 선택에 제한이 없으며, 정보처리도 연속적일 필요가 없다.

1 자기테이프

- 여러 개의 레코드가 모여 하나의 블록을 형성한다.

- 블록화되지 않은 레코드를 논리레코드, 블록화된 레코드를 물리레코드라고 부른다.

자기테이프의 물리레코드 형식

1) **고정장 물리레코드** : 여러 개의 논리 레코드로 구성된다.
2) **가변장 물리레코드** : 물리레코드의 길이가 일정치 않은 경우, 한 개나 여러 개의 논리 레코드로 구성된다.
3) **미정형레코드**

- 자기테이프의 장점과 단점

- **장점**
  1) 가격이 저렴
  2) 일괄처리시 처리시간이 빠르고 경제적
  3) 파일작성과 보관이 쉬움
- **단점**
  1) 직접접근이 불가능
  2) 연속파일과 순차파일 조직만 가능
  3) 갱신시 전체파일 복사가 필요

2 자기디스크

- 가장 널리 사용되고 있는 파일 소장장치이다.
- 온라인 정보검색시스템에서 데이터베이스 소장장치로 자기디스크를 사용하고 있다.

- **장점**
  1) 특정한 레코드에 직접접근이 가능하므로 검색이 신속
  2) 모든 형태의 파일조직이 가능
  3) 파일 갱신시 파일의 재복사가 필요없음

- 자기디스크는 자성물질을 입힌 원반 모양의 장치로 대부분은 직경 14인치의 하드디스크이며 직경 5.25인치나 3.5인치의 플로피디스크가 마이크로컴퓨터에서 많이 사용된다.

3 광디스크

- 마이크로컴퓨터에 인해 플로피디스크, 하드디스

크, 광디스크가 새로운 정보 소장장치로 사용되고 있다.

- 이 가운데 대용량의 광디스크가 정보검색용 데이터베이스의 소장매체로 각광을 받고 있다.
- CD-ROM 형태의 데이터베이스가 많이 제작되고 있다.
- 광디스크는 레이저 광학을 이용하여 정보를 기록하거나 읽을 수 있는 대용량의 정보 소장장치이다.
- 광디스크는 기록하고 읽는 기능에 따라 3가지 형태로 구분된다.

1.2 파일조직의 개념

1 파일의 개념

1. 논리적으로 서로 관련된 레코드들의 집합을 파일이라 한다.
2. 데이터 파일에 포함되는 데이터양은 컴퓨터 주기억장치의 기억용량을 초과하므로 자기테이프, 자기디스크, 자기드럼과 같은 보조기억장치에 파일을 소장하게 된다.
3. 파일은 보조기억장치에 소장된 데이터 레코드의 집합이 된다.
4. 파일조직은 파일을 구성하는 레코드를 보조기억 장치에 소장하는 방법을 말한다.
5. 논리적 파일조직이란 레코드간의 논리적 관계에 따라 파일을 조직하는 것으로 컴퓨터에서 실제로 어떻게 실현되는가와는 무관하다.
6. 물리적 조직파일은 논리적 구조의 파일을 소장할 때 소장장치의 이용을 극대화하기 위한 것이다.
7. 정보검색 대상이 되는 서지정보파일은 파일의 규모가 크고 레코드 자체의 길이가 길며 레코드를 검색하기 위해 사용할 수 있는 접근점도 다양하므로 효율적인 검색을 위한 파일조직 기법이 요구되는 것이다.
8. 파일조직의 목적은 레코드에 가능한 한 신속히 접근하

여 검색과 갱신작업을 효율적으로 수행하는데 있다.

2 순차파일(Sequential File)

1. 가장 간단하고 초보적인 파일기법으로 융통성이 적은 조직기법이다.(자기테이프에 많이 사용)
2. 정보검색에서 기본파일로 사용되는 문헌파일은 주로 등록번호순으로 배열되는 순차파일이다.

- **장점**
  1) 파일이 조직이 용이하다.
  2) 소징징소를 적게 차지한다.
  3) 레코드에 신속히 접근할 수 있다.
- **단점**
  1) 파일갱신이 어렵다.(새로운 레코드의 추가와 삭제된 레코드 소장장소의 재활용을 위해 전체파일의 재복사가 요구되기 때문에)
  2) 자기테이프의 경우 원하는 레코드를 검색하거나 갱신하기 위해서는 찾고자 하는 레코드가 발견될 때 까지 파일의 처음부터 연속적으로 파일을 읽어야 하므로 순차파일의 파일갱신은 일괄처리 방식을 사용하여 수행한다.
  3) 랜덤접근이 매우 느리다.

3 색인순차파일(Indexed Sequential File)

1. 순차파일로 조직된 데이터파일과 색인이 결합된 파일조직 기법이다.
2. 색인도 데이터파일과 같이 순차파일로 조직되며 색인이 커서 효과적인 탐색이 어려울 때 이 색인은 다시 색인되어 여러 단계 색인이 만들어 진다.
3. 디스크 파일에서는 트랙색인, 실린더색인, 마스터색인 등 3단계 색인이 만들어진다.
4. 색인순차파일은 레코드 순차적인 처리에 랜덤처리가 동시에 가능한 파일조직기법으로 특정한 레코드 검색이 요구될 때에는 색인을 사용하여 해당되는 레코드를 직접 검색할 수 있다.
5. 색인은 순차파일로 조직된 특정한 레코드의 물리적 위

치를 지시하는 것으로 색인의 키는 순차파일의 키와 동일하다.

6 색인순차파일은 색인, 데이터영역, 오버플로우 영역 등과 같이 3요소로 이루어진다.

7 색인은 데이터영역이나 오버플로우 영역에 소장된 레코드의 위치를 알아내기 위해 사용되며 데이터영역에는 레코드가 키 값의 순서대로 조직된다.

8 오버플로우 영역에는 새로운 레코드의 삽입이 필요할 때 사용되며 파일이 재조직될 때 까지 레코드를 소장한다.

9 ISAM 색인은 실린더색인, 트랙색인, 데이터 영역으로 이루어진다.

10 색인순차파일은 순차파일과 마찬가지로 레코드가 키의 순서대로 연속적으로 소장되기 때문에 새로운 레코드의 추가가 용이하지 않다.

4 도치파일(Inverted File)

1 각 레코드에 대해 디렉토리 엔트리가 하나씩 만들어지며 레코드들은 연결되지 않는다.

2 도치파일 조직에서는 순차적으로 조직된 문헌파일로부터 파일탐색시 탐색어로 사용할 데이터필드를 키로 선택하여 레코드를 재조직함으로써 색인파일을 구성하게 된다. 즉 레코드의 원래 순서를 도치시킨다는 의미에서 도치파일 조직이라 부른다.

3 도치파일 기본파일인 문헌파일과 도치색인 파일로 구성된다.

4 도치파일은 대규모 정보검색시스템에서 신속한 검색을 위하여 채택하고 있는 조직파일로 보통 순차파일이나 색인순차파일, 랜덤파일로 조직할 수 있다.

5 디스크립터의 수가 수천~수만 개에 달하며 새로운 디스크립터의 추가가 빈번한 대규모 온라인시스템에서는 신속한 탐색을 위하여 해싱에 의해 디스크립터의 소장번지를 결정하는 랜덤파일 조직이 바람직하다.

6 도치색인파일을 사용하는 대규모 온라인 목록시스템에서 색인파일의 신속한 탐색을 위하여 해싱을 이용한 예를 찾아볼 수 있다.

Chapter 05
정보의 검색

Section 1 정보의 검색

1.1 정보검색의 개념

1. 정보검색이란 수집된 정보 또는 정보자료의 내용을 분석한 뒤 적절히 가공하여 축적해 놓은 정보파일로부터 이용자의 정보요구에 적합한 정보를 탐색하여 찾아내는 일련의 과정을 의미한다.
2. 검색되는 정보는 수치정보, 사실정보, 텍스트 형태의 정보, 서지정보, 그림정보 등과 같이 다양하다.
3. 검색유형은 검색대상이 되는 정보의 형태에 따라 데이터검색, 참조정보검색, 본문검색, 질문응답 등이 있다.
4. 탐색이란 적합정보를 검색하기 위해 파일을 찾아보는 과정적인 행위인 반면에 검색은 색인되어 있는 적합정보를 다시 찾아낸 결과적인 행위를 의미한다.

1.2 정보검색의 발전

1. 정보검색이란 용어는 1950년대 초에 무어에 의해 처음으로 사용하였다.
2. 정보검색 개념은 19세기말부터 유럽에서 시작되어 1940년대 들어서 도큐멘테이션의 개념을 대신하게 되었다.
3. 도큐멘테이션이란 모든 형태의 정보자료에 수록된 정보를

수집 분류하여 이용시키는 전 과정을 의미한다.

4. 미국에서 정보검색은 초기에는 기록된 정보에 접근하여 검색하는 기계적이고 물리적인 면을 다루었고 이후에는 정보의 내용에 관한 연구도 포함하게 되어 유럽에서의 도큐멘테이션 개념에 접근하게 되었다.

5. 정보검색이란 정보의 축적 및 검색을 의미하는데 그 이유는 정보의 검색에 앞서 정보의 축적이 필수적이기 때문이다.

1.3 정보검색의 발전과정

1 1940년 이전

1. 정보검색을 위해 특별한 기계적 장치가 사용되지 않았고 인쇄된 카드목록이나 책자형태의 색인을 통해 정보자료를 검색함
2. 자료 형태는 단행본이었고 탐색어는 분류번호와 주제명이 사용됨

2 1940년대

1. 출판물 증가와 내용의 전문화로 인해 새로운 방식의 검색시스템 요구가 증대됨
2. 색인과 검색방식에 있어서의 혁신을 가져옴
3. 색인에 있어서는 여러개의 중요한 주제어 또는 주제코드를 색인어로 사용하고 검색시 이것들을 조합하는 후조합방식이 출현하게 됨
4. 검색에는 반기계화된 시스템이 사용되었는데 초기 시스템으로는 배튼의 광학일치카드시스템(피커부시스템) 과 무어즈의 주변절단카드시스템을 사용

3 1950년대

1. 1951년 토오브가 고안한 유니텀시스템의 출현으로 키워

드색인 방식이 최초 도입됨

2. 펀치카드기계 시스템이 정보검색에 널리 사용되었고 상용 컴퓨터가 출현하기 전에 정보검색을 비롯한 정보처리업무의 자동화에 크게 기여
3. 1954년 서지정보의 검색에 컴퓨터가 처음 이용되었는데 배치방식에 의한 검색임

4 1960년대

1. 컴퓨터가 본격적으로 정보검색에 이용되기 시작함
2. 오프라인 배치방식의 시스템이 이며 실험적인 온라인 시스템도 나타남
3. 이 시기의 정보검색시스템의 특성은 검색대상 정보의 형태가 서지정보임
4. 배치방식에 의한 최초의 대규모 정보검색시스템은 미국 국립의학도서 MEDLARS로서 이 시스템은 1971년 전국적인 규모의 온라인 정보검색시스템인 MEDLINE이 되었으며, DIALOG와 ORBIT도 이 시기에 개발됨

5 1970년대

1. 거의가 온라인 실시간 방식의 시스템이며 오프라인 방식으로 개발된 시스템들도 온라인 시스템으로 전환 되었으며, MEDLINE, DIALOG, ORBIT 시스템이 온라인 정보검색 네트워크로 운영되기 시작함
2. 유럽에서는 1970년대 온라인 정보서비스 네트워크를 개발하기 시작하였고 1980년대 초에는 원거리 통신네트워크인 Euronet이 데이터베이스 네트워크인 DIANE과 연결되어 온라인 정보검색 네트워크인 Euronet-DIANE을 형성하게 됨
3. 1970년 후반에는 국내에서는 한국과학기술정보센터(산업기술정보원)가 온라인 시스템인 TECHNOLINE(현재 KINITI-IR)을 개발하였고, 일본에서는 일본과학기술정보센터가 JOIS를 개발하였다.
4. 1970년대 후반에는 국내에서 연구소를 중심으로 온라인 정보검색시스템이 본격적으로 개발되기 시작하였다.
5. 이 시기는 수치정보 및 전문정보 등 수록정보의 형태가

다양해지는 경향을 보였다.

6 1980년대

1. 온라인 검색이 가능한 수치정보 및 사실정보 데이터베이스와 전문데이터베이스가 증가하였다.
2. 가정에서 터미널을 통해 정보를 직접 검색할 수 있는 가정정보서비스 시대의 도래하였다.
3. 전문화된 데이터통신망을 통하여 해외 데이터뱅크의 이용이 본격화되었다.
4. CD-ROM 형태의 데이터베이스가 증가함에 따라 개인용 컴퓨터를 이용한 CD-ROM 데이터베이스 탐색이 보편화 되었다.
5. 이러한 경향은 통신망의 발달, 1970~1980년대 초에 각국에서 개발된 비디오텍스트시스템의 실용화 및 생활정보 데이터베이스 증가, 데이터뱅크의 터미널로 사용할 수 있는 개인용 컴퓨터의 대량보급에 기인한다.

1.4 정보검색의 구분

검색되는 정보는 수치정보, 사실정보, 텍스트 형태의 정보, 서지정보, 그림정보 등 다양한 형태를 갖는다. 따라서 정보검색은 축적되어 있는 정보의 종류, 탐색하는 시점, 컴퓨터의 처리방법 등에 따라 여러가지로 구분할 수 있다.

1 축적정보 내용에 의한 구분

1. 참조검색 : 참조할 사항을 검색하는 것으로 서지사항의 검색 등을 말하며, 종래의 정보검색은 거의 대부분이 여기에 해당한다. 서지사항 이외에 문헌의 초록 또는 문헌의 주제를 나타내는 키워드가 포함되기도 한다.
2. 사실검색 : 데이터 또는 사실을 검색하는 것
   (예 : 한강 514km)
3. 본문검색 : 전문을 축적해 놓은 데이터베이스에서 서지

적 데이터뿐만 아니라 필요한 전문을 검색하는 것으로 NEXIS/LEXIS 등이 있으며, 이러한 DB가 점점 증가하는 추세에 있다.

2 탐색시간에 따른 구분

① 소급탐색

1. 소급탐색(Retrospective Search)은 탐색시점에서 과거로 소급하여 탐색하는 것으로 1회 탐색으로 작업이 끝나게 된다.
2. 소급탐색은 특정한 주제와 관련된 정보자료를 소급하여 탐색하는 것으로 데이터베이스에 수록되어 있는 관련 레코드가 모두 검색되거나, 출판년을 과거 언제까지로 한정하여 언제 이후 출판된 자료의 레코드를 모두 검색하도록 하는 것이다. 이것은 대부분의 온라인 정보검색시스템에서 온라인/실시간 방식으로 제공되는 탐색서비스이다.

② 최신정보주지

1. 소급탐색이 과거의 선행연구내용을 조사하는 것이라면 최시정보주지는 앞으로 신착되는 정보를 대상으로 하는 것이다.
2. 신착잡지의 목차배포라든가 색인지, 초록지의 배포 등과 같이 새로 입수되는 각종 자료를 이용자에게 알리는 서비스를 최신정보주지(Current Awareness)라고 한다.
3. 이 서비스는 어떤 특정분야나 특정인을 대상으로 특정인을 대상으로 하지 않는 막연한 주지서비스인 것이다. 이와 같은 서비스에 속하는 한 부류로서 특정개인이나 단체가 필요한 주제를 선정, 등록하여 놓고 신착정보가 입수될 때마다 탐색하여 해당 정보를 자동적, 정기적으로 제공하는 것을 SDI라고 한다.
4. SDI는 이용자의 정보요구를 프로파일에 수록해 두고 새로운 정보자료에 대한 최신정보를 수록한 데이터베이스가 입수되거나 새로 만들어지면 프로파일과 대조하여 관련된 최신 정보자료를 검색한 뒤,

검색된 자료의 리스트를 인쇄하여 제공하는 최신정보제공 서비스의 일종이다. 최신정보 데이터베이스의 탐색은 보통 정기적으로 수행되므로 대부분의 경우 오프라인배치방식으로 탐색된다. 최근에는 DIALOG와 같은 온라인정보검색시스템에서 온라인 SDI서비스를 제공하고 있다.

> SDI(Selective Dissemination of Information : **선택적 정보제공**)는 정보검색의 한 분야로서 정보를 필요로 하는 이용자의 내용을 프로파일에 등록하여 놓고 새로운 정보가 발생(입수)하였을 때 그 정보의 파일과 이용자의 파일을 대조하여 필요하나고 생각되는 성보를 이용자에게 자동적으로 배포하는 것을 말한다.

3 컴퓨터 처리방법에 의한 구분

1. 오프라인 방식 : 정보요구자와 정보센터 사이에 통신회선이 직결되지 않아 주로 탐색결과를 우송
2. 온라인방식 : 이용자의 단말장치와 정보센터의 컴퓨터가 직접 통신회선으로 연결되어 있어 질문과 회답을 즉시 처리
3. 1960년대까지 컴퓨터에 의한 정보처리는 오프라인 배치로 처리하였으나, 정보요구의 광역화 및 즉시화의 요구에 따라 1970년대 초반이후부터 온라인 리얼타임 처리로 변화됨

Section 2 정보검색의 평가

2.1 정보검색시스템 평가기준

1. 정보검색시스템의 평가는 검색효율, 신속성, 경제성의 3가지 측면에서 수행됨
2. 검색효율은 이용자가 요구하는 수준의 정보서비스를 제공하는 시스템의 능력을 측정하는 것으로 서비스의 질의 척도임
3. 신속성과 경제성은 각각 일련의 정보검색작업에 소요되는 시간과 경비를 측정하는 것
4. 시간에는 탐색시간, 원문배달시간, 전체응답시간 등이 포함되며 탐색시간은 시스템 연결시간과 데이터처리에 소요된 CPU 시간으로 산출
5. 경비에는 인건비, 통신비, 기계비, 비품비, 문헌복사비, 시스템 경상비가 포함

> 검색효율은 이용자의 정보요구 만족도를 측정하는 평가기준인 반면 신속성과 경제성은 시스템 운영자의 입장에서 관심을 갖는 평가기준으로 검색효율은 가능한 한 적합문헌은 모두 검색해 내며 동시에 부적합문헌은 검색해 내지 않는 검색시스템의 능력을 평가하는 것임

6. **정보검색시스템 성능 평가**
   1. 이용자가 검색된 각 문헌에 대한 '적합성'을 평가
   2. 시스템이 소장하고 있는 적합문헌의 총수를 파악

7. 이용자의 궁극적인 목적은 정보요구와 관련 있는 문헌을 검

색해 내는 것이므로 평가기준 가운데 검색효율이 가장 중요한 평가기준으로 간주

2.2 적합문헌수의 파악과 적합성의 정의

1. 적합문헌의 총수란 데이터베이스내에 포함되어 있는 적합문헌의 레코드 수를 말한다. 이 적합문헌은 검색된 적합문헌의 비율을 나타내는 재현율 측정에 필요하다.
2. 데이터베이스 크기가 커질 경우 정보요구에 대한 적합문헌 총수의 추정은 여러 방법을 사용될 수 있다.
   1. 미리 적합하다고 판단된 문헌들을 데이터베이스에 포함한다.
   2. 데이터베이스로부터 임의로 문헌표본을 선택하여 표본내의 모든 문헌들의 적합성을 판정한다.
   3. 다양한 탐색전략과 방법을 사용하여 가능한 적합문헌이 모두 검색 되도록 한다.

3. 검색효율의 측정에 있어서 가장 중요한 개념은 적합성이다.
4. 검색된 문헌의 적합성 판정결과에 따라 시스템의 검색효율이 결정된다.
5. 적합성 평가는 시스템에 질문을 제시한 이용자의 주관적인 판단으로 이루어 진다.
6. 적합성은 정보가 갖고 있는 속성 가운데 가장 중요한 것으로 커뮤니케이션시스템에서 정보전달자의 정보입수자 사이에 얼마나 효과적인 커뮤니케이션이 일어났는가를 나타내는 척도로 사용된다.
7. 적합성은 질문과 정보자료간의 내용상의 일지를 의미하며, 정보자료가 질문에 적합한 내용을 다루고 있는 정도를 나타낸다.

2.3 재현율, 정확률

1. 재현율(recall ratio)과 정확률(precision ratio)이 검색효율 척도 가운데 가장 널리 사용된다.
2. 재현율은 시스템이 소장하고 있는 적합문헌들 가운데 검색된 적합문헌의 비율로 적합문헌이 얼마나 많이 검색되었는가를 측정하는 것이다.(시스템이 적합문헌을 검색해 내는 능력을 말함-검색의 완전성)
3. 정확률은 검색된 문헌들 가운데 적합문헌의 비율로 검색된 문헌들이 얼마나 적합한가를 측정하는 것이다.(시스템이 부적합문헌을 검색해 내지 않은 능력-검색의 정확성)
4. 검색여부 판정은 시스템에 의해 이루어지는데 색인의 역할이 크며 탐색전략에 의해서도 영향을 받는다.
5. 검색된 문헌의 수가 증가할수록 적합문헌이 많이 검색 되므로 재현율이 증가하고 검색된 문헌 가운데는 부적합문헌이 포함되므로 정확률은 떨어진다.(재현율과 정확률은 반비례 관계)
6. 특정한 검색시스템의 재현율과 정확률의 수준은 이용자의 요구에 따라 조절하는 것이 바람직하고 이용자의 요구에 부합되는 문헌을 모두 검색하기 원하는 경우에는 재현율을 높혀 주며, 정보요구와 밀접히 관련된 문헌만을 원하는 경우 정확률을 높혀 주어야 한다.

Part 2

전자도서관의 이해

Contents

한국문헌정보학특강; 1

전자도서관 특강

Chapter
06

전자도서관 개요

전자도서관 개요

Section 1 전자도서관의 개념

1.1 전자도서관의 개념

전자도서관의 대한 개념은 다양하게 사용되어 오고 있다. 이를 살펴보면 다음과 같다.

첫째, 전자도서관이라는 관점에서, 가렛(Garrett)과 라이온즈(Lyons)는 "본래 하나의 구조물, 즉 인터페이스 · 표현 · 이해 및 실행의 논리적인 구조물"이라고 정의하였다.

가렛과 라이온즈는 전자도서관을 이를 구성하는 하드웨어와 소프트웨어가 유기적으로 연동되는 기술의 집합체로 보고 있는 것이다. 또한 레잇(Raitt)은 "컴퓨터와 텔레커뮤니케이션을 적용하여 정보를 수집 · 축적 · 검색 · 배포하는 도서관"이라고 했고, 도오다가쓰(原田勝)는 "필요한 정보의 검색 및 자료접근, 필요한 부문의 입수까지 모두 전자화 되어 있는 도서관"이라고 정의하였다.

둘째, 디지털도서관이라는 관점에서, 라이먼(Lyman)은 도서관의 기술단계를 평가하는 데는 "전자도서관과 디지털도서관의 두 가지 단계가 있다."며, "전자도서관은 책자형태로 발달된 지식의 온라인 전송으로 이루어지고, 디지털도서관은 정보기술에 바탕을 둔 새로운 형태로 이루어지는 것"이라고 구분 지었다. 라이먼의 이러한 시각은 전자도서관을 의미하고, 디지털도서관은 정보기술을 이용한 다양한 정보의 축적과 제공이 가능한 도서관으로 구분한 것이 아닌가 한다. 그리고, 암스(Arms)는 "디지털 형태로 정보를 저장하고 네트워크를 통해서 접근할 수 있는 서비스와 관련하여 정보를 관리하는 것" 즉, 도서관이라고 정의하였다. 특히, 암스는 이 같은 정의를 통해 디지털도서관의 핵심을 "정보의 관리"에 있다고 보고, "동일한 데이터라고 하더라도 체계적으로 조직화했을 때 도서관의 장서가

될 수 있다"는 점을 강조함으로써, 단순히 데이터를 전송하는 시스템을 디지털도서관과 구분하였다.
법률적인 개념으로, 우리나라 저작권법에서는 도서관에서의 디지털 복제 전송과 관련하여 "도서관등은 컴퓨터 등 정보처리능력을 가진 장치를 이용하여 이용자가 그 도서관 등의 안에서 열람할 수 있도록 보관된 도서 등을 복제하거나 전송할 수 있다"(제28조 제2항)고 규율함으로써, 컴퓨터 등 정보처리 능력을 가진 장치를 이용하여 도서 등을 복제하거나 전송할 수 있는 도서관을 디지털도서관으로 보고 있다.

현재 전자도서관에 대한 명칭은 디지털도서관(digital library)·전자도서관(electronic library)·가상도서관(virtual library)·인터넷도서관(internet library)·웹 도서관(web library) 등 다양하게 불리고 있다.
디지털도서관은 데이터나 물리적인 양을 0과 1이라는 2진 부호의 숫자로 표현하는 형태로 정보를 송수신하는 도서관이라는 관점에서, 전자도서관은 전자식(電子式 : electronic)으로 정보를 송수신하는 도서관이라는 관점에서, 가상도서관(virtual library)은 그 자체가 현실적이 아니면서도 현실적인 것처럼 보이는 가상의 공간에서 정보를 송수신하는 도서관이라는 관점에서, 인터넷도서관은 지구상에 존재하는 최대 규모의 컴퓨터 통신망인 인터넷(internet)에 연결되어 정보를 송수신하는 도서관이라는 관점에서, 웹 도서관은 하이퍼텍스트(hypertext) 등 웹 기술에 의해 인터넷상에 정보를 송수신하는 것이 가능한 도서관이라는 관점에서 보고 있다.
다음은 전통적인 도서관과 전자도서관의 차이를 구분하여 살펴본 것이다.

1 전통적인 도서관

1. 조직적인 베이스는 공공도서관이다.
2. 핵심적 자원은 대부분 인쇄자료의 장서이다.
3. 각 도서관은 기본적으로 독립단위이다.

1 도서관의 목적은 다중적이며 애매하다.

2 이용자 성향은 누구에게나 봉사해야 한다.

3 사회적 요구를 충족시키는 것은 지식의 조직화이다.

4 이러한 지식체는 경비를 지불하지 않는 공공재이다.

2 전자도서관

1 전자문헌은 지역의 제한없이 언제 어디서나 이용할 수 있다.

2 다수의 이용자가 동시에 동일한 데이터베이스를 이용할 수 있다.

3 전자문헌을 용이하게 복사할 수 있다.

4 전자적으로 축적된 문헌은 매우 융통성이 있다. 즉 개정, 재정리, 재포맷 그리고 다른 문헌과의 통합이 용이하다.

5 인쇄자료보다 부피가 덜하다.

미래도서관을 전망하는 많은 사람들의 공통적인 예견은 다음과 같다.

1) 인쇄매체의 종말을 예견하고 책이 없는 도서관의 구현이 실현될 것이라는 점이다. 이것은 모든 지식정보는 디지털로 탄생될 것을 확신하고 점이다.
2) 장소로서의 도서관 개념, 즉 도서관이라는 건물로서의 상징성은 사라질 것이다. 대신에 컴퓨터가 그 역할을 수행하리라는 전망으로 디지털도서관, 전자도서관, 가상현실도서관 등으로 표현하기도 한다.
3) 앞의 두 요구가 충족되면 사서의 불필요성도 제기되고 있으며, 이는 사서의 종말이 아니라 사서의 이미지를 새롭게 재정리하는 계기가 되어야 할 것이다.
4) 개별 도서관의 해체론이다. 더 이상 단위 도서관의 의미는 없어지고 지역간, 국가간, 범세계적 도서관이 형성된다는 것이다.
5) 전자적 축적은 서가공간보다 비용적인 면에서 효과적이다.

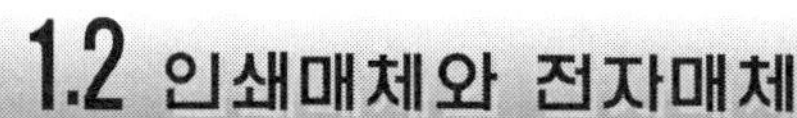

1.2 인쇄매체와 전자매체

1. 인쇄매체는 보존을 위하여 서고공간을 계속적으로 증가시켜야 하는 문제와 재생산의 어려움, 배포비용의 문제, 갱신의 어려움, 한권을 여러 명이 공유하기 어려운 문제, 쉽게 손상되는 문제, 운반의 어려움, 자료성격이 정적이며 음성을 이용할 수 없는 문제, 동화상이나 애니메이션을 이용할 수 없는 문제, 독자의 움직임이나 이해정도를 평가할 수 없는 문제 등으로 전자매체인 자기디스크나 광디스크 같은 매체로 기록물을 대체하는 현상이 나타나고 있다. 이러한 상황이 계속 진전된다면 오늘날 사용하고 있는 인쇄매체는 사라지고 전자매체로 대체될 것인가 하는 것이 의문이다.
2. 인류는 오랜 시간동안 인쇄매체로 독서하는데 익숙해져 있다. 인쇄매체는 가지고 다니기 쉬운 반면에, 전자매체는 항상 장비가 있어야만 이용이 가능하므로 휴대가 불편하다. 따라서 인류가 지닌 고도의 사고내용을 전달하는 데는 인쇄매체보다 우수한 기록매체가 없다고 하는 사람도 있다.
3. 미래에 인쇄매체가 사라질 것이라면 정보화 사회의 이행과정에서 도서, 잡지, 신문 등의 출판 판매량이 감소하는 현상이 나타나야 할 것이지만 오히려 증가하고 있다고 한다.
4. 인쇄매체가 살아남을 것이라는 또 하나의 예는 전자매체로 독서하는 데는 빛, 해상도, 독서속도 등에 문제가 있다.
5. 전자매체로 독서하면 반사된 빛으로 인하여 눈이 쉽게 피로하여 장시간 독서할 수가 없게 되며, 빛과 해상도의 문제, 한 화면에서 읽을 수 있는 자료 양이 인쇄매체의 1/2에서 1/3정도만 볼 수 있는 문제 등으로 독서속도가 떨어지고 정독하기가 어렵다.
6. 실제로 인쇄매체에 대한 친숙성 때문에 대다수 이용자들은 전자매체를 다운받아 개인컴퓨터에서 바로 읽기 보다는 인쇄매체로 출력한 자료를 읽기를 원하고 있다.

1.3 소장 대 접근

1 급격하게 변화하고 있는 도서관의 환경을 둘러싸고 문헌정보학 문헌에서 자주 등장하고 있는 철학적 논조는 이분법적 패러다임을 구축하려는 경향이 강하다. '인쇄자료' 대 '전자자료', '무료' 대 '유료', '소장' 대 '접근'이 그 대표적인 유형이다.

2 '소장' 대 '접근' 패러다임은 네트워크화된 도서관 환경에서 장서개발시 직면하게 되는 중요한 문제들을 명확히 인식하도록 도움을 준다는 사실을 부인할 수는 없다.

3 '소장'은 도서관에서 자료를 구입하여 도서관 임의대로 열람 및 대출시키고 폐기하거나 처분할 수 있는 상태, 즉 도서관에서 소장자료에 대한 완전한 소유권을 행사할 수 있는 것이다. 이렇게 소장된 자료는 도서관 안에 물리적으로 소장되며 비치되어 이용을 기다리게 된다.

4 반면에 오늘날의 관점에서 '접근'이라는 용어는 영구적인 소장이 아니라 일시적으로 이용하는 것으로 정의된다. 도서관 접근이라는 용어는 도서관 소장 장서 사용을 위해 허락을 받는 것 그리고 자료발견을 위한 도움을 얻기 위하여 사서에게 접근하여 인터뷰를 할 수 있는 기회를 갖는 것으로 해석된다. 여기에는 도서관간 상호대차라든가 상업적인 문헌전송서비스를 이용하는 것, 라이센스 계약을 통해 CD-ROM등에 대한 일정기간 동안의 사용권한을 얻는 것, 인터넷 등의 네트워크를 통해 디지털 정보를 이용하는 것 등이 이에 속한다.

5 그동안 도서관에서는 자료구축의 유형은 '소장' 패러다임이 지배적이었다. 사서는 일단 자료를 구입해서 소장하는 것을 선호하였다. 그리고 소장하고 있는 장서의 양적인 기준으로 그 도서관의 질까지도 평가하려는 경향이 있었다. 이런 패러

다임에서 사서는 적극적이지 못하고, 서비스 지향성이 부족하며, 전문성이 결여된 이미지의 '서고지기'로 보일 수 밖에 없었다.

6 이러한 형태는 도서관이 소장정보에 대한 서비스를 주안점으로 삼은 것은 근대 이후의 일이며, 그전에는 재산목록의 성격으로서 기능하거나 소장리스트 및 소재위치를 지시해 주는 단순한 기능에서 벗어나지 못하다가 근대 이후에 정보검색의 기능으로 변화된 것은 주지의 사실이다.

7 현재의 도서관은 기존의 구입-소장 형태의 장서개발 방법만으로는 이용자의 욕구를 충족시켜 준다는 것은 전혀 불가능한 상황에 처해 있다.

8 우선, 정보가 매일 지구촌 구석구석에서 발생함으로써 어디에서 어떤 정보가 발생했는지 조차 인식하기 힘들게 되었다. 그리고 정보의 발생을 안다고 하여도 자료의 가격을 급등하는 반면에 도서관 예산은 그대로이거나 삭감되는 실정이어서 이에 대처하기에는 불가능하게 되었다.

9 구입-소장 방법에 대한 보완책으로서 도서관간의 상호대차나 상업적 문헌전송서비스 등을 사용해 왔다.

10 정보기술의 발달이 '접근' 패러다임에서의 다양한 정보서비스의 가능성에 대한 논의를 불러 일으켰고, 현실화하게 되었다.

11 거대한 규모의 데이터베이스와 네트워크가 출현하면서 이용자들은 한 도서관에서 모으기가 불가능한 어마어마한 양의 자료를 앉은 자리에서 컴퓨터를 이용해 검색할 수 있게 되었다. 상호대차 서비스의 경우, 인터넷상에서 타관의 목록을 검색하여 원하는 자료를 찾아 전자우편을 통해 신청하면 전자우편, FAX나 우편으로 도착하게 되는 것과 같이 짧은 시간내에 간단하고 쉽게 처리할 수 있게 되었다. 더구나 디지털화된 데이터는 서지적 정보에만 국한되지 않고 전문(full-text)으로 확대되고 있다.

12 미래에는 기존의 서지정보에 대한 접근은 전문에 대한 접근

까지 가능하게 되어 '접근'에 대한 개념도 확장되어, 도서관 이나 이용자는 '접근'을 '소장'보다 더 나은 장서개발 방법으로 선호할 것이다.

13 '소장'과 '접근'에 대한 사고는 장서개발 측면과 이용자서비스 측면으로 나누어 볼 수 있다. 도서관의 장서개발 부분에서 일어나고 있는 변화는 '상황에'(just in case : 이용자 요구를 예측하여 전통적인 매체로 된 대규모 장서를 구축하는 것)에서 '적시에'(just in time : 요구가 있을시 필요로 하는 정보를 제공하는 것)로 점진적으로 전환되고 있다.

14 이용자 서비스의 측면에서도 '소장' 자료에 대한 face to face서비스 보다는 통신망 등을 활용한 '접근'서비스가 이용자의 시간을 아껴줄 수 있어 도서관 봉사의 원칙에도 부합한 서비스라 할 수 있다.

15 도서관 패러다임의 철학적 논조는 '소장'에서 '접근'으로 강조점이 옮겨가고 있는 것이 효율적이고, 합리적인 타당성이 있다.

1.4 전자도서관의 장 · 단점

1 장점

1. 다른 곳에 있는 정보자원에 접근할 수 있는 자료는 자관에서 소장할 필요가 없어 공간 절약
2. 컴퓨터와 네트워크가 있는 곳이면 어디서든지 접근이 가능
3. 모든 형태로 된 자료를 한 곳에 리스트해 두고 하이퍼텍스트로 링크하여 도서관을 방문하지 않고도 한 곳에서 모든 자료를 이용이 가능
4. 기존의 텍스트나 시청각자료에서는 경험하지 못하던 멀티미디어 버전을 이용할 수 있다. 이는 전자정보의 다

양한 기능 활용을 의미함

5. 원격지 정보를 내 서가에 있는 것과 같이 필요하면 즉시 이용이 가능
6. 자료를 다운받아 필요한 편집 가능
7. 소유보다 접근을 우선순위에 두는 전자도서관에서는 도서관간의 협동이 더욱 요구되고 있다. 자원공유는 도서관이 접근 패러다임으로 가는 중요한 수단으로 대두되고 있다. 자원공유가 이루어지면 도서관은 보다 쉽게 특화된 핵심장서를 개발할 수 있을 것이며, 소장하지 않은 자료에 대한 적시적인 접근을 제공하고 주변적인 자료 수집을 위한 협동장서개발 협약을 성립시킬 수 있을 것이다. 컴퓨터와 통신기술의 발전은 자원공유를 위한 수단을 제공해 주는 핵심적인 기술로 발전

2 단점

1. 인터넷을 비롯한 주요 네트워크상의 혼잡성이다.
2. 전자정보를 이용하는데 적합한 기자재를 구비해 놓는데 문제가 있다. 장치들은 일반적으로 고가이며, 기술의 발전으로 금세 구형이 되어버리는 경향이 있어 유지비가 많이 든다.
3. 요금정책이 바뀌어 무료였던 것도 정보이용에 대한 사용료를 지불해야 하는 유료로 전환되는 것이 늘어나고 있다.
4. 전자 환경에서 접근에 대한 저작권 문제가 복잡하여 해결이 쉽지 않다.
5. 통신망을 통해 진지한 연구를 한다는 것은 매우 혼란스럽고, 연구의 집중성과 진지성 등이 현저하게 떨어진다.

Section 2 전자도서관의 발전

도서관에 과학기술(scientific technique)이 도입된 것은 역사가 비교적 짧다. 도서관에 도입된 과학기술은 크게 기계기술 · 전기전자기술·정보기술 등으로 구분할 수 있으며, 최초로 도입된 과학기술은 기계기술의 일종인 펀치카드시스템(punch card system)이라고 볼 수 있다. 이후, 1951년 모클리(Mauchly)와 에커트(Eckert) 등이 상업용 컴퓨터인 UNIVAC-I(Universal Automatic Computer-I)을 개발하여 보급하기 시작한 이래, 1960년 초기부터 컴퓨터를 도서관 업무에 사용하기 위한 실험이 북미와 영국의 도서관들에서 진행되기 시작하여, 1966년 미의회도서관이 기계가독목록(MARC : Machine Readable Cataloging)을 개발하면서 본격화되었다고 볼 수 있다. 이후, 1970년대부터 온라인시스템이 개발되면서 협동시스템으로 발전하였고, 1990년대부터 인터넷(internet)과 웹(web)이 출현하면서 디지털도서관의 도입과 더불어 전역적(全域的 : global) 시스템으로 발전하게 되었다.

이와 관련하여, 정영미는 그 발전과정을 시대별로 다음과 같이 구분하였다. 첫째 제1기(1936-1950년대)는 펀치카드시스템을 대출업무·책자목록 생산 등에 이용한 시기로, 1936년 미국의 텍사스대학교(University of Texas)가 이를 최초로 도입하였다. 둘째 제2기(1960년대)는 오프라인 배치시스템이 개발되어 펀치카드를 이용하여 데이터를 입력하던 시기로, 1966년 미국 의회도서관의 기계가독목록 개발로 도서관에서 컴퓨터 활용이 본격화되는 계기가 마련되었다. 셋째, 제3기(1970년대)는 온라인시스템 개발로 실시간으로 데이터를 처리하는 것이 가능해짐에 따라, 최초로 OCLC(Online Computer Library Center)등이 온라인 시스템으로 전환하였고, 미국 국립의학도서관(NLM : National Library of Medicine)의 MEDLINE(Medical Analysis and Retrieval System On-line)이 온라인 정보검색 네트워크를 가동하였다. 이후, 대학도서관 등이 온라

인 시스템을 도입하고 발전시켜 데이터베이스 개념이 도입되는 등 그 범위가 크게 확대되었다. 넷째, 제4기(1980년대)는 네트워크기술의 발달로 중앙집중식 네트워크가 분산형 네트워크로 발전되기 시작하였으며, 이로 인해 DIALOG · ORBIT(Online Retrieval of Bibliographic Information Time-shard) · PC통신(personal computer communication) 등 상업적 네트워크가 본격 등장하였다. 특히, 이 시기에는 광(光) 기록 기술에 의한 CD-ROM(Compact Disc Read Only Memory) · 광 디스크(optical disc) 등이 개발되어 전문(full-text)을 디지털화 하는 것이 가능해져 국내에서도 기업과 국공립 연구소에 소속된 도서관 등이 미국 등에서 생산된 CD-ROM 데이터베이스를 도입하거나 광 디스크를 통해 자체 생산 보고서를 디지털화 하는 등 많은 변화가 나타났다.

또한, 우리나라의 국립중앙도서관이 한국문헌자동화목록형식(KORMARC)을 개발함으로써, 이를 기반으로 국내 도서관들이 그 동안 카드목록시스템을 중심으로 관리되어 오던 기술적 메타데이터를 전산목록으로 변환하는 등 메타데이터의 전산화기 본격화되기 시작하였다.

이후, 1990년대를 제5기로, 200년대를 제6기로 그 발전 과정을 살펴보면 다음과 같다. 제5기(1990년대)는 인터넷 및 웹이 등장하고, 도서관의 네트워크가 이를 기반으로 한 전역적 시스템으로 발전하기 시작하였다. 특히, 이 시기에 광 기록기술 등을 이용한 웹 기반의 전자도서관이라는 새로운 도서관이 제안되면서, NSF(National Science Foundation) · NASA(National Aeronautics and Space Administration) · ARPA(Advanced Research Projects Agency)등이 DLI(Digital Library Initiative)라고 불리는 디지털도서관연구를 버클리대학 · 미시간대학 · 일리노이대학 · 스탠포드대학 · 캘리포니아대학 · 카네기멜론대학 등을 주요 사이트로 진행하였고, 도서관이 디지털도서관 또는 이와 유사한 디지털복제 전송시스템이 도서관에 도입되기 시작하였다.

우리나라의 경우, 1990년대에 들어오면서 KORMARC을 기반으로 한 카드목록의 전산화가 가속화되었고, 1996년 LG상남도서관(사진)이 국내 최초로 광 기록 기술을 기반으로 화학과 전기전자분야의 해외 학술저널의 전문을 디지털화 하여 텔넷(telnet)을 기반으로 한

인터넷 서비스에 이어 1997년부터 웹 서비스를 실시하면서, 국내 도서관에 디지털도서관 개념이 본격 도입되게 되었다. 이후, 국가 등의 적극적인 지원에 의해 대학도서관 등 상당수의 도서관이 디지털도서관 또는 이와 유사한 디지털복제 전송시스템을 도입하게 되었다. 특히, 1996년 한국학술진흥재단 부설로 첨단학술정보센터가 설립되면서 디지털도서관에 대한 연구와 더불어 대학도서관 등을 중심으로 공동목록시스템을 구축하는 등 네트워크 상에서의 정보 공유를 위한 기반 환경이 구축되기 시작하였다. 그러나, 1996년 디지털 환경에서의 저작권 보호에 대한 필요성이 대두되어 세계지적재산권기구(WIPO : World Intellectual Property Organization)가 WIPO 저작권조약(WCT : WIPO Copyright Treaty)과 WIPO 실연·음반조약(WPPT:WIPO Performances and Phonograms Treaty)을 채결하고, 각국이 이의 의무 이행을 위해 저작권법을 개정하여 디지털복제 전송 개념을 도입함에 따라, 디지털복제 전송과 관련하여 도서관에서의 공정 사용이 어렵게 되었다.

그리고, 제6기(2000년대)에 들어오면서 국내외적으로 대부분의 도서관이 디지털도서관을 갖추게 되었으나, 1990년대 말부터 시작된 저작권보호 강화로 대부분의 도서관이 정상적으로 디지털도서관을 운영하지 못하는 등 디지털복제 전송과 관련된 많은 문제가 나타나기 시작했다. 특히, 이 시기에 들어오면서 국내적으로는 도서관의 디지털 복제 전송과 관련하여 저작료 지불에 대한 논의가 본격화되기 시작하였다. 그 결과, 우리나라의 경우 도서관의 디지털복제 전송에 대한 저작료 지불기준이 마련되었다. 또한, 1990년대 말부터 이미 디지털화한 정보를 웹을 기반으로 제공하기 시작한 상업용 디지털정보원이 디지털화(digitalizing)를 가속화하고, 전자상거래(electronic commerce) 기반의 상업적 서비스를 본격화하는 등 도서관 외적인 정보환경이 급속하게 성장하였다. 이로써, 도서관은 상업적 디지털정보원에 대응하기 위한 대책을 마련해야 하는 등 많은 과제를 갖게 되었다.

Section 3 전자도서관의 유형

디지털도서관의 유형은 그 기술방식·공유방식·미디어의 형태 등에 따라 여러 유형으로 구분될 수 있다.

먼저, 그 기술방식에 따라 전자식(電子式 : electronic) 디지털도서관·디지털(digital)식 디지털도서관 등으로 구분될 수 있다.

첫째, 디지털도서관은 그 보관하는 정보의 전문을 디지털화 하되, 이를 팩스메일 등과 같은 전자 전송시스템을 통해 제공하는 도서관을 말한다. 최근, 팩스메일 기술이 아날로그에서 디지털로 전환되기 시작하면서 이 같은 도서관은 그 기준이 애매해지고 있다.

둘째, 디지털식 디지털도서관은 문헌이미지처리기술 또는 전자출판기술 등에 의해 정보를 디지털화 또는 디지털 미디어화 하여 네트워크를 통해 제공하는 도서관을 말한다. 도서관이 운영하는 대부분의 디지털도서관이 이에 해당된다.

그리고, 그 공유방식에 따라 LAN(Local Area Network) 기반 디지털도서관·WAN(Wide Area Network) 기반 도서관·웹 기반 디지털도서관·가상(假想 : virtual) 디지털도서관 등으로 구분될 수 있다.

첫째, LAN 기반 디지털도서관은 그 보관된 정보를 LAN 개념의 네트워크에서만 제공하는 도서관을 말한다. 우리나라의 경우, 현행 저작권법상 공정사용에 의한 디지털 전송은 LAN 기반의 디지털도서관 개념을 벗어날 수 없다.

둘째, WAN 기반 디지털도서관은 WAN 개념의 네트워크상에서 특정 디지털도서관간에 정보를 공유하는 도서관을 말한다. 이 같은 디지털도서관은 그 보관된 정보를 특정 조직에 속해있는 이용자 이외에는 제공할 수 없는 경우에 주로 적용된다.

셋째, 웹 기반 디지털도서관은 그 보관된 정보를 웹상에서 이용할 수 있도록 제공하는 디지털도서관을 말한다. 이 같은 디지털도서관은 그리 많지 않으며, 대부분 상업용 디지털정보원이 이와 유사한

디지털정보 서비스를 실시하고 있다.

넷째, 가상디지털도서관은 기존의 아날로그 도서관이 실행하고 있는 것과 같은 도서관의 모든 서비스를 인터넷과 웹을 기반으로 하는 가상의 공간으로 모두 옮겨서 실행하는 도서관으로, 가장 완벽한 디지털도서관이라고 볼 수 있다. 모든 디지털도서관이 이를 목표로 하고 있으나, 이 같은 도서관은 아직 존재하지 않는다고 보아야 할 것이다.

마지막으로, 그 미디어(media)의 형태에 따라 문자 디지털도서관(letter digital library)·오디오 디지털도서관(audio digital library)·영상도서관(moving picture digital library)·멀티미디어 디지털도서관(multimedia digital library) 등으로 구분될 수 있다. 첫째, 문자 디지털도서관은 문자를 지속미디어로 하고, 정지화상 등을 보조미디어로 하는 정보를 제공하는 도서관으로, 일반적으로 인쇄본 등을 디지털화 하여 제공하는 도서관이 이에 속한다. 따라서, 현재 운영되고 있는 대부분의 디지털도서관이 여기에 속한다고 볼 수 있다.

둘째, 오디오 디지털도서관은 음성 또는 소리를 지속미디어로 하고, 문자·영상·정지화상 등을 보조미디어로 하는 정보를 제공하는 도서관으로, 사운드 도서관(sound library)·음악도서관(music library)·음성(音聲) 도서관(voice library) 등 여러 표현으로 불리고 있다. 이 같은 디지털도서관은 방송국·시각장애인 도서관 등이 주로 운영하고 있다. 그러나, 최근에는 오디오 전자책(audio electronic book)의 생산이 증가하고 그 선호도가 높아지면서 대학도서관·공공도서관 등도 오디오 도서관에 관심이 높아지고 있다.

셋째, 영상 디지털도서관은 음성과 영상 즉, 동영상을 지속미디어로 하고, 문자·소리·정지화상 등을 보조미디어로 하는 정보를 제공하는 도서관으로, 방송국·청각장애인 도서관 등이 주로 운영하고 있다. 최근에는 도서관에서 VOD(Video On Demand) 시스템이 도입되기 시작하면서 비디오테이프나 방송 등이 제공하는 영상정보를 디지털화 형태로 반입해야 하는 등 어려움이 있었으나, VOD 시스템의 등장으로 이를 통해 재(再) 부가가치를 획득하기도 한다. 넷째, 멀티미디어 디지털도서관은 이를 구성하는 요소 즉, 문자·음성·소리·정지화상·동영상·애니메이션 등 인간이 정보를 표현할

수 있는 모든 표현방법을 지속미디어와 보조미디어로 구분하여, 그 표현 또는 전달하고자하는 목적에 따라 유기적으로 결합하는 방법으로 제작된 미디어를 제공하는 도서관을 말한다. 이 경우, 제공하는 미디는 반드시 쌍방향 성을 가지고 있어야 한다. 최근, 멀티미디어 전자책(multimedia electronic book)이 증가하고, 이를 선호하는 이용자가 증가하면서 어린이 등을 대상으로 하는 공공도서관이나 멀티미디어 학습을 필요로 하는 학교도서관·원격대학 등에서 관심이 높다.

Note

Chapter
07

전자도서관의 구축현황과 정보서비스

Section 1 전자도서관 구축현황

미국, 영국, 일본 등 선진 각국에서는 이미 공공 및 상용화 차원에서 많은 자원을 투입하여 분야별로는 상당한 수준의 전자도서관이 본격적으로 발전되었다.
디지털 도서관 구축현황을 선진 주요국을 중심으로 살펴보자.

1.1 NRL 디지털 도서관 프로젝트

미국 해군연구소의 연구도서관과 기술정보센터에서 추진하고 있는 디지털 도서관 프로젝트로서 인포네트(InfoNet) 시스템, 광이미지 시스템, 그리고 TORPEDO(The Optical Retrieval Project Electronic Documents Online) 시스템 등에 대한 연구가 진행되고 있다.
InfoNet 시스템은 데스크탑 컴퓨터로 캠퍼스내의 정보원에 접속할 수 있는 시스템으로 다양한 정보원을 동일한 메뉴 방식으로 이용할 수 있다. 정보원에는 도서관 소장의 18개 CD-ROM DB, 인터넷에서 다운로드 받은 정보원, 연구용 DB 및 외부 DB 등이 있다. 본 시스템은 상업용 S/W와 H/W로 구성되며, TCP/IP 터미널 서버와 Novell Access 서버를 이용한다.
광이미지 시스템은 도서관 장서로부터 자료의 복사, 저장, 검색 및 출력을 위해서 기존의 온라인 목록 시스템과 연결해 주는 스탠드얼론 시스템으로서 이미지로 저장된 보고서의 일부분 또는 전체를 화면이나 프린트로 출력해서 볼 수 있다.
TORPEDO 시스템은 InfoNet과 광이미지 시스템의 기능을 결합한 시스템으로 강력한 검색 도구들을 이용하여 전자화된 이미지들을 배포하는 기능을 한다. 이용자들은 자신의 컴퓨터나 워크스테이션을 이용하여 대규모의 도서관 장서의 내용들을 검색, 열람 및 프린

트할 수 있다. 시스템은 Mosaic을 인터페이스로 하고 상업용 이미지/색인 시스템으로 구성되며 캠퍼스 망과 인터넷을 통해 시스템에 접속할 수 있다. 앞으로는 스캐닝 시스템과 광저장 쥬크박스 장비를 이용하여 본격적으로 이미지 정보를 서비스 할 계획이다.

1.2 미국 NSF, ARPA 기금에 의한 디지털 도서관

o Carnegie Mellon University: 온라인 디지털 비디오 도서관시스템 개발이 중심으로서 비디오 자료로부터 과학과 수학 등에 관한 정보를 검색할 수 있도록 하며 이용자와의 인터페이스는 자연어를 통한 상호작용이 가능하다.

o UC Berkeley: 환경정보에 관한 다양한 정보의 수집, 제공이 주목적으로 디지털 도서관 시스템의 프로토타입 개발은 시스템 사용교육을 받지 않은 이용자들도 적합한 정보를 찾을 수 있도록 하는 것이다. 또한 자동색인, 지능형 검색, 디지털 도서관의 어플리케이션을 지원하는 DB 기술, 데이터 압축 기술 및 통신 도구 등을 연구, 개발하고 있다.

o University of Michigan: 멀티미디어 디지털 도서관의 연구개발을 위해 기타 연구기관들과 공동으로 협력하고 있다. 지구학과 우주공학 분야의 DB가 중심이며, 인터넷상에서도 정보 검색이 가능하다.

o UC, Santa Barbara: The Alexandria Project: 인터넷상에 산재된 다양한 종류의 지도, 이미지, 사진 자료들로부터 유용한 정보를 추출할 수 있도록 공간적으로 색인된 정보(Spatially-Indexed Information)의 디지털 도서관 설계 및 개발이 초점이다.

또한 지리정보시스템용 소프트웨어를 이용하여 미국 Santa Barbara, Ventura, LA 등의 도시 관련 지도, 이미지 및 공중사진들을 디지털화하기 시작했다. 시스템은 이러한 정보의 탐색을 위해서 지리정보 인터페이스, 전자 목록, 정보 저장과 수집에 관련된 어플리케이션들을 갖추고 이용자에게 서비스를 제공하고자 한다.

o Stanford University: 한 가지 탐색 방법을 이용하여 다양한 정

보원을 검색할 수 있는 통합된 가상 도서관 기술 개발에 초점을 두었다. 즉 개인이 구축한 정보를 도서관 DB와 여러 과학자들에 의해서 공유되는 대규모 DB에 연결시키는 기능을 개발하여 이용자 탐색에 제공하고 있다.

o University of Illinois at Urbana-Champaign: Grainger 공학정보센터의 DB를 추축으로 공학 및 과학분야의 잡지를 주요 디지털 도서관 서비스 대상으로 하고 있다. 디지털 형태로 변환할 데이터는 IEEE와 공학분야 출판사들의 협조를 통해 얻은 이미지 데이터들로 이들을 SGML 형태로 구조화하였다. 공과대학 도서관이 주요 대상으로서 하이퍼텍스트 형태의 대규모 디지털 DB 구축과 다양한 이용자 유형들에 대한 이용자 모형 연구가 포함되어 있다.

1.3 IBM의 디지털 도서관 기술 응용

IBM에서 개발하고 있는 디지털 도서관의 주요 기능은 데이터의 저장과 관리(storage and management), 데이터의 탐색과 접근(search and access), 저작권 관리(rights management), 데이터의 가공과 축적(content creation and capture), 데이터의 배포(distribution) 등 5가지로서 이를 중점적으로 개발하고 있다. IBM의 기술을 이용한 디지털 도서관 시스템의 설계 및 구축 사례들을 살펴보면 다음과 같다.

o Case Western Reserve University: 기존의 도서관 장서를 대상으로 한 온라인 멀티미디어 도서관 구축이 중점 사항으로 디지털 도서관 시스템에서 저작권 관리시스템을 운영하며 고품질의 이미지 데이터도 저장할 수 있다. 본 도서관은 바티칸도서관, 미 국회도서관, 루터자료관 등에 디지털 형태의 자료를 협조해 주고 있다.

o Indiana University: 캠퍼스 망을 통한 디지털 도서관 계획들 중 가장 큰 규모의 멀티미디어 프로젝트를 추진하고 있다. 특히 음악대학의 학생들과 교수들이 레코드, 악보 및 기타 음악관련 DB에 쉽게 접근할 수 있으며 인디애나폴리스에 있는 6개 대학에까지 서비스를 확대할 예정이다. 이용자가 네트워크를 통해서 오디오, 비디

오 및 멀티미디어 등의 다양한 형식으로 음악자료를 이용할 수 있는 인터페이스를 지원하여 이용자와의 상호작용이 혁신적이며, ATM을 통해 제공되는 음악 정보 역시 음질 면에서 전혀 손색이 없을 정도이다.

o LA City Public Library: 약 2백만 개의 사진 자료들을 대상으로 효과적으로 분류, 저장, 검색, 출력할 수 있는 시스템개발을 추진하고 있으며, 이용자들이 희귀 사진 자료들을 쉽게 이용할 수 있도록 이용자 편의의 인터페이스를 제공하고 있다.

o Roosevelt Library: 도서관 소장 자료를 이용한 학습과 교수활동의 향상을 도모하고자 교실에서도 도서관 자료의 이용이 가능하도록 온라인으로 정보를 제공하고 있다. 캠퍼스망과 외부망을 통해 디지털 도서관의 정보에 접속할 수 있으며 멀티미디어 정보를 사용한 이용자의 교육 능력 향상이 가능하다.

o University of Florida: 소장자료의 서지 목록과 학술잡지의 원문정보 및 이미지 정보를 WWW을 이용하여 검색할 수 있으며 데이터의 다운로드 및 화면 출력과 프린트 출력 기능을 지원할 수 있는 시스템을 개발하고 있다.

o Institute for Scientific Information(ISI): 미국 과학정보연구소는 이용자가 각자의 터미널을 이용하여 어디에서든지 이미지와 자료의 원문에 대한 정보를 제공받을 수 있는 클라이언트/서버 솔루션 시스템을 개발하였다. 1,350종 이상의 생명과학분야 잡지 본문 중에서 도표, 서지 데이터 및 초록에 관한 정보를 직접 탐색할 수 있으며 출판사와의 협의 하에 잡지의 본문을 이미지로 축적, 저장하여 이용자에게 제공할 수 있다.

1.4 영국의 디지털 도서관 프로젝트

1993년부터 시작된 영국의 디지털 도서관 프로젝트는 모두 20가지의 개발 계획을 가지고 착수했다. 도서관 자료의 디지털 변환과 네트워킹 부분에 필요한 하드웨어/소프트웨어 플랫폼의 조사, 도서관 서비스 향상과 온라인 접속의 용이성 추구 등을 위하여 데이터의 저장, 색인, 검색 및 배포를 위한 표준 제작, 네트워크를 통한 디지털 자료의 제공에 있어서 저작권 문제 등에 대한 연구가 추진되고 있다.

o 특허 정보 관리용 고속 쥬크박스 운영: 국제 특허 정보 3천4백만 건 중 영국, 미국, 유럽 및 특허협력 조약에 관련된 내용 1백만 건의 정보를 16개의 연결된 CD-ROM 쥬크박스에 담아서 운영하고 있다. 이들 각 쥬크박스는 800여 가지의 특허정보를 수록하고 있는 100개의 디스크들로 구성된다.

o 고대 서사시의 필사본을 디지털 형태로 변환: 원본이 손상된 자료나 고대 희귀자료의 필사본을 디지털 카메라로 스캐닝하여 선명한 이미지를 갖는 디지털 형태의 자료로 저장하고 있다.

o 전자 사진 열람 시스템 운영: 사진, 삽화, 악보 표지에 이르기까지 수천 종의 이미지들을 디지털 형태로 변환하여 이들 자료에 대한 주제어 탐색이 가능하며 검색된 이미지 자료에 딸려 있는 텍스트 자료를 하이퍼텍스트로 연결하여 이용자에게 동시에 제공할 수 있다.

o 온라인 네트워크 목록(Network OPAC): 영국의 전체 대학과 연구소를 연결하는 학술망(Joint Academic Network: JANET)을 통해서 6백만여 개의 서지 레코드를 검색할 수 있다.

o 기타 계획: 멀티미디어 CD-ROM 출판, 오래된 마이크로필름자료의 디지털 변환 및 온라인 목록 변환을 위한 기술개발 등이 있다.

1.5 NAIST-만다라(Mandala) 도서관 프로젝트

일본 최초의 디지털 도서관 계획이 착수된 만다라 도서관은 자료의 디지털 변환을 위해서 OCR을 이용한 단행본, 기술 보고서, 잡지, 마이크로필름 및 비디오 자료 등의 디지털화를 계획하고, 다양한 정보를 구비한 미디어 센터로서의 기능을 수행하고 있다. 이용자가 도서관의 주요 정보원을 24시간 동안 검색할 수 있는 전자탁상도서관을 계획하고 있다.

도서관 이용자들은 클라이언트/서버 환경에서 이용자 워크스테이션을 통한 자료의 검색과 열람이 가능하며, 클라이언트 S/W로서 WWW 클라이언트 S/W를 사용하고 워크스테이션상의 이용자 인터페이스는 Mosaic이나 Netscape를 사용한다. 검색된 문헌들은 OCR로 구축된 문헌들로서 문헌에 대한 본문(full-text) 검색이 가능하다. 또한 외부 DB에 대한 검색 서비스, 이용자 프로파일에 등록을 통한 이용자 통지서비스, 그리고 기타 유관기관이나 대학에 대한 정보배포 서비스 등이 있다.

1.6 일본 Ariadne 전자 도서관 프로젝트

일본의 Electronic Library Research Group과 Fujitsu에 의해 공동으로 개발된 전자도서관 시스템이다. Digitization, Networking, Intcractive, Multimedia, Scalable을 기본 연구 방향으로 한 시스템으로 영어와 일본어의 기계번역이 가능하며 자연어 검색을 지원할 수 있다.

주요 특징은 다음과 같다.

o 이용자 서비스: 도큐먼트 검색 기능(서지데이터 탐색, 하이퍼텍스트 탐색, 키워드 탐색, 용어 계층성을 이용한 탐색 및 질의어 문장 탐색), 도서관들의 도서관 기능(The Library of Libraries), 전문도서관의 기능, 전시회와 각종 행사 및 대학안내 기능 등을 특징으로 하고 있다.

o 이용자 인터페이스: 이용자는 다수의 검색된 문헌들을 하나의 모니터 상에서 동시에 열람할 수 있으며 자유롭게 메모와 주석을 표시하거나 달 수 있다. 또한 다양한 형태의 사전들이 구비되어 기계번역이 가능하다. 그밖에 이용자가 검색된 문헌을 열람하기 어려운 경우에 컴퓨터가 대신해서 일본어로 문헌을 읽어 준다.

Section 2 전자도서관의 정보서비스

2.1 디지털 도서관과 사서의 역할

자료의 수집, 보관과 이용자에 대한 자료접근, 소장자료의 안내 등 지금까지의 전통적인 도서관 사서들의 역할은 도서관과 사서의 도움없이 직접 정보에 접근하길 원하는 이용자들의 정보요구 유형의 변화로 인하여 새로운 방향을 모색하게 되었다.

인간의 정보에 대한 끊임없는 욕구는 특히 정보산업사회에서도 나타나고 있는 불변의 모습이다. 정보는 신문, 잡지, 책, 방송매체, 음향, 비디오, 이미지 등 다양한 방식으로 제공될 수 있으며, 이들은 대부분의 도서관에서 공통적으로 가지고 있고 사서에 의해 다루어지는 자료들이다. 그러나 고도정보사회에서 요구되어지는 사서의 역할은 단순히 이들 자료에 대한 "정보의 관리자"가 아닌 "지식의 과학자"로 바뀌어야 한다. 또한 이용자는 정보를 제공받는 것뿐만 아니라 이용자를 위한 정보 해석 능력도 기대하고 있는 것이다.

오늘날 도서관의 역할은 출판물과 정보를 어떤 특정 그룹의 이용자에게만 이용시키는 것이 아니므로 도서관은 출판업계에서 그만큼 중요한 기관이다. 도서관에서는 출판물을 살 필요가 없거나 또는 경제적 능력이 없는 수많은 사람들에 의해서 자료가 이용되어지고 있고, 일반 대중에게 효과적으로 출판물을 알리고 있다. 모든 자료가 디지털 형태로 출판되는 경우에도 도서관은 동일한 역할을 수행할 것이다. 결국 도서관은 출판사나 서점, 구독대행기관, DB 호스트 등 여타의 정보중개자들보다 더욱 많은 범위의 정보들을 이용자에게 제공할 수 있다.

따라서 정보의 중요한 원천으로서 다수의 이용자에게 정보를 제공하는 역할은 도서관이 갖추어야 할 필수적인 요소인 것이다. 그러나 정보산업 사회를 맞이하고 있는 오늘날 도서관은 더 이상 인쇄

매체만을 기반으로 하는 산업에만 의존할 수는 없으며 여러 가지 전자 형태의 자료들을 다루어야 한다. 단지 자료의 불법 복사, 배포, 가공, 심지어 재출판이라는 우려의 부분에 대해서는 지적재산권 침해의 대상이라는 점을 고려해야 한다.

비록 문헌공급자들에 의해서 제공되는 정보는 도서관에서 제공하는 정보에 비하면 소규모이긴 하지만 디지털 복사, 자료의 저장, 배포, 그리고 이용자의 특정 정보 요구에 부응하기 위해 재가공에 필요한 융통성 있는 서비스 제공 등에 초점을 맞추고 있다. 도서관 역시 각종 자료를 물리적으로 소장하고 도서관을 찾는 사람들에게 단순히 자료와 공간을 제공해 주던 시대에서 이제는 도서관의 공간 확보와 소장 자료의 편리한 이용 등을 목적으로 자료들을 전자 형태로 변환하여 컴퓨터에 담는 디지털 도서관 시대로 옮겨가고 있다. 그러므로 디지털 도서관과 사서의 역할은 단순한 형태의 정보와 문헌들을 제공하는 것으로부터 첨단의 통신 기술을 이용하여 일련의 종합 정보를 제공하는 정보센터와 지식의 과학자로 바뀌어야 할 것이다.

2.2 디지털 도서관 구축을 위한 고려 사항

가 정보 소유자 측면

o 저작자지적재산물의 최초 창조자로서 대부분의 저작자들은 그들의 작품을 창작하기 위해서 도서관을 이용하며, 어떠한 형태로든지 도서관은 저작자의 모든 창작물의 중요한 소스가 된다. 즉, 도서관은 광범위하고 다양한 자료들을 통해서 저작자의 연구와 독창적인 생각을 가능하게 하는 지적재산물의 중추적인 역할을 한다. 여기서 저작자와 도서관과의 관계는 도서관이 일반 이용자들에게 자유롭게 책을 대출해 주고 복사할 수 있도록 하는 대신, 저작자들에게는 이들로 하여금 다양하고 풍부한 레퍼토리를 계속해서 창조할 수 있도록 도와주는 것이다. 저작자에 대한 보상과 이용의 무제한 접근 사이에서 균형이 유지되면서 정보소유자와 정보이용자가 가장

분명하게 유합할 수 있는 곳은 도서관이며, 디지털 도서관에서도 사정은 같아야 할 것이다.

o 출판사

저작자의 지적재산권을 소유하며 출판을 통하여 자료를 일반인에게 이용시키도록 하는 일을 담당한다. 출판사와 도서관과의 관계는 출판사는 출판할 자료들을 제공하는 저작자가 필요하며, 저작자는 도서관에 대해서 매우 의존적이라는 점이다. 저작자와의 상호교류를 통해서 출판사는 출판에 적합한 자료를 결정하고, 동시에 도서관은 출판된 모든 종류의 자료 구입에 대해서 매우 많은 돈을 지불하기도 하는 출판사의 중요한 고객이다. 특히 학문적인 출판물 시장의 단골 고객은 도서관이다.

출판방식의 기술에 있어서 급속한 변화는 이제는 전자 형태로의 출판물에서도 나타난다. 이론상 이러한 변화는 출판사가 적어도 도서관과 같은 중간매개체의 도움 없이도 네트워크를 통하여 최종 이용자에게 직접 출판물을 배포할 수 있음을 의미한다. 또한 출판사는 이용자로 하여금 특정분야의 특정문헌에 대해 접근하는 것을 통제할 수도 있다. 한편 멀티미디어 환경에서는 저작물의 유통이 주문 출판(publication on demand) 방식으로 행해질 수 있다. 이용자는 도서관에서 대출하지도 않고, 도서관간의 상호대차 제도를 이용하지도 않을 것이다. 주문 출판된 복사물을 받아 보면 그만이기 때문이다. 이러한 기술의 변화는 오랜 시간 동안 출판사에 의해서 이루어졌던 것으로 최종 이용자에 대한 직접적인 문헌 전달 방식이 현실이 되었음을 의미한다. 이로 인해 의존관계에 놓여 있던 도서관에 대한 출판사의 태도를 자연스럽게 바꿔 놓았다. 하지만 출판사 스스로가 그들 창작물을 다수의 이용자에게 알리고 이용시키는 방법에는 도서관에 비해서 한계가 있으며 또한 문헌공급자들의 활동은 출판사 능력 밖의 시장에까지 영향을 미치므로 인하여 보다 광범위하게 출판물들을 배포하는데 따른 로얄티를 지불하게 되므로 궁극적으로는 출판사에게 이익을 가져다준다. 결국 출판사의 도서관에 대한 의존관계는 계속될 수밖에 없다.

나 정보 관리자 측면

o 사서

사서는 이용자의 관심 분야에 대한 정보의 수집, 관리 및 탐색과 같은 종전의 정보 전문가로서의 역할을 계속 수행하는 것 이외에도 정보 발굴을 위한 지식의 항해자(navigator) 역할이 강화되어야 한다. 여기서 사서의 서비스는 다음 두 가지 다른 방식, 즉 이용자와 직접 상호작용을 통해서, 다른 하나는 사서를 모형화한 전문가 시스템에 의해서 이루어질 수 있는데 디지털 도서관의 중요 특징 중의 하나는 인간 사서는 여전히 존재한다는 것이다.

또한 사서는 저작권 관련 문제를 처리할 수 있는 능력을 배양해야 한다. 저작권 소유자가 적당한 가격의 로얄티를 징수하기 위해서 개개의 이용자와 만족스럽게 합의를 한다는 것도 어려울 것이다. 더구나 저작권 소유자들은 수많은 이용자들과 직접 거래하기 위한 어떠한 기구도 가지고 있지 않다. 이와 같은 한계점들을 해결하기 위해서는 도서관을 이용하는 것이 가장 적격일 수 있다. 왜냐하면, 몇몇 반대 논쟁에도 불구하고 대부분의 저작권 소유자들은 사서를 가장 믿을 수 있는 대리인 역할로서 적합하다고 생각하기 때문이다. 그렇다고 해서 도서관을 저작권 소유자들의 경제적인 이익을 침해하는 곳으로 보는 것은 아니다. 일단 로얄티 징수를 위한 기틀이 형성되기만 하면 사서는 이를 위해 가장 적합한 능력을 가지고 있는 집단으로 인식될 수 있기 때문이다.

한편 정보 이용료 지불 문제에 있어서는 지불 방법의 불확실성과 어려움 때문에 사서는 이용자가 대부분의 정보에 대해 접근의 제한점 없이 무료로 이용하는 것을 선호할 것이다.

o 시스템 개발자

데이터를 정보로 변환하고 변화된 정보를 지식으로 변환하는 기술과 디지털화된 정보를 계층적으로 관리하고 저장할 수 있는 기술, 즉 신속한 자료변환시스템(Digitization)을 개발해야 하며, 자료의 단순한 저장이나 축적 개념의 시스템이 아닌 지식베이스 개념의 시스템을 개발해야 한다. 또한 데이터를 정보로 처리하기 위해서는

인터페이스 과정 중 이용자에게 즉시 응답하는 서비스가 필요하다. 이를 위해서는 시스템에 이용자 모형(user modeling)을 구축해야 하며 시스템은 이용자 모형을 통해 적합한 탐색 결과를 제공할 수 있을 것이다.

그밖에도 디지털 도서관의 이용자 인터페이스 시스템은 질의어 자동확장, 자동 번역 시스템, 다국적 언어 제공, 접근 제한 시스템(시스템을 사용하는 이용자에게 이용권한을 부여하여 권한이 부여되지 않은 이용자는 통제하고 이용자에 따른 정보 대금의 자동부과 기능으로 디지털 미터링(digital metering) 개념이 도입된 시스템), 그리고 어떠한 형태의 자료든지 검색하고 브라우징할 수 있는 기능과 다양한 탐색방법을 제공해야 할 것이다.

다 정보배포자 측면

정보배포자의 범위에는 서적판매상, 구독 대행사, 정보 브로커 및 DB 그리고 광범위하게 도서관이 포함된다. 또한 이들의 모든 활동은 문헌공급 산업으로 간주될 수 있다. 문헌공급이라는 활동은 최근까지만 해도 이용자에게 포괄적인 서비스를 제공하기 위해서 유일하게 다양한 주제의 자료들을 소장하고 있었던 도서관만의 고유 영역이었다. 하지만 현재는 점차적으로 상업적인 문헌공급업자들에 의해서 이루어지는 활동이 되고 있다. 이것은 문헌공급을 하나의 도서관 봉사라기 보다는 일종의 사업으로 바꿔 놓은 것이다. 정보의 탐색으로부터 시작하여, 조직, 분석, 가공 및 신속한 배포 그리고 디지털 복사에 이르는 일련의 활동들과, 색인, 초록 등의 2차 자료의 생산, 번역 및 각종 정보서비스에 관한 업무 등이 정보배포자의 활동이라고 할 수 있다.

한편 몇몇 정보배포자들은 복사 서비스에 따른 지적재산권 문제를 해결하기 위해서 저작권관리 기구들과 합의를 보고 있지만 그들 스스로는 로얄티 지불 부분에 대해서 출판사와 같은 정보소유자와 직접 거래하려는 경향이 있다. 그 이유는 정보배포자들은 그들의 모든 이용자를 위하여 다양한 범위의 출판물을 발굴하길 원하며, 개개 이용자의 요구에 적합한 문헌 공급서비스를 즉시 제공할 기회를 가지고 싶어하기 때문이다. 정보배포자들이 계속해서 디지털 도

서관과 밀접한 관계를 유지하기 위해서는 저작권관리기구로부터 받은 제한된 자격증만으로는 부족하며 저작권 소유자들과 개별적으로 협상해야 할 필요가 있을 것이다.

라 정보이용자 측면

이용자는 다양한 목적을 위하여 정보를 원하며 이 정보를 얻기 위하여 직접 DB에 접속하기도 하지만 아직도 중간매개자에게 의존하는 경우가 많은데, 여기서 중간매개자란 정보공급 산업의 핵심적인 역할을 담당하는 도서관을 의미한다. 오늘날 기술의 발전은 디지털 도서관의 정보전달 과정에 있어서 온라인 DB이나 CD-NET으로부터 적합한 문헌을 곧바로 이용자에게 전달할 수 있게 하였다. 문서의 빠른 스캐닝 기술은 이용자에게 또는 그것을 필요로 하는 장소로 직접 전달이 가능하게끔 하며, 이것은 도서관의 문헌공급 활동을 하루나 일주일 단위가 아닌 지금 현재의 가능한 활동으로 만들었다. 이때 이용자는 제공되는 정보가 양질의 정보이기를 원하며 또한 검색된 정보의 신뢰성과 무결성에 대한 기대를 가지게 된다. 이렇듯 디지털 도서관의 신속한 정보전달 기능이 이용자들에게는 도움이 되지만, 그러나 그러한 기술적 발전의 장점을 취할 수 있는 환경에서 모든 사람들이 일하고 있는 것은 아니다. 그리고 이용자의 정보이용에 따른 이용료 지불 능력 유무로 인하여 개인이 소유한 정보의 격차가 생길 수도 있다. 결국 이러한 상황은 "정보의 부자"와 "정보의 극빈자"를 만들어 낼 수 있으며 이때 정보의 극빈자는 반드시 개발도상국가나 후진국에만 존재하는 것은 아닐 것이다. 고도로 발전된 사회에서도 빈곤한 정보를 갖는 도서관과 개인은 여전히 존재할 것이다. 디지털 도서관의 경우 이용자가 사용한 H/W나 S/W의 비용 지불 능력이 있는 사람들만이 디지털 도서관을 사용할 수 있다면 정보의 격차는 미래에는 더욱 커지게 될 것이다.

한편 이용자는 도서관에서의 정보 탐색, 저장, 가공 및 복사 등 모든 일련의 활동들이 하나의 워크스테이션 상에서 간단한 조작만으로도 실행될 수 있는 시스템을 원한다. 그와 반면 이용자들은 시스템과의 상호작용 중 발생하는 탐색 기록들이 그들의 프라이버시

를 침해할 지도 모른다는 두려움도 동시에 가지고 있음을 간과해서는 안된다.

2.3 디지털 도서관 서비스

종래의 전통적인 도서관과 구분할 수 있는 디지털 도서관 서비스의 특징으로는 먼저 정보서비스의 다양화, 멀티화의 추진이라고 할 수 있다. 아울러 서비스의 중심도 멀티미디어 정보와 수단을 통해 이루어지며, 이용자 중심체제로의 변환과 함께 이용자 관리에 대한 효율적인 체계가 수립되어야 한다. 또한 멀티미디어 서비스 수요의 폭발적인 증가에 대비한 통신망 등 기반 시설의 강화와 고속, 고품질의 각종 정보를 가장 쉬운 방법으로 어디에서나 접근할 수 있어야 하며, 이용자에게 경제적 부담을 주지 않는 서비스 특징을 갖는다.

디지털 도서관 서비스의 종류를 살펴보면 다음과 같다.

o 네트워크 사서(Networking Librarian Service)

이용자가 쉽게 접근하고 이용할 수 있는 정보는 계속 증가하지만, 네트워크를 이용하여 방대한 양의 멀티미디어 자료를 탐색하는 경우에는 네트워크 사서의 도움이 필요하게 될 것이다. 이는 네트워크 참고봉사시스템(Network Reference Service System)의 개발과 함께 이용자에게 많은 서비스를 제공할 수 있다.

o 이용자 편의의 인터페이스(Graphic User Interface: GUI)

이용자는 정보를 탐색하고 수집하는 데 있어서 한 단계의 탐색과정으로 멀티-페이지를 갖는 다양한 이미지 데이터를 얻음으로써 온라인 브라우징을 통한 정보의 접근과 신속한 탐색 결과를 얻을 수 있다.

o 정보 필터링 서비스(Information Filtering Service)

정보폭발의 시대에 있어서 중요한 역할을 하게 될 서비스로서, 이용자의 양질의 정보요구에 대해서 자료의 타당성, 정확성 및 신빙성에 대한 검증을 제공하는 서비스이다. 또한 시스템이 이용자

프로파일에 개개 이용자의 관심 주제를 등록, 관리하면서 이용자에게 관련된 주제분야의 정보를 검색하여 어떠한 데이터든지 이용자가 원하는 형태와 방법으로 제공해 준다.

o 정보판매 서비스(Information Vending Service)

디지털 도서관에서는 정보의 수집, 가공 및 축적 등과 같은 서비스에 유료화 개념이 도입되어 이용자가 정보를 탐색, 열람 및 복사하기 위해서는 돈을 지불해야 할지도 모른다.(pay-to-read, pay-to-search, pay-to-print, pay-to-mine의 개념) 이를 위해서 디지털 도서관은 정보판매를 모형으로 하는 서비스가 요구된다. 즉, 정보탐색과 복사 행위에 대한 이용자의 권한 부여와 정보이용에 따른 요금징수, 이용통계 기록 및 저작권 보호에 관한 서비스 등이 포함될 수 있다. 한편 시스템이 이용자의 정보이용별 요금 지불과 이용자의 탐색행태에 관해서 모니터하는 경우에는 이용자의 프라이버시가 보장되어야 한다.

o 화상정보통신시스템 서비스(Communication and Image Database System)

화상정보통신시스템은 문자, 도형, 사진 등으로 구성된 매우 정교한 멀티미디어 정보를 재가공이 가능한 상태로 입력, 검색, 전송할 수 있는 멀티미디어 DB 시스템으로서 온라인상에서도 고정밀 멀티미디어 정보의 기록과 갱신이 가능하므로 정보의 선명도에 의해 고부가가치를 제공할 수 있는 서비스가 가능하다.

o 화상응답시스템 서비스(Video Response System)

이 시스템은 문자, 도형 및 사진 등 화상정보를 이용자가 요구하는 경우 개별요구에 응답할 수 있는 시스템으로 사진화면에 텍스트 정보 화면을 중복시켜서 표시할 수 있는 기능, 복수의 연속 화면을 일정시간 간격으로 연속적으로 제시하는 애니메이션 기능 및 외부의 컴퓨터와 접속해서 각종 처리를 외부의 컴퓨터로 하거나 외부의 DB를 이용할 수 있는 외부센터 접속기능 등이 가능하다.

o 기타 서비스

- 광파일 시스템 구축을 통한 원문 정보 제공 서비스 및 잡지브라우징 서비스
- Multi-networking Information Center 구축을 통한 음성 및 영상정보 서비스와 화상회의 서비스

- 매스미디어의 채널을 전체 멀티미디어 시스템에 통합하여 관리하면서 새로운 뉴스들이 발생할 때마다 그와 관련된 신문기사나 잡지들을 연결하여 제공하는 비디오 뉴스서비스
- 자동번역 및 자연언어 검색 서비스

Chapter

Chapter 08

전자도서관 구축기술

Chapter

전자도서관 구축기술

Section 1 전자도서관 구축기술

최근 전자도서관의 경향은 정보통신기술 및 각종 디지털컨텐츠 제작기술의 도움을 받아 문헌을 근간으로 한 멀티미디어 컨텐츠 기반의 정보서비스가 증가하고 있는 추세이다.

전통적인 도서관이 도서나 각종 간행물을 중심으로 정보내용에 대한 분류 및 목록이 컨텐츠 관리의 핵심이었다면, 디지털도서관은 다양한 형태의 디지털컨텐츠를 중심으로 한 정보접근과 커뮤니케이션이 컨텐츠 관리의 핵심이다. 즉, 도서 중심의 텍스트 이외에도 이미지, 동영상 등의 멀티미디어 컨텐츠와 웹기반 자원의 확산으로 웹문서 수집 및 정리, 검색엔진, 링크 및 메타데이터 관리, 인포메이션 아키텍처, 그래픽 네비게이션 등의 새로운 컨텐츠 영역도 사서의 관심사가 되고 있다. 이러한 이용자 서비스 측면에서는 멀티미디어와 웹 자원의 활용성을 높이기 위한 이용자 인터페이스의 강화 및 웹 자원을 지적으로 매핑시켜 정보의 개별화/개인화에 차원까지 발전하게 된다.

여기서는 전자도서관의 정보서비스를 위한 디지털컨텐츠의 제작에 필요한 멀티미디어에 대한 기초 지식에 대해 살펴본다.

1.1 텍스트

1) 텍스트의 이해

텍스트는 정지한 문자 미디어라고 할 수 있다. 텍스트는 다수의 문자로 구성된 문장을 의미한다. ASCII 문자로 된 단순 텍스트 외에 폰트와 포맷 정보 등을 포함한 텍스트를 리치 텍스트(Rich Text)라고 한다. 리치 텍스트는 텍스트 데이터와 해당 데이터를 프리젠테이션하기 위한 정보로 구성된다.

① 구조화된 텍스트(Structured Text)

- ✠ 전텍스트(Full Text)
  장(Chapter), 절(Section), 구(Phrase) 등의 구조로 책 형태의 텍스트
- ✠ 하이퍼텍스트(HyperText)
  노드와 링크로 연결된 특수한 구조의 텍스트

② 타입페이스(Typeface) : 그래픽 문자의 패밀리
(하나의 타입페이스는 여러 개의 타입 스타일과 타입 크기를 포함-Times/Courier)

- ✠ 세리프(Serif) : 문자의 끝부분을 삐치는 것으로 영문자에서 주로 볼 수가 있음(Times/Bookman), 텍스트의 본문에 적합
- ✠ 산세리프(Sans Serif) : 산세리프는 세리프가 없다는 뜻(Arial/Optima), 제목이나 강조될 문장에 적합

③ 폰트(Font)
전형적인 타입 스타일(Type Style)은 굵음(Bold), 이태릭(Italic) 등이 있고, 타입 스타일의 속성으로 밑줄(Underlining), 외곽선(Outlining) 등이 있다.

문자의 타입 크기(Type Size)는 영문자 h나 d와 같은 문자의 문자상부(Ascender)의 상단에서 g나 p와 같은 문자의 문자하부(Descender)의 하단까지의 거리로 나타낸다. 타입 크기는 포인트(point; pt)라고 하며, 1포인트는 0.0138″(1/72″)이다.

동일한 타입 스타일과 크기를 갖는 문자들의 집합을 폰트(Font)라고 한다.

텍스트 데이터의 크기는 단순히 저장된 문자수에 의해 결정된다. 1페이지의 크기는 “줄당문자수(in 바이트)X페이지당 줄수”로 산출된다. 보통 1페이지는 2-5K바이트 정도가 된다.

2) 텍스트의 주요 파일형식

① ASCII 형식: TXT
② Word 문서: DOC

③ 혼글: HWP
④ LaTex문서: Tex
⑤ PostScript문서: PS
⑥ PDF

3) 텍스트 관련 S/W

① 텍스트 편집기 및 W/P

Word 2000, 혼글, LaTex, WordStar, WordPerfect, 훈민정음, Acrobat 등이 있다.

② 폰트레벨 조절도구

✠ 폰트편집기(Font Editor) : 새로운 폰트를 제작하기 위한 것으로 Apple사의 ResEdit, Altsys사의 FONTastic Plus/Fontographer, Letraset사의 Font Studio 등이 있다.

✠ 폰트변형기(Font Transformer) : 기존의 폰트에 속한 문자를 잡아 당기거나(Stretch), 눌러 줄이거나(Sqeeze), 글자에 입체감을 주거나 (Shadow), 색을 변형하는(Color) 등의 작업을 한다.

1.2 그래픽/이미지

1) 그래픽

그래픽은 선, 원, 사각형 등을 이용해 그려진 것으로 벡터 그래픽(Vector Graphics)이나 벡터 드로잉(Vector Drawing)이라고도 하며, 해당 S/W는 드로잉 도구(Drawing Tool) 또는 그래픽 편집기(Graphic Editor)라고 한다. 3차원 렌더링(3D Rendering) 형태의 CG, 디지털화된 지도(Map) 등이 여기에 속한다. 벡터 그래픽은 비트맵보다 훨씬 적은 기억공간을 차지하지만, 그래픽 데이터가 복잡한 경우에는 벡터 그래픽의 구성 원소를 일일이 화면에 그리는 시간으로 인해 비트맵 이미지보다 화면에 보여주는 시간이 느리다.
(예; Rect 0,0,200,200,Red,Blue)

2) 이미지

이미지(화상, 영상)는 픽셀(Pixel)의 2차원 맵(행렬)으로 구성되는데, 그림의 개개 점(Dot)을 기술한다. 각 픽셀에는 특정 색깔 이외에 밝기(Brightness), 콘트라스트(Contrast), 크기 등의 속성이 부여된다. 비트맵 이미지(Bitmap Image) 또는 래스터 이미지(Raster Image)라고 하며, 해당 S/W를 페인팅 도구(Painting Tool) 또는 이미지 편집기(Image Editor)라고 한다. 이미지는 비디오에 대비하여 정지 이미지(Still Image)라고 하고, 비디오는 동화상(Moving Image)이라 한다. 비트맵 이미지는 페인팅 프로그램, 스크린 캡쳐 프로그램, 스캐너, 비디어 캡쳐 장치, Photo-CD의 클립아트(Clip Art; CLP) 등을 이용해 생성할 수가 있다.

	그래픽 (벡터 그래픽/벡터 드로잉)	이미지 (비트맵/정지 이미지/페인팅)
장 점	- 기억공간을 적게 차지 - 이동, 회전, 변형이 용이	- 화면에 보여주는 속도가 빠름
단 점	- 화면에 보여주는 속도가 느림	- 기억공간을 많이 차지 - 이동, 회전, 변형이 복잡

3) 색의 표현방식

색(Color)은 빛의 주파수에 따라 달라진다. 주파수가 커지는 순서로 보면 적외선(Infrared), 적색(Red), 주황색(Orange), 황색(Yellow), 녹색(Green), 청색(Blue), 남색(Indigo), 보라색(Violet), 자외선(Ultraviolet)의 순이다. 백색은 모든 주파수에 혼합된 경우이다. 인간의 눈은 적색, 녹색, 청색을 감지하고 이를 혼합하여 수백만 개의 색(Hue)을 만들어 내는 것이다. 컴퓨터에는 색을 나타내는 방법이 RGB, HSB, CMYK 등 다양하다.

① RGB 방식

RGB 방식은 적색(Red), 녹색(Green), 청색(Blue) 각각 1byte 크기로 표현되는 방식으로 3색의 혼합비(크기)를 0-255까지 지정해 특정한 색을 나타낸다.

② YUV / YIQ 방식

YUV와 YIQ 방식은 TV방송에 사용되는 방식인데, YUV

방식은 사람의 눈이 색보다 밝기에 민감하다는 사실에 착안한 방식으로, 색을 밝기(Luminance)인 Y와 색상(Chrominance)인 U와 V로 구분한 것이다. 전형적인 Y:U:V의 비율은 4:2:2이며, 이 방식은 CD-I나 DVI에 많이 사용된다.

YIQ 방식은 NTSC 신호로 인코딩하는데 많이 사용된다.

③ HSB 방식

HSB(Hue, Saturation, Brightness) 또는 HSL(Hue, Saturation, Lightness) 방식은 색을 색상(Hue), 포화도(Saturation), 명도(Brightness/Lightness/Luminance)로 나타낸다. 휴는 색상원(Color Wheel)상의 각도, 즉 0-360도의 값으로 특정한 색깔을 나타낸다.(윈도우의 색상 스펙트럼) 명도는 특정 색깔에 섞이게 되는 흑백의 비율(%)을 나타낸다. 포화도는 색깔의 강도(Intensity)를 비율(%)로 나타낸다.

④ CMYK 방식

C는 Cyan, M은 Magenta, Y는 Yellow, K는 Kappa를 의미하는 이 방식은 인쇄시에 사용하는 4원색을 나타내는 방식이다.

4) 이미지/그래픽의 주요 파일형식

① TIFF(Tagged Image File Format)

TIFF는 상이한 응용과 상이한 플랫폼에서 이미지 데이터를 교환하기 위한 표준 파일형식이다. TIFF 형식은 LZW 압축기법을 지원한다. 이 압축기법은 GIF 형식에서 사용하는 압축기법과 동일하지만, GIF가 인덱스된 칼라 유형의 이미지만을 지원하는 것과는 달리 TIFF는 인덱스된 칼라 이외의 이미지 유형도 압축할 수가 있다. 무손실 압축방식으로 원본에 손상이 없이 압축하는 방식이며, 워낙 압축률이 낮아 파일 사이즈가 커진다는 단점이 있다.

디지털도서관의 컨텐츠나 디지털 인화업체에서는 파일의 손상이 적은 이 포멧을 선호하고 있다. 참고로, 스캔시 설정한 white balance나 sharpness 등이 모두 적용된 결과물을 기준으로 압축한 것이기에 TIFF는 엄밀히 따지면 원본의 의미를 갖기 힘들다.

② PDF(Portable Document Format)

PDF는 특정 OS에 의존하지 않고 자유롭게 파일을 읽을 수 있는 온라인 전자 문서의 표준 포맷이다. 즉, PDF 포맷으로 저장된 문서는 그것이 매킨토시에서 만들어졌건 IBM에서 만들어졌건 또한 어떤 응용프로그램을 사용하여 만들었건 간에 어떤 시스템에서나 자유롭게 원래 만들어진 형태 그대로의 문서를 볼 수 있다. PDF는 1993년 Adobe사에 의해 개발된 것으로 자사의 페이지 기술언어인 포스트스크립터에 기반을 둔 파일 포맷이다. PDF 파일은 데이터의 크기가 작고 서체 및 이미지 등 문서를 표현하는 데 필요한 모든 정보를 포함하고 있기 때문에 다양한 분야에 적용할 수 있으며, 여러 가지출력 시스템에서 쉽게 출력할 수 있다는 장점이 있다.

PDF문서는 벡터 이미지와 비트 이미지를 모두 지원하며 문서에서 사용된 폰트들의 형태를 문서에 함께 포함시킬 수 있어서, 그 파일을 어떤 상황에서 보더라도 동일한 품질을 얻을 수 있다. 즉, 원본 파일 내에 존재하는 모든 텍스트, 이미지, 그래픽(Linc, Area, Point) 등의 요소들이 파일의 정해진 위치에 존재 하고 폰트나 그래픽 등은 Vector 기반에서 보여주는 그대도 보여주기 때문에 전용 뷰어(Viewer)에서 Vector, 그래픽을 확대하거나 축소해도 폰트나 그래픽의 해상도나 품질이 변하지 않고 원래의 그래픽을 그대로 유지한다.

원본문서의 레이아웃, 스타일, 폰트정보를 그대로 유지하여 내포하기 때문에 출력시에도 DTP 수준의 고품질을 얻을 수 있다.

③ JPEG(Joing Photographic Experts Group)

JPEG는 이미지 데이터의 압축 저장을 위한 효율적인 표준형식이다. JPEG는 압축시 사람의 눈으로는 볼 수 없는 Extra 데이터를 제거해 버린다. JPEG는 압축 과정상에서 원래 정보의 일부를 손실할 수 있는 손실(lossy) 기법이므로 복원시 이미지의 품질이 압축전 이미지보다 품질이 떨어질 수는 있으나, 대개는 원래의 이미지와 압축 후 복원된 이미지의 차이는 육안으로 구분하기 힘들 정도로 미미하다.

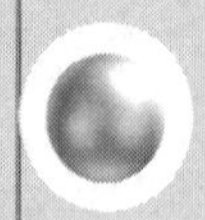

④ GIF(Graphics Interchange Format)
CompuServe사에 PC통신 서비스를 위해 만들어진 GIF는 전화선을 이용한 파일 전송시간을 최소화하기 위해 설계된 만큼 압축율이 높은 기법이다. 현재 GIF 형식은 대부분의 웹 브라우저에서 Plug-In 없이도 사용할 수 있는 기본 이미지 형식이다. 단점으로는 256칼러 이상은 지원하지 않는다. GIF 파일로 저장하기 위해서는 인덱스된 칼라 모드를 사용해야 한다.

⑤ PNG(Portable Network Graphics)
PNG는 웹에서 24비트 칼라 이미지를 압축하지 않고 사용할 수 있도록 하기 위한 이미지 형식이다. 향후 컴퓨터 통신의 속도가 빨라지면 그 활용도가 높아질 것으로 예상하고 있으며, DAVIC 1.3 표준안에서는 이 PNG형식을 이미지 형식의 표준으로 채택하였다.

디지털 라이브러리 등의 응용에서 텍스트 내용을 스캔해서 비트맵화시킨 이미지 원문의 화면 디스플레이용으로는 TIFF와 PDF가 적합하며, 칼라 사진 자체 또는 칼라사진이 포함된 이미지 원문의 디스플레이용으로는 JPEG이나 GIF가 적합하다. 기억 장소의 효율성 측면에서는 JPEG이 단연 앞선다.

5) 이미지/그래픽 관련 소프트웨어

가) 그래픽/이미지 편집기
그래픽/이미지 편집기를 이용해 생성된 그래픽 데이터는 필요에 따라 비트맵 형태, Postscript 형태, 또는 그래픽 편집기가 고유하게 사용하는 파일 형태(예: PCX)로 저장된다. 멀티미디어 데이터를 생성하는 저작 도구용으로는 비트맵 형태의 데이터가 많이 사용된다. 비트맵 형태는 인쇄용으로도 많이 사용된다. PostScript 형태는 인쇄를 위해 또는 다른 종류의 그래픽 소프트웨어로 전달하기 위해 사용된다. 그래픽 편집기에 고유한 형식은 한번 생성된 그래픽 데이터를 다시 수정, 편집하기 위해 사용된다.
주요 페인팅/드로잉 소프트웨어 도구로는 Canvas, Charisma, ColorStudio, CorelDraw, Cricket Draw, Cricket Graph, Cricket

Paint, DeltaGraph Pro, Designer, DeskDraw, DeskPaint, Fractal Design Painter, Harvard Graphics, Illustrator, ImageStudio, MacDraw Pro, MacPaint, PixelPaint Pro, Professional Draw, Studio 1/8/32, SuperPaint, Windows Draw 등이 있다.
Apple의 HyperCard도 칼라 드로잉 기능을 가지고 있다. MS-Windows의 PaintBrush는 16색을 지원한다. 정교한 기능을 지닌 이미지 편집기로는 Aldus사의 SuperPaint, Computer Associates사의 Cricket Paint, Micrografx사의 Designer가 있다. Fractal Design사의 Painter는 실감나는 예술적 효과를 줄 수 있고 수백만 가지의 색깔을 지원한다.

나) 특수효과 기능을 지닌 이미지 편집/변형기

스캐너로 입력한 비트맵 이미지(bitmapped image)는 이미지 편집/변형기를 이용해 손상된 부분을 개선(enhancing)하거나 수정(retouching)할 수 있다. Adobe사의 Photoshop, Deneba사의 Canvas, Altamira사의 Composer, Aldus사의 Digital Darkroom(Mac용), Micrografx사의 Picture Publisher, Aldus사의 PhotoStyler(Windows용)가 대표적이다.

다) 3-D 드로잉 도구

자동차나 기계, 건물 등의 설계도면을 나타내는 CAD 이미지나 3차원 컴퓨터 그래픽 데이터는 그려진 벡터 그래픽 형태로 되어 있고, 따라서 크기를 변경(resize)시키거나, 평면상에서 각도를 변형(rotate)시키거나, 빛을 쪼이는 방향에 따라 적적한 그림자를 만들어 가면서 공간상에서 회전(spin)시키는 등의 작업이 가능하다. 2차원 그래픽 데이터는 3차원 그래픽 데이터로 격상(elevate)될 수 있다. 3차원 그래픽 데이터는 다양한 각도에서 보여지는 모양을 시뮬레이션해서 볼 수도 있다. 3차원 CAD 도면의 경우 가상적으로 완성된 제품안으로 들어가 살펴보는 기능(animated walk-through)도 제공한다.
대표적인 소프트웨어로는 3-D Studio, addDepth, AudoCAD, Claris CAD, Infini-D, Life Forms, MacroModel, MiniCad+, ModeShop, RayDream Designer, Strata Vision, Super 3D, Three-D,

VersaCAD, Virtus Walk Through를 들 수 있다.

라) 이미지 형식변환기

벡터 드로잉 이미지를 비트맵으로 보관하는 일은 쉬운 작업이다. 그러나 비트맵 이미지를 벡터 드로잉으로 변환하는 일은 어려운 작업으로 영상 인식 기술이 적용되어야 한다. Adobe사의 Streamline은 자동추적(autotracing)기법을 이용해 비트맵을 벡터로 변환시키는 소프트웨어이다. Equilibrium Software사의 DeBabelizer는 Macintosh에서 다양한 이미지 형식간의 변환 기능을 제공한다. IBM PC의 경우는 Handmade Software사의 Image Alchemy가 60여종의 미지니 파일 형식을 변환시켜 준다.

1.3 오디오

1) 오디오의 이해

오디오(audio), 즉 사운드(sound) 데이터는 음성(voice, speech), 비음성 형태의 소리, 음악(music) 소리로 구분할 수 있다. 음성을 사람이 말하는 소리이고, 비음성은 말소리가 아닌 다른 모든 소리이다. 음악은 비음성중 악기에 의해 생성되는 특수한 경우이다.

오디오 데이터에는 디지털 오디오(digital audio) 데이터와 MIDI(Musical Instruments Digital Interface) 데이터가 있다. 디지털 오디오 데이터는 소리를 나타내는 아날로그 파형을 디지털화해서 직접 표현한 것이고, MIDI는 음을 특정 표기법에 따라 숫자나 문자로 상징적으로 표현한 것이다. 그래픽/이미지 데이터에 비유하면 디지털 오디오 데이터는 비트맵과 같고, MIDI 데이터는 벡터 드로잉과 같다고 할 수 있다.

오디오는 세기(loudness 또는 volume)와 주파수(frequency 또는 pitch)에 따라 달라진다. 오디오의 세기는 dB(decibel)로 나타내고, 주파수의 크기, 즉 초당 진동수(vibrations/s)는 Hz(hertz)로 나타낸다. 낮은 주파수에서는 동일한 세기(loudness)의 소리를 전달하기

위해 더 많은 파워(power)가 필요하다. 오디오의 세기를 나타내는 dB은 특정 참조점에 대비한 실제 들리는 소리의 비율을 로그값으로 표현한 것이다. dB는 로그 단위로 표현되므로, 100배의 파워를 지닌 소리는 dB로는 20dB만 커진다. dB 크기의 실제 예는 다음과 같다. 제트 엔진 소리는 170dB, 75인조 오케스트라의 연주 소리는 130dB, 고함 소리나 지하철 소리는 90dB, 일상적인 대화 소리는 70dB, 매우 부드러운 속삭이는 소리는 30dB 정도이다. 80dB 이상에서는 정상적인 전화 통화가 불가능하다.

2) 오디오의 주요 파일형식

Macintosh의 경우, 확장명이 SND인 파일에 디지털 오디오가 저장된다. 확장명이 AIF인 파일은 Apple사의 AIFF(Audio Interchange File Format)형식으로 저장된 파일이다.

MS-Windows의 경우, 확장명이 WAV인 파일(즉, 파형 파일)에 디지털 오디오가 저장된다. 최근에 와서 인터넷 라디오 방송 등을 위한 실시간 오디오 전송을 위해 스트리밍(streaming) 기술을 적용한 Real Audio나 Microsoft의 ASF(Advanced Streaming Format) 형식의 사용이 급속하게 확산되고 있다. Microsoft사에서는 WAV 파일을 ASF 형식으로 변환하는 소프트웨어 도구를 제공하고 있다. 확장명이 MID인 파일은 MIDI 파일이다. Microsoft사의 PCM 방식의 파일도 사용되며, 확장명이 AIF 또는 IFF인 파일에는 AIFF 형식의 오디오가 저장된다.

음반용 CD에는 선형 PCM 방식으로 오디오가 저장되며, CD-I에는 ADPCM방식의 오디오가 저장된다.

3) 주요 관련 소프트웨어

가) 오디오 생성기

파형 캡쳐 도구인 Microsoft사의 Quick Recorder는 음을 녹음하면 디지털 오디오 데이터 형식의 WAV 파일을 생성한다. 음악 작곡기인 ADLIB의 Visual Composer는 시이퀀스 단위로 작곡을 수행하며 작곡 결과를 ROL 파일로 만들어 낸다.

나) 오디오 편집기

오디오 편집 도구는 소리를 들려주는 것은 물론이고 소리를 볼 수 있게 해준다. 즉, 소리를 구성하는 파형(waveform)을 보여준다. 사용자는 파형을 자르거나(cut), 복사하거나, 다른 곳에 붙이거나(paste), 파형을 직접 편집할 수 있다. 파형의 특정 부분을 지정해 들을 수도 있고, 지정된 특정 부분을 거꾸로 들을 수도 있다.

오디오 편집 도구로는 Alchemy, AudioShop, AudioTrax, Encore, Master Track Pro, Midisoft Studio, Sound Designer Ⅱ, SoundEdit Pro, TurboTrax, WaveEdit를 들 수 있다. 파형 편집기(wave editor)인 옥소리사의 PCM editor는 WAV 파일을 편집할 수 있도록 한다. 음악 편집기(music editor; sequencer)로 Microsoft Studio가 있다.

다) 형식변환기

옥소리사의 Sarang은 한글 문자를 음성으로 변환하는 도구이다. 음성을 문자로 변환하는 인식키로는 Microsoft사의 Voice Pilot을 들 수 있다. 악보(sheet music)를 MIDI 파일로 변환하는 악보인식기로는 Musitek사의 Midiscan이 있다. WAV 파일과 AIFF형식의 파일 변환도구로는 Microsoft 사의 Windows 멀티미디어 확장판에 들어 있는 WaveEdit와 Convert를 들 수 있다.

라) 프리젠테이션/연주도구

MIDI 파일이나 WAV 파일을 플레이하는 도구로는 Microsoft사의 Sound Finder가 있다. 옥소리의 NOB나 GYB 파일을 플레이하는 도구로는 Norebang, Gayobang 프로그램이 있다.

스트리밍 기술이 적용된 Real Audio 파일은 Real Player를 이용하고, ASF 형식의 파일은 Windows Media Player를 이용하여 실시간으로 들을 수 있다.

1.4 애니메이션과 비디오

1) 동영상의 유형

가) 애니메이션

멀티미디어 제품 중에는 다양한 애니메이션(Animation)이 포함되어 있는 것을 흔히 볼 수 있다. 화면상에서 움직이는 버튼이라든지, 회전하는 지구모양이나 고속도로를 달리는 자동차 등은 모두 애니메이션 데이터들이다. 애니메이션은 이미지 프레임을 연속적으로 보여주는 움직이는 느낌을 갖게 한 것이다.

전통적인 만화영화 제작기법으로는 셀 애니메이션(Cel Animation)이 사용된다. 이 기법에서는 어떤 움직임의 최초의 프레임과 마지막 프레임을 키프레임(Keyframe)이라고 한다. 연속적인 장면들은 셀로판지위에 연필로 스케치하게 되며(Tweening), 이렇게 제작된 프레임들을 튕겨시(flip) 봄으로써 그 내용을 검사하세 된나. 컴퓨터 애니메이션의 경우도 셀 애니메이션과 동일한 방식을 사용한다. 애니메이션 도구들은 보통 저작도구안에 포함되어 있다.

만화영화를 제작할 때 주요 장면을 그려서 벽에 붙여 놓는 것을 스토리 보드(Story Board)라고 한다. 스토리 보드는 만화 영화의 진행 과정을 한 눈에 알아볼 수 있도록 하는 역할을 한다.

나) 비디오

비디오(Video)는 멀티미디어 데이터의 구성 요소 중 가장 크기가 크고 처리하기도 어려운 미디어이다. 비디오 데이터는 이미지들과 오디오로 구성되므로 그 자체를 구조화된 멀티미디어 데이터로 볼 수도 있다. 비디오 데이터를 전송, 저장, 압축하는 기술은 아직도 계속적으로 개성되고 있는 상태이다.

비디오를 구성하는 이미지를 비디오에서는 프레임(frame)이라고 한다.

비디오는 비디오를 플레이백하는 화면의 크기와 초당 프레임 수에 따라 구분된다. 전체 화면을 차지하는 비디오를 완전 화면(full screen)비디오, 초당 30프레임이 보여지는 비디오를 완전 모션(full motion) 비디오라고 한다. 전체 화면을 차지하고 초당 30프레임이 보여지는 비디오를 완전 화면 완전 모션(FSFM : full screen full motion)비디오라고 한다.

화상 전화에서의 비디오 장면은 일반 비디오에 비해 장면이 어색하고 뚝뚝 끊어지는 것을 볼 수 있다. 이러한 비디오는 전화선 용량의 한계로 인해 초당 15프레임 정도를 사용하는 부분 모션(Partial Motion) 비디오이기 때문이다.

2) 주요 파일형식

가) 애니메이션 파일형식

Director에서는 MMM, AnimatorPro에서는 FLI, FLC 형식이 사용된다. SuperCard, Director, Super3D에서는 PICS 형식이 사용된다. Windows에서는 AVI(Audio Video Interleaved) 형식이, Macintosh에서는 QuickTime 형식이 사용된다. Tempra Animation Editor는 FLX 형식, 또는 GIF, 프레쉬 등이 사용된다.

나) 비디오 파일형식

Macintosh의 경우는 QuickTime의 영화 파일(movie file), Windows의 경우는 확장명도 AVI인 AVI 파일이 사용된다. 비디오 CD에는 MPEG 형식으로 영화가 저장되어 있다.

Microsoft사의 AVI 파일에서는 오디오와 비디오 데이터가 이미 인터리브되어 있어 동기화(synchronization)가 필요없지만, Quick Time 파일은 사용하기 전에 오디오와 비디오를 인터리브시키는 플래트닝(flattening)작업을 수행하여야 한다.

윈도우 크기와 상영 속도(프레임 비율)를 어떻게 지정하냐에 따라서 성능이 크게 좌우된다. QuickTime의 경우, 160×120 픽셀 윈도우에서는 초당 20프레임 속도로 볼 수 있지만, 320×240 픽셀 윈도우에서는 초당 10 프레임 속도로 밖에 볼 수 없다. 즉, CD-ROM에서 전송해 복원해야 할 데이터량이 늘수록 플레이백 속도는 떨어진다. CD 수준의 오디오를 비디오에 사용하면 데이터량이 너무 커지므로 샘플링 비율과 샘플 크기가 작은 저품질의 오디오를 사용하는 것이 바람직하다.

최근에 와서 인터넷 생방송 등을 위한 실시간 비디오 전송을 위해

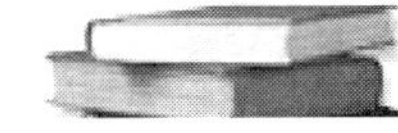

스트리밍(Streaming) 기술을 적용한 Real Video나 Microsoft의 ASF(Advanced Streaming Format)형식의 사용이 급속하게 확산되고 있다. ASF의 경우 사용자의 네트워크 대역폭을 고려하여 비디오의 크기를 56 Kbps, 150 Kbps, 300 Kbps, 600 Kbps 등으로 다양하게 만들어 사용자가 최적의 크기의 비디오를 선택할 수 있도록 해주고 있다. Microsoft사에서는 AVI 등의 비디오 파일을 ASF 형식으로 변환하는 소프트웨어 도구를 제공하고 있다.

3) 관련 소프트웨어

특정 정지/이농 이미지를 다른 이미지로 변형하는 모핑(morphing) 도구로는 Gryphon사의 Morph, ASDG사의 Elastic Reality, Valis Group사의 MetaFlo가 있다.

비디오 및 영화 제작 도구들은 디지털 모션 비디오 세그먼트(motion video segments)를 생성, 편집하거나 작은 윈도우상에 상영하는 기능을 가지고 있다. 이러한 도구들은 Apple의 QuickTime 아나 MS-Window의 Video for Windows 기술을 활용하고 있다.

대표적인 제품으로는 Animator Pro, Elastic Reality, MediaMaker, MetaFlo, Morph, MoviePak, Premiere, Screen Machine, SuperVideo, VideoFusion, Video Grafitti, VideoMachine, VideoShop, VideoSpigot, Videovision, VideoWare HSC를 들 수 있다.

Premiere와 같은 영화 제작 도구들은 카메라, 테이프, 디지털 영화 세그먼트 애니메이션, 스캔된 이미지 등에서 캡춰한 비디오 클립(video clip)과 디지털 오디오, MIDI 파일 등을 편집해 조합(assemble)할 수 있도록 한다.

QuickTime은 Macintosh에서 사운드, 애니메이션, 비디오를 통합하는 소프트웨어 기반 구조(software-based architecture)로 일종의 영화 제작 도구로 볼 수 있다. QuickTime을 이용해 영화 파일(movie file)을 생성, 압축, 관람, 제어, 편집할 수 있다.

Note

Part 3

전자도서관과 문헌정보시스템

Contents

Part 3

한국문헌정보학특강; 1

전자도서관 특강

EduContents
B&B
Book&Brain

Chapter
09
시스템 분석과 설계

Section 1 시스템의 개요

1.1 시스템의 정의

시스템은 컴퓨터와 관련된 내용으로만 정의하는 것이 아니라, 우리의 일상생활에서 다양하게 사용되고 있는 용어이다.

다시 말해서, 시스템은 크게는 우주로부터, 작게는 모든 물질의 기본 요소인 분자, 원자에 이르기까지 우리 생활 속에서 오래 전부터 사용해 온 용어이고, 또한 이를 정확하게 대답하기는 매우 어려우나, 그 모든 시스템들에는 공통점이 있다. 그것은 자연계의 법칙 시스템, 인간이 만든 기계 시스템, 기업 내의 정보 시스템 등에서 보듯이 반드시 특정 목적이 있고, 시스템을 구성하는 요소들이 있으며, 그 요소들이 결합되어 있다는 점이다.

이렇게 다양한 관점의 시스템의 정의를 기술해 본다면 다음과 같다.

1) 예정된 기능을 협동으로 수행하기 위하여 설계되어 상호 관련된 요소들의 유기적인 집합체

2) 특별한 목표를 달성하기 위해 여러 기능을 구사하며 필요에 따라 인간, 기계 및 어떤 방법을 지닌 조직적인 집합체

3) 공동의 목적에 의해 공통의 목적에 기여할 수 있는 많은 다른 부분으로 구성된 복잡한 단일체

4) 규칙적이고 상호 의존적인 형태로 결합된 사건들의 집합, 즉 시스템에서 가장 중요한 것은 결합을 위한 방법인 것이다.

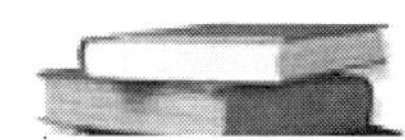

1.2 시스템의 기본 요소

시스템의 기본 요소는 5가지로 구분되는데, 입력(Input), 출력(Output), 처리(Process), 피드백(Feedback), 제어(Control) 등이 여기에 속한다.

(1) 입력
처리를 위해 시스템으로 들어가는 자료와 조건을 주는 것

(2) 처리
입력된 어떤 자료나 조건을 처리(결과를 출력시키기 위한 변환을 행함)

(3) 출력
입력 처리된 어떤 결과들이나 결과물들을 의미

(4) 피드백
출력 결과가 만족스럽지 않거나, 보다 나은 출력을 위하여 재입력하는 과정(처리의 결과를 측정 및 평가하는 요소)

(5) 제어
위의 과정을 올바르게 실행하도록 감독하는 것을 의미

1.3 시스템의 특성

시스템이 가지는 중요한 특성은 목적성, 자동성, 제어성, 종합성 등이 있다. 이들은 어떤 시스템에서도 필요한 요소이며, 이들이 잘 갖추어진 시스템이 우수한 시스템이라 할 수 있다.

(1) 목적성

시스템에는 분명한 목적이 있으며, 그 목적을 달성하기 위해 시스템이 존재하기 때문에 목적을 명확히 하는 것이 중요하며, 하나 이상의 목적을 둘 수도 있고 실제 행하는 데 있어서 목적과 수단이 예상을 빗나가서 원래의 목적이 불분명해가지고 도중하차하는 경우도 있기 때문에 목적을 확실히 하고 충분한 검토도 따라야 한다.

(2) 자동성

어떤 조건이나 상황의 변화가 발생하는 경우 그것에 대응하는 절차나 행동을 즉시 결정하는 것이 아니라 자동적으로 처리되도록 시스템을 설정해 두는데 이를 자동성이라 한다. 예를 들어, 컴퓨터를 사용해서 자동적인 집계만 한다면 그것을 자동성이라 할 수 없으며 업무상의 판단이나 결정, 선택 등을 자동화 할 수 있게 그 방법들이 충분히 고려되어야 한다는 것이다.

(3) 제어성

시스템이 완벽하게 제 기능이 발휘되려면, 정해진 규칙이나 한계, 또는 궤도로부터 이탈되는 현상 등을 사전에 감지하여 바르게 진행되도록 하는 것이 시스템의 제어성이다.

시스템의 신뢰도를 좌우하는 중요한 특성인 제어성은 기업 시스템에서는 내부 통제 조직이라는 제어성에 의해 유지되고 있는 것이다.

(4) 종합성

시스템은 항상 다른 관련 시스템들과 상호 의존 관계를 가지고 개별적이거나 부분적으로 또는 전체 시스템의 일부분으로서 필수적 기능을 수행한다.

예를 들어, 자재관리 시스템은 자재의 구입, 보관, 재고를 관리하는 시스템으로서 이와 관련된 생산 관리 시스템, 원가 관리 시스템, 구매 관리 시스템, 판매 관리 시스템 등과 밀접한 상호 작용에 관련되어 있는 것이다, 다시 말해서 회사 전체 운영관리 시스템의 일부분으로서 그 기능이 수행되고 있는 것이다. 부분 시스템이 아무리 완벽하더라도 전체 시스템을 지원하는 것이 아니면 별의미가 없는

것이다. 따라서 가까운 과거뿐만 아니라 현재, 미래에도 시스템이나 전산화는 항상 종합화를 목표로 그 기능들이 추구되고 있는 통합 시스템(Total System)지향 추세인 것이다.

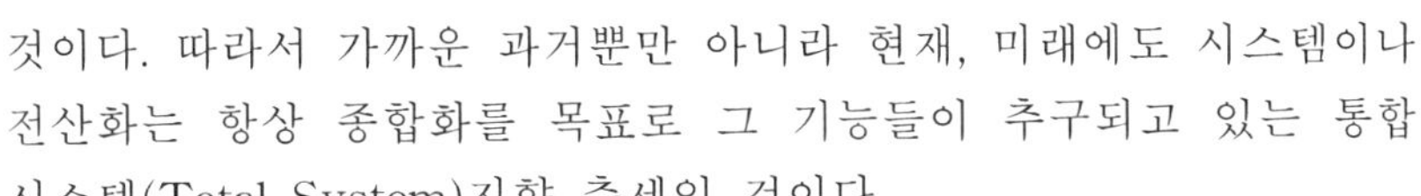

1.4 시스템의 구조 및 유형

1 시스템의 구조

시스템은 여러 개의 구성 요소를 가지며 각각의 구성 요소들은 다시 여러 요소로 하부 구조를 구성 할 수 있다. 이와 같은 상하계층(hierarchy)구조에 따라 종속된(Sub)시스템을 구성할 수도 있다.

2 시스템의 유형

시스템은 인간의 어떤 추상적인 생각을 시스템화(Abstract System)하는 것과 어떤 일련의 목적을 달성하기 위하여 상호 연관된 기능을 발휘하는 요소들의 집합으로 이루어진 물리적 시스템(Physical System)으로 구분할 수 있으며 일반적인 유형은 다음과 같다.

(1) 정형적인 시스템과 확률적인 시스템

전산 프로그램과 같이 작업의 순서를 미리 정하여 그 결과를 완전히 예측할 수 있는 시스템을 정형적(Typical)시스템이라 하며, 재고 관리와 같이 예측하기 어려운 시스템을 확률적(Probabilistic)시스템이라고 한다. 재고 관리의 개선된 시스템으로 물류 유통 계통인 슈퍼마켓 체인점들에 흔히 사용되는 POS(Point Of Sales)시스템을 요즘 많이 사용하고 있는 추세이다.

(2) 폐쇄 시스템과 개방시스템

폐쇄(Closed)시스템은 주위 환경과 에너지 정보 및 물적 유통이 없는 시스템을 말하며, 개방(Open) 시스템은 조직 시스템 및 주위 환경과 에너지, 정보 및 물적 유통이 형성되어 환경변화에 적응하지 않으면 생존 할 수 없는 시스템을 말한다.

한 예로 컴퓨터 운영체제 중 이식성이 강한 UNIX 시스템을 개방시스템의 예로 들 수 있겠다.

(3) 맨/머신 시스템

맨/머신(Man/Machine)시스템은, 컴퓨터와 같이 정형적이며, 폐쇄시스템의 성격을 갖는 시스템과 확률적이며, 개방시스템의 성격을 지닌 인간으로 구성된 시스템을 말한다.

(4) 정보 처리 시스템

정보처리 시스템은 일반적으로 자료 처리 시스템(EDPS), 경영정보시스템(MIS), 의사결정 지원 시스템(DSS), 전략정보 시스템(SIS)으로 발전 단계를 구분할 수 있다.

① EDPS (Electronic Data Processing System)

컴퓨터가 보급된 초기 시대의 과학기술 계산 처리나 일반조직, 기업들의 생산, 판매, 급여, 재고, 관리 등의 단순 집계 처리 시스템.

② MIS(Management Information System)

기업에서 컴퓨터의 활용 범위가 복잡한 분야로 확장되면서 기업 경영에 필요한 각종 정보를 보다 경제적이고 정확하게 하기 위해 판매, 회계, 급여, 자재, 생산 등의 전산 업무를 통합하여 종합적인 정보를 얻기 위한 시스템.

③ DSS(Decision Support System)

MIS의 한 부분 시스템으로서 최고 경영자이 결재, 의사 결정을 최대로 지원하기 위한 시스템(이를 지원하는 소프트웨어로는 PowerBuilder, MicroSoft사의 Excel 등이 있다.)

④ SIS (Strategic Information System)
조직체의 내적 환경(DSS)뿐만 아니라 외적 환경을 고려하여 의사결정을 지원하는 시스템.

Section 2 시스템 분석의 이해

2.1 시스템 분석의 개념

시스템 분석이란 용어는 개발 대상 업무에 대한 사용자의 요구사항(Requirement)을 명세화하는 시스템 분석가의 활동이라 할 수 있는데 이때의 활동 사항은 어떤 체계적인 정리를 하여 명세서를 작성하게 된다.

명세화 과정에서 필요한 영역은 다음과 같다.
첫째 상세해야 한다.
둘째 논리적이어야 한다.
셋째 사용자(User)의 동의를 얻어야 한다.

이와 같이 사용자의 요구 사항을 백퍼센트 충족시킬 수 있도록 하는 것이 시스템 분석의 시작점이 된다.

시스템 분석가의 사용자 요구 사항을 명세화(Specification)하기 위해서는 다음과 같은 작업을 수행하는 것이 일반적이다.
* 기존 명세서의 조사와 문서화(Documentation) 작업
* 새로운 요구 사항이나 변경된 요구 사항을 추가, 수정하는 작업
* 새로운 시스템을 명세화하여 사용자의 동의를 받는 작업

2.2 시스템 분석가의 임무

좋은 시스템을 개발하기 위해서는 개발 대상 업무에 대한 사용자의 요구 사항을 충분히 충족시켜 줄 수 있는 시스템을 개발해야 한다. 그런 이유로 해서 시스템 분석가(System Analyst)는 최적의 기술 능력과 최저의 비용으로, 최단기로 최대의 효과를 누릴 수 있도록 시스템을 설계해야 한다. 그래서 시스템 분석가의 임무는 다양하고 중요한 임무가 많은 것이다.

시스템 분석가의 주요 임무를 살펴보자.

① 분석가는 문제를 논리적, 창조적, 추상적인 생각을 할 능력이 있어야 한다.

② 분석가는 컴퓨터·시스템의 계획, 구성, 조작, 제어 등에 대한 지식과 소프트웨어에 대한 전반적인 지식이 있어야 한다.

③ 분석가는 현재의 시스템을 분석하고 개선점을 찾아 조언할 능력이 있어야 한다.

④ 분석가는 현재의 시스템을 설계하거나 구 시스템을 새 시스템으로 바꿀 때 그에 대한 세부 명세서를 마련해야 한다.

⑤ 분석가는 스스로 견문을 넓혀야 하고 기술을 향상시키며, 연구와 통계 작업으로 시스템 개선에 적용시켜야 한다.

⑥ 분석가는 경영에 필요한 특별한 보고서나 문서를 표준화(Standardization)시키도록 한다.

⑦ 분석가는 함께 일하는 팀원들 프로그래머, 오퍼레이터, 그리고 관리자의 임무를 잘 이해하여 시스템 분석과 설계를 하는데 있어 의견의 참조를 잘 활용하여 실행하여야 한다.

시스템 분석을 하는데 있어서 가장 큰 문제점은 대상 시스템의 관계 부서 관리자와 분석가간의 인식이 다르다는 점이다. 업무 전산화가 붐을 이루던 80년대와 90년대 중반인 지금까지도 이 갭(gap)을 극복하기가 어려운 실정인 것이다.

다시 말해서 시스템 설계 후 사용자가 시스템으로 업무를 처리하고

자 실행을 시켰을 때 서로의 의견이 다르게 표현된 점들이 자주 발생하게 되었다는 것이다.
그래서 분석가는 보다 더 신중할 필요와 인내심, 보다 정밀한 분석을 하여야 하며 항상 객관적인 입장에서 배우고 연구하는 자세와 사용자와의 업무 파악 시에도 상대방 입장에서 고찰하려는 노력이 요구되는 것이다.

2.3 시스템의 기본 조사 사항

시스템을 개발하려면 우선 시스템에 대한 기본 조사가 선행되어야 한다.
시스템을 사용할 사용자(User)의 문제점, 즉 업무 파악이 최대 과제이며, 그 문제점들을 정확히 파악했다면 해결할 방안도 찾아야 하며 다음과 같은 사항들에 대한 합의점을 찾아 실행한다.
① 시스템 사용자의 문제들을 파악한 후 전산화에 따른 문서 양식의 표준화와 고속화의 이점 등을 수작업 때와 비교 판찬 할 수 있도록 처리 속도, 신뢰성 등을 잘 설명한다.
② 업무 전산화가 된다면 그 규모(하드웨어, 소프트웨어)에 대한 범위를 확정한다.

2.4 시스템의 기본 조사시 유의점

1 명확한 조사

시스템 개발을 명확하게 하기 위한 키는 개발 대상 업무를 정확히 조사하는 것이다.
앞에서도 이것은 몇 번 강조가 되었듯이 가장 기본적인 것이다. 더군다나, 현재 실행중에 나타나지 않는 잠재적인 업무에 대한 대비책까지 강구할 수 있는 기초 조사가 될수록 잘 조사된 내용이라 할 수 있으며 사실 이것은 어려운 얘기인 것이다.

그러나 구축된 시스템의 수정이 불가능할 정도의 내용이 되어서는 안된다는 점을 강조하고자 하는 것이다.

2 문서화(Documentation)단계

조사 단계에서부터도 시스템 분석가는 수행되는 모든 작업을 문서화하는 작업이 체질화되어야 하는데 이것은 이후에 일어나는 단계들에 많은 영향을 주는 중요한 작업이기 때문이다.

또한 이 작업은 사용자 업무에 대한 충분한 이해가 있어야만 가능하며 이것이 개발 작업의 성공 여부를 가름하기도 한다.

3 고객측과의 대화시 유의할 사항들

* 고객측과의 대화시 가급적 전산 전문용어를 피하여 편하게 대화한다.
* 사용자의 업무가 어떤 절차로 수행되는지 분석가는 상세하고 정확한 설명을 사용자가 할 수 있도록 유도하고 그 내용이 정확한지도 확인해야 한다.
* 시스템에서 주(main)된 업무와 그에 딸린 종속(sub)된 업무로 나눌 수 있도록 개발될 시스템을 분석가는 정확히 하도록 노력한다.
* 분석가는 조사 결과를 반드시 사용자(담당 부서장, 부서 관리자, 부서 요원)들과 검토를 한다.

4 기초 조사 내용

기본 조사를 하기 위해서는 조사의 목적과 조사 범위, 즉 조사에서 제외될 부서들과 일정표 등을 잘 짜며, 시스템 개발에 따른 비용 그리고 마지막으로 조사 결과를 보고서(문서화)형식을 빌려 PC 등을 이용, 멀티미디어 브리핑 등으로 사용자의 호감을 사는 요즘의 추세이다.

조사할 세부 사항을 다시 정리해 보면 다음과 같다.

* 현 시스템의 업무 처리 절차 및 기능 파악
* 예외 처리의 발생 및 처리대책

* 업무 수행의 책임자 및 업무 분장 파악
* 업무 수행 상의 문제점 및 개선점 파악
* 입·출력 양식에 대한 용도 및 기능 파악
* 전산화 대상 및 비대상 범위의 확인

5 기본 조사 방법

업무를 분석하기 위해 시스템 분석가는 다음과 같은 조사 방법을 이용한다.

(1) 면접(Interview)조사

기업의 현장에서 일어나는 실제적인 작업 내용과 업무량 또는 현 시스템들의 문제점 등을 담당자를 직접 만나 조사하는 방법이다. 면접법의 종류로는 개별 면접법과 단체 면접법이 있다. 개별 면접법이란 업무 파악을 위해 그 관계 당사자들을 한 사람씩 만나서 개별적으로 업무를 듣는 방법이며, 단체 면접법이란 관계 당사자들을 한 장소에서 만나 업무를 듣는 방법이다. 단체 면접법이 효율적이라 생각되자만 실제로는 피상적인 조사로 끝날 수가 있기 때문에 오히려 개별 면접법을 통한 진실한 접근이 효율적인 측면이 있다.

① 면접 조사시의 질문 사항

a. 현장에서 쓰는 전문 용어, 일반 용어, 그리고 그에 대한 용법
b. 일반적인 작업·순서와 그에 따른 우선 순위 파악
c. 업무량의 최대치와 평균치, 업무의 발생 주기, 빈도수
d. 작업상의 주의점이나 고유 기술 등의 파악
e. 업무중의 오류의 발생 주기나 빈도수
f. 현 시스템의 문제점과 개선안을 파악
g. 현재의 기술 동향이나 미래의 경향, 타 회사의 현황 파악

② 면접 조사시의 유의 사항

a. 면접의 목적을 상대방에게 알려주고 직접 현장으로 찾아간다.
b. 항상 상대방의 입장에서 생각할 수 있도록 노력하고 현재의 그 사람의 업무에 방해가 되지 않은 시간대를 잘 이용하여야 하며 몇

번이라도 방문하는 인내심과 꼼꼼함을 그리고 예의를 잘 지키면서 업무 파악을 한다.

c. 면접자가 알고 있는 상황도 면접 대상자가 직접 애기하도록 한다.

d. 면접 대상자가 실직을 우려하여 비협조적이 되지 않도록 정밀하게 상대방의 심리 상태를 파악하여 잘 진행하여야 한다.

e. 가급적 메모를 하게 되거나 소형 녹음기 등을 이용 할 시에는 상대방의 동의를 구해서 이용하며 거부하면 사용치 않도록 제심한 배려를 한다.

f. 업무 파악중 면접관이 좋은 아이디어가 떠오르더라도 바로 자기의 아이디어로 말하지 말고 조금씩 힌트를 주어 상대방이 느끼게끔 하여 상대방의 입장에서 나오도록 유도한다.

g. 면접 대상자가 거짓이 없는 진실한 대화를 나눌 수 있도록 하여 완벽한 업무 파악을 추구한다.

(2) 앙케이트(질문서)조사

앙케이트 조사법은 질문 용지에 의한 조사법인데. 광범위한 조사와 시스템의 개발과 시스템 설계에 대한 인식도를 높힐 수 있다.

① 앙케이트 조사법의 종류

a. 전체 조사: 관계자 전원을 대상으로 조사

b. 표본 조사: 일부의 사람을 대상으로 조사하여 전체를 추정하는 방법인데 조사 대상자들을 어떻게 선발하는가가 중요한 문제점이다.

② 표본 조사법의 추출방법

a. 유의 추출법: 표본을 의식적으로 선정한다.

b 무작위 추출법: 이에는 단순 무작위 추출법과 계통적 추출법이 있는데 전자는 전체에 일련번호를 붙여 표본의 수만큼 난수표를 빼가지고 이에 대응하는 번호를 추출하는 방법이고 후자는 등간격 추출법이라고도 하며, 시작 번호만을 난 수표로 결정한 뒤에 등 간격으로 번호를 추출하는 방법이다.

③ 앙케이트 해답법의 종류

a. Multi-choice: 기호로 해답하는 방식인데 나중에 집계식에 편하며 기계집계에도 적합하다.

b. free-answer: 문장으로 해답하는 방식이며, 기명식과 무기명식이 있는데 기명식은 책임있는 해답이 기대되나 무기명식은 정확한 해답에 대한 신빙성이 좀 떨어진다고 볼 수 있다.

(3) 현장 관찰 조사

작업 현장에 직접 가서 그 설정을 관찰하고 자료나 면접 등으로 입수하지 못한 정보들을 수집할 수 있다.

① 현장 관찰법의 종류

a. 작업 추적법: 작업의 흐름을 따라 순서대로 관찰하는 방법

b. 정점 관측법: 같은 장소를 시간대로 나누어서 몇 번이고 관찰하는 방법

② 현장 관찰 사항

a. 현장의 입지 조건이나 작업·환경에 대한 특성 파악

b. 작업 과정중 어느 작업에 가장 시간을 많이 소요하는가 또는 어느 작업에 특히 시간이 지연되는가 등을 파악

c. 작업자의 수준은 어떻고 그 작업에 대해 어느 정도 교육을 받고 작업하고 있으며 그 작업에 대한 경력은 어느 정도인가?

d. 만약 현재의 그 작업을 기계화한다면 그 작업자의 협조를 기대할 수 있는가?

e. 작업일지, 작업 장표 등은 잘 쓰고, 지켜지고 있는가?

f. 낭비적인 요소나 자동화, 신속화를 위한 기계화 요소는 없는가?

(4) 자료조사

현업 부서에서 작업을 위하 업무 처리 절차서 및 각종 사용 양식을 수집, 검토 분석하여 업무를 파악하는 방법이다.

자료조사 방법의 절차를 열거하면 다음과 같다.
① 시스템 개발에 필요한 제반 자료인 현재 사용중인 장표 견본을 주 대상으로 해서 설명서, 해설서, 지침서(manual), 관계 법규, 사내 규약, 조직도, 가격표, 코드표, 관련 통계표 등 입수할 수 있는 모든 것을 모아 두는 것이 좋다.
② 자료는 체계적으로 분류하고 정리하여 자료를 찾거나 추가하는데 용이하도록 장소, 날짜순 등으로 정리한다.
③ 자료를 수집하는데 주의할 사항은 현재 필요치 않는 오래된 자료나 현실적이지 않는 자료 등은 혼동을 야기하지 않도록 수시로 정리해 과감히 버려야 한다.

6 조사 결과의 문서화 작업

앞에서 기술한 내용들에 의거하여 선택한 조사 방법으로 진행된 내용은 일정한 형식을 갖춘 문서화 작업이 필요하다. 다시 말해서 시스템 분석 단계에서의 현상 분석을 하거나 시스템 기본 구상을 정리하기 위해 조직적으로 머리 속에 무질서 하게 기억된 내용의 문서화 작업이 꼭 필요한 것이다.
아무리 오랜 경험을 가진 시스템 분석가라도 자신의 두뇌를 과신하지 않고 글로 또는 도표로 정리해 두는 것이 체질화되어야 한다.
인ㄴ 조사 항목을 문서화하면서 자신이 파악한 정보의 흐름, 문제점 정보처리의 모순 등을 발견할 수 있기 때문이다.

정보처리시스템을 기능적인 측면으로 살펴보면 다음과 같은 네 가 가지로 나누어 볼 수 있다.
· 입력: 무엇이 입력되고 있는가?
· 처리: 어떤 처리 절차로 되어 지는가?
· 파일: 어떤 축척된 파일 정보가 있는가?
· 출력: 최종적으로 무엇이 만들어 졌는가?

(1) 입력 정보의 조사

입력 자료는 전산화시 입력 자료 설계의 근거로 사용됨으로 빠짐없이 조사되어야 한다.

(2) 처리 정보의 조사

입력 자료는 어떤 처리 절차로 조사되어 출력 정보화 되는 것이다. 따라서 이 과정을 파악하는 것은 시스템 설계자에게는 매우 중요하며 그것의 이해 정도에 따라 새로운 시스템을 개발하는데 큰 영향을 미치는 것이다. 더군다나 예외 처리 사항이 생길 경우 그것의 처리 방법, 처리 담당자, 빈도수 등을 철저히 조사하여 전산화 처리 방법을 구해야 한다.

처리 절차는 다음의 네가지로 표현할 수 있다.

- 처리되는 것이 무엇이며 어디에서 어떤 방법으로 처리되는가?
- 수작업으로 처리되는가 또는 컴퓨터로 처리되는가를 조사한다.
- 처리에 사용되는 시간과 작성된 출력정보는 무엇이며 과정 중의 착오는 어떻게 검색하는가?
- 그 조사 결과에 따라 처리의 필요성 여부를 판단한다.

(3) 파일의 조사

파일은 원장, 대장, 일람표 등과 컴퓨터 파일로 축적된 정보를 말하는 데 파일의 조사는 현재 사용되고 있는 어떤 것을 조사하는데 목적이 있으며 조사 할 때는 처리 절차와 밀접한 관계가 있기 때문에 연관시켜 조사하면 정밀한 조사도 가능하다.

(4) 출력 정보의 조사

출력 정보는 시스템 설계시 가장 중요한 부분을 차지함으로 상세히 조사하고 분석하면 보다 큰 효과를 얻을 수 있다.

(5) 코드의 조사

코드는 사용하는 분야에 따라 다르지만 현 시스템에서 사용되는 코드는 어떤 형태로는 새로운 시스템에 영향을 미치므로 중요한 자료

가 된다.

Section 3 시스템 분석의 실제

시스템 분석이란 전산화를 이루기 위해서 우선적으로 생각해야 될 하드웨어, 네트워크 소프트웨어 개발을 위한 모든 정보들을 총망라하여 최선의 수단을 선정하기 위한 작업이라 할 수 있다.

3.1 시스템 분석 단계

시스템 분석은 가능 분석, 예비 분석, 효과 분석의 세 단계로 나눌 수 있으며 시스템 전개 방법은 문제점 지향형과 현상 개선형의 접근 방법이 있으며 시스템의 분석 단계는 여러 시작 조건이 있으며 기계화를 할 것인가, 무엇을 기계화 할 것인가 하는 등의 상세한 분석이 체질화되어야 한다.

(1) 기능분석
기능 분석은 요건 분석이라고도 부르는데 사용자들이 진실로 필요한 것이 무엇인지 찾아내어 어떠한 기계화 시스템을 설계할 것인가를 명확히 하는 것이다. 기능 분석은 다음과 같은 순서로 이루어진다.

① 현재의 시스템에 대한 이해: 현재의 시스템을 이해하는 것이 기능 분석의 시작점인 것이다. 다시 말해서 시스템 조사 결과를 정리하고 현행 시스템이 어떠한 것인가를 이해한다.
② 전산화의 요구 사항과 기대 효과: 사용자 측의 각 계층(직급별)별로 전산화에 대한 요구 조건과 기대 효과는 무엇이 있으며 전산

화에 대한 촉진 요인 등을 분명히 한다.

③ 전산화의 문제점 파악: 전산화를 추진하는데 있어서의 문제점들은 무엇인가를 밝혀둔다.

④ 현 시스템의 문제점들 파악: 현 시스템의 애로 사항은 없는가, 또는 전산화로 인한 부작용은 없는가 등의 저해 요인도 밝혀 둔다.

⑤ 환경 조건에 대한 이해: 전산화 추진에 있어서 환경조건이나 최고 경영자의 사고방식. 시장 환경, 정보처리에 대한 기술 동향, 사업장의 입지조건, 사회관습 등 기업이나 업계에 펼쳐져 있는 환경풍토나 특징을 분석해서 그것이 시스템에 어떠한 영향을 미치는가 검토한다.

⑥ 목적과 기능의 명확화: 기능 분석의 끝마무리는 목적과 기능을 명확히 하는데 있다.

전산화의 목적은 무엇이며, 그 목적을 달성하기 위해 어떤 기능이 필요하며, 컴퓨터의 이점은 어떻게 살려 나갈 것인가를 명확히 한다.

⑦ 적용 업무의 선정: 시스템의 기능이 밝혀지면 저절로 가능한 업무의 선정이 이루어지는 것이다.

(2) 예비설계

기능 분석의 결과를 토대로 예비 설계로서 시스템 구상을 입안하고 비용 효과분석을 위하여 전반적인 것을 설계한다.

예비 설계에서의 주된 사항을 살펴보면 다음과 같다.

① 가용 재원에 대한 검사

② 제약 조건의 문서화

③ 적용 기법의 선택

④ 시스템 구상에 대한 입안

(3) 비용 효과 분석

전산화의 비용과 효과를 비교하여 전산화의 유효성을 확인하고 최선의 수단을 선정하는 방법을 비용 분석이라고 한다. 즉 손익을 따져서 어느 쪽이 이익인가를 고려하는 것이라 하겠다. 그것의 주된 진행 순서는 다음과 같다.

① 대체 안의 작성: 비용 효과 분석시에는 맨 먼저 대체안을 준비

한다. 대체안이란 "다른 수단과 치환 가능한 안" 이라는 뜻으로 취사 선택의 대상이 되는 복수안 중 하나를 말하는 것이다. 물론 복수의 전산화 안을 준비하는 것도 좋지만 현행 시스템, 즉 수작업 시스템도 대체안의 하나라고 생각할 수 있기 때문에 전산화안이 하나밖에 없다고 해도 대체안은 있는 것이다. 일반적으로 예비 설계의 결과가 그대로 대체안이 된다고 생각해도 좋다.

② 전산화 비용에 대한 견적: 대체안이 결정되면 전산회 비용에 대한 견적을 한다.

전산화 비용은 설비 투자, 시스템 개발비 등의 도입 초기비와 시스템 운영비 등의 경상비로 나누어지지만 초기 비용은 모두 감가 상각의 대상으로 하여 기간비용을 환산해 놓는다. 견적 내용은 다음과 같다.

a. 기기 임대료, 감가 상각비, 정비 보수료, 보험비 등의 설비비
b. 지불 임금, 외주비 등의 인건비
c. 장표, 사무 용품 등의 소모품비
d. 숙식비, 통신비, 교육비 등

③ 효과의 계수적 파악: 전산화 비용에 대한 견적이 끝나면 예비 효과에 대해 계수적 파악을 한다. 먼저 전산화의 기대 효과를 명확히 하고 효과 추정을 위한 계수적 척도를 결정하여 효과가 나타나는 시점을 예측할 수 있다.

④ 대체안에 대한 평가: 각 안에 대해 비교, 검토하는 안에 대한 선택 여부를 결정하지만 정량적인 평가만이 아닌 정상적인 평가 (숫자로 나타나지 않은 평가)도 병행해서 하도록 한다.

3.2 시스템 분석 과정

(1) 목적의 설정

① 목적 설정: 시스템의 개발은 단순히 업무를 지속시키기 위한 목적이 아니고 관련 시스템이나 기업 전체의 이익을 고려해야 한다. 따라서 다음과 같은 사항에 중점을 두어 조사, 분석한다.

– 시스템 분석 및 설계를 하게 된 동기는?
– 어떤 문제점 때문에 시스템 개발을 하려고 하는가?
– 어떤 형태의 시스템을 바라고 있는지를 조사한다.

② 제약 조건의 파악: 새로운 시스템을 개발하는데 필요한 예산이 어떤 형태로 필요한지, 시스템을 개발하는데 필요한 기술 또는 개발된 후 운영하는데 필요한 기술에 대한 조사, 필요한 인력이 충분한 지, 새로운 시스템을 운용하는데 필요한 조직, 제도 등을 파악한다.

③ 평가 기준 결정: 새로운 시스템을 선택하는 기준은 대체하는 시스템이 어느 정도로 목적 달성에 도달하는가와 일정한 비용으로 최대의 효과를 얻을 수 있을 때 이상적이라 볼 수 있는 것이다. 다시 말해서 경제 원칙에 입각한 최저의 경비로 최대의 효과를 얻을수록 새 시스템은 높은 만족도를 얻게 된다.

④ 시스템 개발 추진 모체: 새로운 시스템을 개발하는데 필요한 기구를 구성해야 하며 그것은 다음과 같은 모체들로 구성해야 한다.

※ 전문가: 시스템 개발과 업무에 대한 전문 지식을 가진 사람들로 구성하여 시스템 개발에 대한 의견을 듣는다.

※ 위원회: 기업 내 또는 기업 외의 사람들로 구성하여 시스템 개발에 대한 의견을 듣는다.

※ 프로젝트팀: 새로운 시스템 개발을 할 수 있는 사람들로 구성한다.

⑤ 기본 방침의 설정: 시스템 개발의 차례와 일정표 등을 기획한다.

(2) 현행 시스템의 분석

흐름도(flow-chart)를 그려 가면서 현 시스템을 분석하며, 특히 현 시스템 구축시 효과적으로 반영하고 변형할 수 있게 분석한다.

(3) 서식의 조사

기초 조사의 초점은 서식 조사가 가장 많은데 그 종류라던지, 내용, 기입 방법, 시기, 서식과 서식의 결합, 서식에 의한 의사 결정 문제점들, 서식의 양 등을 조사하여 서식의 개선이 필요한지를 분석한다.

(4) 신 시스템의 흐름도

신 시스템의 흐름도는 단순히 컴퓨터 처리에 알맞게 하기 위해서 작성하는 것은 아니다.

그것은 행위의 발생 시점에서부터 끝날 때까지의 흐름을 알기 위해서이다. 즉, 원시 전표의 작성, 서식과 행위의 동기 상황, 자료 처리 단계, 컴퓨터 처리 출력 보고서의 이용 방법, 의사 결정 과정 등을 흐름도로 그린다. 따라서 데이터의 정확성을 확보하여야 하며, 만일 어떤 데이터가 누락되면 전체 시스템에 미치는 영향은 치명적일수도 있기 때문에 심사 숙고해야 한다.

Chapter
10
문헌정보시스템의 이해

문헌정보시스템의 이해

Section 1 문헌정보시스템 개요

전자도서관에서 도서관자동화시스템에 해당하는 문헌정보시스템의 구축은 매우 중요하다.

문헌정보시스템 도입을 통해서 도서관자동화가 주는 기대효과는 다음과 같다.
1) 신속한 정보축적과 처리를 통한 업무 수행의 혁신적 신속화를 이룰 수 있다.
2) 단순, 반복 업무의 자동화로 인력절감을 통한 경비절약을 가져올 수 있다.
3) 새롭고 개선된 서비스를 이용자에게 제공할 수 있다.
4) 유사, 중복업무의 통일화로 사무능률을 향상시킬 수 있으며, 경영조직의 과학적 분석을 통한 경영체질 개선을 할 수 있다.

문헌정보시스템은 크게 수서시스템, 연속간행물시스템, 목록시스템, 대출시스템 등으로 구분하고 있다.

1.1 수서시스템

수서시스템은 자료의 구입을 주 목적으로 하면서 기증이나 교환 등의 과정을 전산화한 시스템이다. 여기에는 자료의 선정, 자료 구입을 위한 주문전 탐색, 발주, 입수 및 미착자료의 관리, 회계 등의 업무 프로세스를 포함하고 있다. 최근에는 도서관 자동화 시스템들이 네트워크 환경에서 제공하는 온라인 주문 인터페이스를 사용하여 서적상/출판사에 온라인으로 주문할 수 있으며, 또한 기존장서의 평가 및 자료의 선정 기능을 자동화한 전문 소프트웨어를 장서개발

에 사용할 수 있다.
수서시스템은 도서관 자료의 효율적인 관리를 위한 시스템이며 예산관리시스템, 목록시스템, 검색시스템, 그리고 장서관리시스템 등 타 시스템과의 연계성이 고려되어야 한다. 이러한 수서시스템의 전산처리는 서지데이터를 컴퓨터에 입력함으로서 목록시스템과 연계를 이룰 수 있는 서지 포맷의 통일작업이 기본적으로 요구되며, 이것이 지원되지 않을 경우 실제적으로 수서시스템의 주요 업무가 완전히 자동화 되었다고 볼 수 없다.

수서시스템은 구입을 위한 주문 자료의 서지데이터의 확보, 복본조사 등 주문전 탐색과 선전 및 견적관리에 대한 발주업무와 입수 및 검수, 미착자료관리 및 회계작업 등의 기능을 수행한다.

수서시스템의 주요 기능을 요약하면 다음과 같다.
* 주문할 자료의 선정
* 도서 구입 주문서의 작성 및 발송
* 구입요청/선정된 자료의 서지적 사항과 주문 데이터의 탐색
* 복본조사
* 주문서의 작성 및 발송
* 주문자료에 대한 파일의 유지
* 주문한 자료의 입수 및 미착자료의 관리
* 도착한 자료에 대한 대금 지불 및 자금 관리

수서 시스템에서 가능한 업무 카테고리를 구분하면 다음과 같다.
* 수서업무와 관련된 기계적인 작업의 자동화 기능.
* 주문 자료에 관한 현황정보를 수록한 파일을 통해 시스템내에서의 자료의 흐름을 파악하는 기능.
* 업무와 관련된 통계를 자동적으로 확보함으로써 경영에 도움이 되는 정보를 제공하는 기능.

1.2 연속간행물시스템

연속간행물시스템은 주문과 갱신, 체크인, 클레임과 같이 수서업무도 함께 포함하고 있지만, 단행본의 성격과 다른 연속간행물이기 때문에 연속간행물시스템은 수서시스템과 구분하기도 한다.

연속간행물은 단행본 자료와는 몇가지 다른 특성을 지닌다.

첫째, 단행본은 한 번 주문하여 입수와 지불의 과정을 목록이 작성되면 자료의 정리가 끝나는데 반해 연속간행물은 한 번 주문한 자료는 계속주문이 아닌 한 정기적으로 구독갱신을 해야 하며 따라서 지불도 반복적이다.

둘째, 연속간행물은 계속 발간되는 도중에 표제나 출판사, 간기, 권호번호 매기는 방법 등이 변할 수 있기 때문에 목록기술에 있어서도 한 번 기술한 내용을 후에 변경시켜야 하는 경우가 발생한다.

셋째, 연속간행물은 입수되는 매호에 대한 체크인 작업이 계속적으로 수행해야 한다. 특히 불규칙하게 간행되는 연속간행물은 각 호의 입수예정일의 예측 및 체크인 데이터의 생성, 그리고 예상된 기일내에 입수되지 않는 자료에 대한 클레임 작업의 자동화를 어렵게 하는 요인이 되고 있다.

연속간행물의 서지레코드는 주로 목록시스템에서 작성되고 여기에 연속간행물 시스템의 소장사항 레코드가 연결되는 경우가 보통이다.

AACR Ⅱ에서는 연속간행물을 "어떠한 형태로든지 분책으로 연속해서 간행되는 자료로서 권, 호나 날짜를 나타내는 표시를 갖고 무한정 계속될 것으로 예상되는 출판물"이라고 정의하고 있다. 연속간행물에는 정기적으로 출판되는 잡지, 연간으로 출판되는 보고서나 연감류, 회의논문집, 학회출판물, 신문 등과 그 외에 비정기적으로 계속 출판되는 자료가 포함된다.

연속간행물 시스템의 업무는 주문/갱신, 입수 및 클레임, 회람, 제본 등이며, 자동화되는 구체적인 기능은 다음과 같다.

· 주문서 및 구독갱신서 생산
· 인보이스 처리
· 입부호의 도착예정일 예측 및 체크인 리스트 생산
· 소장사항 갱신
· 결호나 미착호에 대한 독촉장 생산
· 회람 리스트 생산
· 제본 리스트 생산
· 소장목록, 기사색인, 각종 통계보고서 등의 생산

위의 업무 가운데 주문/갱신은 회계관리와 같이 수서 시스템에서 다른 자료와 함께 처리되는 경우가 많다. 단 연속간행물의 경우에는 주문서와 주문갱신 리스트 등의 생산을 위해 일반적인 수서관련 데이터 외에 구독갱신일이나 구독만기일, 구독기간 등 갱신에 필요한 데이터를 추가한다. 이러한 시스템의 예로는 연세대학교의 DOBIS/E를 비롯하여 외국의 패키지 시스템인 INNOPAC과 VTLS 등이 있다.

연속간행물에 대한 목록작성은 다른 자료와 마찬가지로 목록 시스템에서 수행되며, 연속간행물레코드는 해당되는 목록레코드에 연결된다. 연속간행물레코드는 대개 표제의 고유번호나 CODEN, ISSN 등의 제어번호, 표제, 변경된 표제, 청구번호 등의 간단한 서지 데이터와 소장사항을 포함하며, 이외에 예측패턴, 입수기록, 제본패턴 등 주문에서 제본에 이르기까지 필요한 데이터를 수록한다. 연속간행물레코드는 INNOPAC 시스템에서와 같이 MARC와 유사한 형식으로 작성될 수 있다.

연속간행물의 목록작성은 일회적인 것이 아니라 계속적으로 최신성을 유지하는 작업이 수반되어야 한다는 점이다. 왜냐하면 표제나 발행자의 변경으로 인한 기본기입의 재선정과 목록레코드의 제작성, 합병이나 분리 또는 간행빈도의 변경에 대한 주기나 소장사항에 대한 주기 등의 추가적인 기술, 기타 목록 데이터의 변경 등이 요구될 수 있기 때문이다.

1.3 목록시스템

목록시스템은 미 의회도서관(Library of Congress: 이하 LC)이 MARC 시스템을 도입한 이래로 급속히 발전되어 왔다. 목록시스템의 자동화는 1963년 길버트 킹(Gilbert King)의 "자동화와 미 의회도서관"이란 보고서에서 처음으로 MARC(MAchine Readable Cataloging)이 발의되면서 본격화되었다. LC MARC는 1966년부터 1968년까지의 MARC시험 프로젝트 기간을 거쳐 1969년 확정된 MARC II 형식에 따라 MARC테이프를 제작하여 각 도서관에 배포하기 시작하였다. LC MARC 테이프의 보급 이후 많은 도서관들은 MARC 레코드를 활용하여 자관용 목록파일을 생산하였고, 이로부터 책자목록, 카드목록, COM(Computer Output Microfilm)목록, 온라인 목록 등을 생산하게 되었다.

LC MARC II 형식이 제정된 이후 각국은 이에 기반한 국가 MARC 형식을 개발하기 시작하였고, 우리나라는 국립중앙도서관이 주관하여 개발한 단행본용, 연속간행물용, 비도서자료용 KORMARC 형식이 각각 KS 국가표준으로 제정되어 있다.

LC MARC 이후 나타난 또 하나의 특징은 OCLC, RLIN, WLN 등의 서지 유틸리티(bibliographic utility)를 통한 공동편목 및 다양한 목록서비스의 제공이다. OCLC와 같은 서지 유틸리티는 전체적으로 이용되고 있으며, 국내에서는 국립중앙도서관이 KORMARC 데이터베이스를 제작하여 배포하고 있다. 국내외 서지 유틸리티는 온라인 목록 서비스뿐만 아니라 자관용 목록테이프 및 목록카드, CD-ROM 목록 데이터베이스 등을 제공하고 있다.

목록시스템은 모든 서지 자료의 목록 작성에 관련된 업무를 시스템화하여 정리 직원의 업무 효율을 높임은 물론, 도서정보에 대한 도서관의 일반 이용자 및 사서들에게 서지에 대한 사항을 직접 검색해 볼 수 있도록 서지 및 전거레코드에 대한 각종 인덱스 데이터베이스의 구축 및 유지보수를 수행한다. 이처럼 목록시스템은 이용자에게 도서관 자료에 접근할 수 있는 접근점(access point)을 제공하기 때문에 다른 시스템보다 무엇보다 중요하다. 따라서 목록 시

스템 자동화시에는 다음 사항을 고려해야 한다.
* 도서관 시스템에서 중핵적인 위치에 있는 목록시스템은 다른 부서와의 상호 연계성을 고려하여 개발되어야 한다.
* 도서관 자료를 단순히 보관하는 것이 아니라, 이용자에게 검색도구를 제공해야 하기 때문에, 보다 효율적인 정보축적 및 제공을 위해서 목록정보 데이터의 표준화가 선행되어야 한다.

목록시스템의 기본파일은 다음의 기능을 수행한다.
* 주로 MARC형식의 서지레코드(목록레코드) 생산
* 전거레코드의 작성/유지 및 전거통제
* 각종 형태의 목록(책자, 카드, COM, 온라인)생산
* 다양한 접근점(저자명, 서명, 키워드, 발행사항 등)을 갖는 색인파일 생산

MARC 형식으로 작성되는 서지레코드는 주로 온라인이나 CD-ROM을 통해 타기관의 MARC 데이터베이스에서 다운로드(download) 받는 방법과 사서에 의한 직접 입력 등의 방법이 있다.
먼저 자관용 MARC 파일을 통해 복본조사부터 한 후, 복본인 경우에는 소장정보만 기입하고 복본이 아닌 경우, 국내서는 국립중앙도서관에서 배포된 KORMARC을 통해, 양서인 경우 LC의 BiblioFile과 OCLC의 CatCD, WLN의 LaserCat 등의 데이터베이스를 통해 히트(hit)되는 레코드가 있는 경우 해당 서지 레코드를 그대로 자관용 MARC에 다운로드 받을 수 있다. 히트(hit)되는 자료가 없을 경우 사서가 직접 편목작업을 통해 서지레코드를 입력한다.

목록시스템에서 주요한 기능 중에 하나는 전거파일의 통제이다. 전거파일은 목록시스템에서 서지데이터 표목의 일관성에 도움을 주는 자동화 기능이다. 전거파일 레코드에는 표목으로 채택된 개인명, 단체명, 회의명, 지명, 통일서명과 총서명, 주제명 등의 표준 형식이 수록되며, 이와 함께 각 표목의 다른 형식이나 관련 표목(이전 표목이나 이후 표목 등)들로부터의 상호참조 정보가 수록된다.
전거파일은 서지레코드 작성시 이에 근거하여 일관성 있는 표목의

선택을 가능하게 하며, 또한 전거파일로부터 필요한 상호참조를 출력시켜 줌으로써 온라인 열람목록이나 카드목록 등에 도서관 이용자가 용이하게 접근하도록 하여 정보검색 효율을 높여주는 기능을 수행한다.

MARC 파일로부터 생산될 수 있는 목록의 유형으로는 카드목록, 책자목록, COM 또는 마이크로피시 목록, 온라인 목록 등이 있다.

특히, 온라인 열람목록(OPAC)은 도서관자료에 대한 목록정보를 데이터베이스화하여 이를 이용자에게 다양한 접근점을 통하여 빠르고 효과적으로 상호작용하도록 도움을 주는 전자식 목록서비스 시스템이라 할 수 있다.

최근 인터넷 환경의 발전과 함께 목록에도 큰 변화가 생겼는데, 이는 온라인 열람목록에서 이용자가 도서관에 가지 않고도 웹상에서 검색을 할 수 있는 웹 목록(Web Online Public Access Catalog)이 그것이다. 이들 웹 목록의 이용에는 계정이나 패스워드가 요구되지 않아서 도서관에 앉아서 전세계의 도서관 목록을 탐색할 수 있으므로 서지사항 확인, 목록정보의 입수, 도서관 상호대차를 위한 특정자료의 소장관 확인, 목록정보의 입수, 도서관 상호대차를 위한 특정자료의 소장관 확인, 참고봉사, 장서개발 등에 활용할 수 있으며 국내뿐만 아니라 전세계를 대상으로 한 자원공유의 기회도 확대시켰다. 또한 웹 목록은 도서 및 연속간행물에 대한 소장목록 이외에 도서관이 구입하여 사용하고 있는 데이터베이스나 도서관 자체에서 개발한 데이터베이스를 함께 제공하고 있으며 캠퍼스 와이드 정보시스템과 통합되는 경향이 있어 보다 다양한 정보를 입수할 수가 있다.

1.4 대출시스템

대출시스템은 대개 대출과 관련된 업무들은 대부분 반복적이며 다른 업무로부터 쉽게 분리될 수 있기 때문에 전산화 도입에 필수적이였기에 초기부터 발전한 모듈에 속한다.

대출시스템에서 대출과 반납시 도서 및 대출자의 식별 데이터를 입

력하는 방법으로는 데이터 수집장치를 사용하여 자동으로 읽어 들이는 방법과 단말기의 키보드를 이용하여 직접 입력하는 방법이 있다. 초기에는 북카드 및 대출자 카드에 키펀치된 데이터를 읽어 들이는 장치들이 사용되었으나 이제는 대개 바코드 레이블에 인쇄된 바코드를 바코드 리더/스캐너로 읽거나 레이블에 타자된 문자를 OCR리더로 읽는 방법을 사용하고 있다. 데이터 수집장치를 사용하지 않는 도서관에서는 단말기에서 대출/반납 등의 작업이 발생할 때 마다 도서 식별번호와 대출자 식별번호를 키보드를 통해 직접 입력한다.

대출 시스템에 따라서는 대출 도서나 대출자에 대해 다중 식별번호의 입력을 허용한다. 즉, 대출 시스템에서는 바코드 형태의 대출자 식별번호 이외에 주민등록번호, 학번, 성명을 입력할 수 있으며, 대출도서의 경우에는 바코드 번호 이외에 등록번호를 입력할 수 있다.

대출 시스템은 대출도서와 대출자를 관리하는 시스템으로서 대출, 반납, 예약 등 대출 관련 기능, 대출자 제한(block) 및 연체료 부과 등 대출자와 관련된 기능, 다양한 보고서 및 통지서 생산 기능을 자동화 한다.

대출시스템은 다음의 기능을 포함하고 있다.

- 대출 및 반납 관리
- 대출 연장/갱신 및 예약
- 단기대출 관리
- 지정도서 관리
- 연체료 및 벌금 관리
- 도서관 상호대차 관리
- 대출자 관리
- 규정위반 대출자에 대한 대출 제한
- 분실도서 리스트, 대출통계 보고서 등 각종 보고서 생산
- 대출도서 소환통지서, 연체통지서 등 각종 통지서 생산

대출과 관련된 정보는 다음과 같이 네 범주로 구분된다.

- 대출되는 자료에 관한 정보: 도서 식별번호, 청구번호, 저자명,

서명 등.
· 대출자에 관한 정보: 대출자 식별번호, 대출자 신분, 대출자명, 대출자 주소 등
· 대출에 관한 정보: 대출일, 반납예정일, 대출기간 등.
· 기타 데이터: 예약, 연체, 갱신, 분실, 제본 등에 관한 정보

Section 2 KORMARC의 이해

MARC는 컴퓨터가 특정한 서지 레코드나 레코드의 부분을 식별할 수 있도록 서지 데이터를 조직하는 방법을 의미한다.

국내에서 사용하는 MARC를 KORMARC라 하는데, KORMARC은 Korean Machine Readable Cataloging의 약자로서 한국문헌자동화목록법이다. KORMARC은 우선 국제적인 사용과 정보의 획득을 위하여 Format의 기본구조를 LC MARC과 같은 국제공인 즉 ISO-2709를 따르도록 되어 있어 상호협력뿐만 아니라 정보교환도 가능하게 설계되어 있다. 국립중앙도서관은 「도서관 정보전산망구축」 사업 추진으로 문헌 정보처리의 표준화가 더욱 요구됨에 따라 1980년에 KORMARC 단행본용 실험 포맷을 개발한 이래 1991년에 KORMARC(M)의 개정과 함께 연속간행물용, 비도서자료용을 개발하였고, 1992년에는 고서용을 개발하였다. 또, 1993년에는 공업진흥청 고시 제93-24호로 공포하였는데 KS 표준안 번호는 KS C5867-1993이다.

2.1 리더(Leader)

리더(Leader)부는 레코드의 첫 번째 필드로서 24자로 편성된 고정 길이필드이다. 리더는 숫자나 레코드의 처리에 필요한 매개변수

(parameter)를 정의하는 코드 값으로 구성된다.
리더는 표시기호, 지시기호, 식별기호를 갖지 않으며 각자의 위치에 의해 성격이 결정된다.

/00-04 레코드 길이
레코드 길이는 리더와 디렉토리 및 표시기호, 지시기호, 식별기호가 포함된 가변 길이필드의 전체 길이를 합산하여 다섯 자리의 아라비아 숫자로 표시된다.
/05 레코드 상태
레코드 상태는 한 자리로 표시하며 파일유지, 갱신의 효율성을 위하여 해당 레코드의 처리 및 기준 레코드와의 관련여부를 나타내며, 사용되는 부호는 다음과 같다.
a - 기존 레코드의 입력수준(리더 17=1 또는 2)을 완전수준으로 올린 레코드
c - 개정된 레코드
d - 삭제되이야 할 레코드
n - 신규 레코드
p - CIP 수준의 레코드를 완전수준으로 올린 레코드
/06 레코드 형태
레코드형태는 한 자리로 표시하며 자료의 형태를 나타내며, 사용되는 부호는 다음과 같다.
a - 문자로 된 인쇄자료 (마이크로형태 자료포함)
/07 서지수준
서지수준은 한자리로 표시하며 사용되는 부호는 다음과 같다.
a - 단행본의 구성요소
c - 전집
m - 단행본
/08 - 09 빈칸
빈칸 ( ) 으로 표시한다.
/10 지시기호자리수
지시기호는 각 필드의 기능 및 데이터 처리에 필요한 사항을 지시하기 위하여 두 자리의 숫자로 구성된다. 따라서 지시기호의 자리수는 두 자리(2)가 된다.

/11 식별기호자리수

식별기호는 필드 내에서 각 데이터요소의 식별을 위하여 한 자리의 구분기호와 한 자리의 구분기호와 한 자리의 데이터요소 식별기호로 구성된다. 따라서 식별기호의 자리수는 두 자리, 즉 2가 된다.

/12-16 데이터 기본 번지

데이터기본번지는 제어필드(표시기호 001)의 시작 위치를 5자리로 나타낸다. 따라서 기본번지는 리더와 디렉토리 항목에 소요된 자수에다 필드종단기호를 합산한 자수와 동일하게 된다.

/17 입력수준

입력수준은 한 자리로 표시하며 레코드의 서지정보 또는 서지레코드 내에 있는 내용의 완전성 여부를 나타내며, 사용되는 부호는 다음과 같다.

b̸ - 완전수준

실물을 직접 보면서 작성한 완벽한 MARC 레코드일 때 사용된다.

1 - 불완전수준

실물을 직접 보지 않고 작성한 레코드일 때 사용된다.

2 - 최소수준

국가 서지 기구가 지정하는 최소 수준 이상을 만족시키는 수준의 레코드일 때 사용된다. 완전한 수준의 레코드는 아니지만 작성이 완료된 레코드로 취급된다.

3 - 발행전수준

출판전목록정보(Cataloging in Publication : CIP)프로그램에 의해 작성된 레코드일 때 사용한다.

u - 미상

/18 목록기술형식

목록기술형식은 한 자리로 표시하며 입력된 레코드가 어떤 목록기술규칙에 의하여 작성된 것인지를 나타내며, 사용되는 부호는 다음과 같다.

b̸ - ISBD 형식이 아닌 것

a - AACR2

c - KCR3판 이상

i - ISBD

k - KORMARC 기술규칙

/19 연관레코드 조건

연관레코드조건은 한 자리로 표시하며 연관저록(표시기호 76X-79X)을 처리함에 있어 관련 레코드의 기본적인 식별정보 (즉, 기본 표목과 서명, 기본표목과 통일 서명, 서명, 통일서명, 표준기술보고서번호, 보고서번호 등)가 자체레코드 내에 포함되어 있는가 또는 관련 레코드에 있는가의 여부를 표시하며, 사용되는 부호는 다음과 같다.

ḇ - 관련 레코드 불필요

레코드 내에 연관저록필드가 없거나 연관저록필드나 연관저록설명주기가 관련 레코드를 식별할 수 있는 기본적인 정보를 포함하고 있을 때

r - 관련레코드 필요

레코드 내 연관저록필드 또는 연관저록설명주기에 기본적인 식별정보 대신 관련 레코드의 제어번호만 있는 경우로, 이 레코드이 완전한 처리를 위해 관련 레코드의 기본적인 정보가 필수적일 때.

/20-23 엔트리맵(Entrymap)

엔트리맵은 네 자리로 표시하며 디렉토리의 필드길이, 필드 시작위치의 자리수와 시행위치의 자리수, 미지정 엔트리 맵의 자리수를 나타낸다.

/20 필드길이 자리수

디렉토리에서 각 필드의 길이를 나타내는 자리수로 언제나 '4'가 된다.

/21 필드시작위치 자리수

디렉토리에서 필드시작위치를 나타내는 자리수로 언제나 '5'가 된다.

/22 실행을 나타내는 자리수

디렉토리에서 실행위치를 나타내는 자리수로 디렉토리 안에 포함되어 있지 않으므로 언제나 '0'이 된다.

2.2 디렉토리(Directory)

디렉토리는 책의 목차와 같은 것으로 어떤 필드가 어느 위치에 나타나며 길이가 얼마인가를 지시해주는 데이터가 기입된다. 각 표시기호에 대해서 한 개씩의 디렉토리 항목(Directory Entries)이 만들어지며 이 디렉토리 항목은 표시기호, 필드길이, 필드시작위치 등 3 영역으로 구성되어 있다. 디렉토리 항목은 12자를 한 단위로 하며, 한 레코드에서 디렉토리 항목의 수는 입력된 표시기호 수와 동일하다.

2.3 제어필드(Control Field)

표시기호 001에서 009까지를 제어필드라고 하며, 제어번호, 기계가독형 서지레코드의 처리에 사용되는 제어용 정보와 부호화 정보를 포함하고 있다.

001 제어번호(Control Number)
레코드 제작, 사용, 혹은 보급기관이 부여한 제어번호가 기입된다. 제어번호는 그 레코드에 대한 기준키(으뜸키) 역할을 한다.
005 최종처리일시(Data and Time of Lastes Transcation)
이 필드에는 가장 최근 발생한 레코드 내의 데이터 변동 시각이 기입된다.
006 링크필드(Linking Field)
이 필드는 18자리(00-17)로 구성되며, 입력대상 자료에 다른 형태의 자료가 포함되어 있거나 딸림 자료가 있는 경우에 사용한다.
/00 - 자료형태

a - 도서　　b - 인쇄된 악보
d - 필사본 악보　　e - 인쇄된 지도
f - 필사본 지도　　g - 영사자료
i - 녹음자료(음악 이외)　　j - 녹음자료 : 음악

k - 평면비영사 그래픽　　m - 컴퓨터파일
o - 키트　　p - 혼합자료
r - 입체자료 및 실물　　s - 연속간행물
t - 필사본 언어자료

/01-17

위의 각 자료 카테고리별로 정의된 008/10-34의 부호와 동일하게 사용

007 형태기술필드
(Physical Description Fixed General information)

형태기술필드는 자료의 형태사항에 관한 상세한 정보를 부호로써 알려주기 위한 필드이다.

008 부호화 정보필드

부호화정보필드는 40자리의 고정된 필드로서 레코드 전반 및 서지적인 특성에 대한 정보를 데이터관리 및 검색에 편리하도록 부호화하여 나타낸다. 지시기호, 식별기호는 사용하지 않으며 입력되는 정보는 다음과 같다.

/00-05 입력일자

해당 자료가 최초로 입력되는 일자를 여섯 자리로 표시하며, 처음 두 자리는 연도를 나타내고 나머지 네 자리는 월과 일을 각각 두자리씩 나누어 나타낸다.

/06 발행년 유형부호

발행년 유형부호는 알파벳 한 자리로 표시하며 뒤이어 기술되는 발행년 1(07-10), 발행년 2(11 - 14)에 따라 결정된다. 발행년 유형과 발행년 1, 발행년 2에 입력되는 연도와의 관계는 다음과 같다.

c = 판권연도　　m = 복수연도
n = 발행연도 미상　q = 추정연도
r = 복간연도　　s = 단일연도

/07-10 발행년 1

발행년 1은 네 자리로 표시하며 발행년 유형에서 정의된 내용에 따라 나타난다.

/11-14 발행년 2

발행년 2는 네 자리로 표시하며 발행년 유형에서 정의된 내용에 따라 나타낸다.

/15-17 발행국명

발행국명은 세 자리로 표시하며 해당 자료가 발행된 국가의 부호를 기술한다.

/18-21 삽도표시

삽도표시는 네 자리로 표시하며 한 자리로 정해진 부호에 의해 4종류까지 나타낼 수 있다. 만일 삽도표시 부호가 네 자리에 미치지 못한 경우에는 좌측으로 맞추고 나머지는 빈칸으로 채운다. 삽도표시 부호가 4개 이상일 경우에는 중요한 삽도표시부호 4개만을 선정하여 알파벳순에 의해 기술한다. 사용되는 부호는 다음과 같다.

ƀ - 삽도표시가 없을 때	a - 삽도
b - 지도	c - 초상화(인물사진)
d - 차트	e - 설계도
f - 도판(특수매수에 한함)	g - 악보
h - 팩시밀리(Facsimile)	i - (가문의 문장)
j - 연대표, 연보	k - 서식 및 양식
l - 견본(실물견본)	m - 음반
n - 수표	o - 사진

/22 이용대상자 수준

이용대상자 수준은 한 자리로 표시하며 자료를 이용하는 대상자를 나타낸다. 사용되는 부호는 다음과 같다.

b - 일반이용자용	j - 아동용

/23 자료식별표시

자료식별표시는 한 자리로 표시하며 자료의 형태를 나타낸다. 사용되는 부호는 다음과 같다.

ƀ - 해당없음	a - 마이크로필름
b - 마이크로피시	
d - 큰활자인쇄자료	f - 점자자료
r - 복제자료	

/24-25 내용형식

내용형식은 두 자리로 표시하며 자료의 전체 또는 주요부분이 정의된 내용형식 부호에 해당하는 경우에 한하여 나타낸다. 만일 내용형식부호가 두 자리에 미치지 못할 경우에는 좌측으로 맞추고 나머지는 빈칸으로 채운다.

내용형식부호가 2개 이상일 경우에는 중요한 내용형식부호 2개만을 선정하여 알파벳순에 의해 기술한다. 사용되는 부호는 다음과 같다.

ɓ - 해당사항 없음	a - 초록
b - 서지	c - 책자목록
d - 사전	e - 백과사전
f - 편람	i - 색인
j - 족보	k - 음반해설서
l - 법령집	n - 분야별 문학 분석서
o - 평론	p - 프로그램 텍스트
q - 필름해설서	r - 명감
s - 통계	t - 기술보고서
v - 판결 및 판례집	x - 만화집
y - 연감	

/26-27 한국대학부호

한국대학부호는 두 자리로 표시하며 대학에서 간행한 자료에 대하여 기술한다. 해당사항이 없을 경우 빈칸으로 둔다.

/28 수정레코드

수정레코드는 한 자리로 표시하며 레코드 생성시 서지정보의 일부분이 단축되었거나, 입력이 불가능한 특수문자 수학기호 부호 등이 생략된 경우 서지정보의 일부 또는 전부를 기계적 제한으로 인하여 한글로 풀어서 입력하는 등 데이터의 단축 또는 변형이 발생하였을 때 그 유형을 나타낸다. 사용되는 부호는 다음과 같다.

ɓ - 변형없음
b - 한글고어나 특수문자를 빈칸으로 입력한 경우
h - 한자를 한글로 입력한 경우]
r - 로마자 이외의 문자를 로마자로 입력한 경우
s - 레코드의 단축
x - 한자 이외의 외국문자를 한글로 입력한 경우

/29 회의간행물

회의간행물은 한 자리로 표시하며 해당 자료가 어떤 회의의 회의록, 보고서, 요약문인지 여부를 나타낸다.
사용되는 부호는 다음과 같다.

0 - 회의간행물이 아님　　　　1 - 회의간행물임

/30 기념논문집

기념논문집은 한 자리로 표시하며 해당 자료가 기념논문집인지 여부를 나타낸다. 사용되는 부호는 다음과 같다.

0 - 기념논문집이 아님　　　　1 - 기념논문집임

/31 색인

색인은 한 자리로 표시하며 해당 자료가 색인을 포함하고 있는지 여부를 나타낸다. 사용되는 부호는 다음과 같다.

0 - 색인이 없음　　　　1 - 색인이 있음

/32 목록전거

목록전거는 한 자리로 표시하며 입력된 어떤 목록에 따라 편성된 것인지를 나타낸다. 사용되는 부호는 다음과 같다.

ƀ - 국립중앙도서관　　　　a - 자관
c - 협력기관(국립중앙도서관 이외)
d - 기타 기관

/33 문학형식

문학형식은 한 자리로 표시하며 해당 자료가 문학작품인 경우에 그 형식을 나타낸다. 사용되는 부호는 다음과 같다.

ƀ - 해당없음　　　　d - 희곡 및 시나리오
e - 수필　　　　f - 소설
h - 풍자문학(만화는 제외)　　　　i - 서간문학
j - 단편소설(꽁트 포함)　　　　k - 추리소설
l - 논픽션(르뽀, 다큐멘터리 소설 포함)
m - 기행문, 일기문, 수기 등　　　　p - 시
s - 연설문, 웅변관계저작포함　　　　t - 논설문
u - 평론　　　　v - 문집
w - 향가, 시조, 가사, 구비문학

/34 전기

전기는 한자리로 표시하며 해당 자료가 전기물인 경우에 그 전기적 특성을 나타낸다. 사용되는 부호는 다음과 같다.

ƀ - 해당없음　　　　a - 자서전
b - 개인전기서　　　　c - 저기물의 합저서
d - 전기적 정보가 포함된 자료

/35-37 언어부호
언어부호는 세 자리로 표시하며 당해 저작에 사용된 언어를 부호로서 나타낸다. 저작이 하나 이상의 언어로 쓰여진 것이나 번역물일 경우에는 으뜸이 되는 언어부를 이 자리에 나타내고 기타의 언어부호는 가변길이 필드인 표시기호 041에 기술한다.
/38-39 한국정부기관부호
한국정보기관 부호는 두 자리로 표시하며 한국정부기관에서 간행한 자료에 대하여 기술한다. 해당 사항이 없으면 빈칸을 허용한다.

2.4 데이터필드(Data Field)

KORMARC의 실제 적용하는 예와 아울러 각 요소의 표시기호를 살펴보면 크게 네 부분으로 나눌 수 있다. 첫째 제어번호를 뜻하는 0XX로 시작되는 필드와 두 번쌔 표목부를 나타내는 필드 그리고 세 번째로 일반사항을 기술하는 부분, 네 번째로 지시기호를 나타내는 부분을 나누고 있다.
로컬필드를 기술하는 부분은 9XX필드이다.
이중 표목을 나타내는 부분은 네 부분으로 요약될 수 있다. 첫째 기본표목을 나타내는 1XX필드와 주제명부출표목을 나타내는 6XX 필드 부분과 부출표목을 나타내는 7XX필드 그리고 총서명부출표목을 나타내는 8XX필드로 나누고 있다.

 1 0XX필드

010 미국국회도서관제어번호
이 필드는 미국국회도서관에서 부여한 제어번호로서, USMARC 레코드의 제어번호를 기술한다.

012 국립중앙도서관제어번호
이 필드는 국립중앙도서관에서 서지레코드인 KORMARC에 부여한 제어번호를 기술한다.

020 국제표준도서번호

이 필드에는 국제표준도서번호(ISBN)와 가격 그리고 잘못된 ISBN번호를 기술하는 곳 이다.

식별기호를 살펴보면 $a에 국제표준도서번호 $c에 가격 $g에 부가 기호 $z에 사용되지 않는 ISBN번호가 기술된다.

022 국제표준연속간행물번호

이 필드에는 국제표준연속간행물번호(ISSN)을 기술하는 곳이다.

040 목록작성기관

이 필드에는 최초로 목록을 작성했거나 기존의 데이터를 수정하였거나 정정한 기관의 부호를 기술한다. 다만 동일한 기관에 의해서 연속해서 수정된 경우에는 한번 만 기술한다.

049 소장기호

이 필드에서는 해당 자료를 소장하고 있는 도서관의 부호와 소장자료의 등록번호, 권책기호, 복본번호, 별치기호 등을 기술한다.

050 미의회도서관 청구기호

미의회도서관 또는 미의회도서관 분류체계를 적용하는 기관에서 자료에 부여한 청구기호를 기술한다.

052 국립중앙도서관 청구기호

국립중앙도서관에서 부여한 청구기호를 기술하고, 국립중앙도서관 이외의 자관에서 부여한 청구기호는 090에 기술한다.

056 KDC 분류번호

082 DDC 분류번호

090 자관청구기호

이 필드에는 각각의 도서관에서 부여한 청구기호를 기술한다.

090 $a325$b□515

2 표목부

표목을 나타내는 부분은 네 부분으로 첫째 기본표목을 나타내는 1XX필드와 주제명부출표목을 나타내는 6XX필드 부분과 부출표목을 나타내는 7XX필드 그리고 총서명부출표목을 나타내는 8XX필드로 나누고 있다.

①기본표목

100 개인명

이 필드에는 개인명이 기본표목으로 채택될 경우에 개인명을 기술하는 곳이다.

1001 $a이상렬

24510$a인터넷유틸리티활용론 /$d이상렬 저

110 단체명

이 필드에서는 단체명이 기본기입으로 채택될 경우에 사용한다.

1001 $a재정경제부

24510$a국민주택정책에 관한 연구 /$d재정경제부

111 회의명

이 필드에서는 회의명이 기본기입으로 채택될 경우에 사용한다.

111 $a제72차 IFLA대회$d2006$c서울

130 통일서명

이 필드는 통일서명이 기본표목으로 채택될 경우에 사용한다. 통일서명은 특정 저작의 판이나 번역서 등이 여러 가지 다른 서명으로 나타날 때 하나의 서명을 기본표목으로 선정, 이 저작의 레코드를 한 자리에 모으기 위하여 사용한다.

130 $a홍길동전

130 $a성서.$p구약.$1한국어

② 주제명부출표목(6XX)

600 주제명부출표목 개인명

이 필드에서는 개인명이 주제명부출표목으로 채택될 경우에 이를 기술한다.

24510$a주제별학술정보검색론, $n 2 / $d이상렬 저

260 $a서울 :$b에듀컨텐츠,$c2004

300 $a561p. ; $c26cm

60014$a이상렬

60014$a노동조

60014$a박현주

610 주제명부출 단체명

이 필드에는 단체명이 주제명부출표목으로 채택될 경우에 이를 기술한다.

611 주제명부출표목 회의명

회의명이 주제명부출표목으로 채택될 경우에 기술한다.

611 4$a2006서울세계도서관정보대회$d(2006:$c서울)$x보고서

630 주제명부출표목 통일서명

이 필드는 통일서명이 주제명부출표목으로 사용될 경우에 사용한다.

360 4$a성경.$p신약

650 주제명부출표목 일반주제명

이 필드에는 보통명사 또는 복합명사가 주제명부출표목으로 채택될 경우에 기술한다.

650 4$a음악$b대중가요$y1900-1930

651 주제명부출표목 지명(地名)

이 필드에는 지명이 주제명부출표목으로 채택될 경우에 기술한다.

1001 $a홍길동
24510$a한・일 무역관계론 /$d홍길동 저
260 $a서울 :$b한일문학사,$c2006
300 $a516p. :$b삽도; $c23cm
651 $a한국
651 $a미국$x무역
653 $a무역관계

653 비통제주제명

이 필드는 주제명표목표, 시소러스, 전거파일 등에 의해 통제를 받지 않는 색인어가 주제명부출표목으로 채택될 경우에 기술한다.

③ 부출표목(7XX)

700 부출표목 개인명

개인명이 부출표목으로 채택될 경우에 이를 기술한다.

1001 $aTolstoi, Leo
24510$a똘스또이인생론 /$d똘스또이 저 ;$e박재삼 외역
260 $a서울 :$b삼정출판사,$c1971
300 $a8책 ;$c22cm
7001 $a똘스또이
7001 $a박재삼
7001 $a톨스토이

710 부출표목 단체명

단체명이 부출표목으로 채택될 경우에 이를 기술한다.

110 $a재정경제부
24510$a해외 상공회의소 조사분석,$n2006/ $d재정경제부
260 $a[서울] :$b재정경제부, $c2006

300 $a218p. ;$c26cm
653 $a상공회의소$a무역주재소
710 $a재경부

711 부출표목 회의명

이 필드에는 회의명이 부출표목으로 채택될 경우에 기술한다.

711 $a한국도서관정보학회 국제학술대회$d(2006:$c서울)

730 부출표목 통일서명

이 필드에는 통일서명이 부출표목으로 채택될 경우에 기술한다.

740 부출표목 본서명과 상이한 서명

이 필드에는 본서명과 다르게 부출되는 서명을 기술한다.

765 원저저록

이 필드에는 해당 자료가 번역본인 경우, 그 원저에 관한 사항을 기술한다.

24510$a인간의 굴레 /$d썸머셋 모음
7650 $aMaughanm, William Somerset.$t Human bondge

767 번역저록

이 필드에는 해당 자료가 원저로 번역본이 있는 경우, 그 번역본에 관한 사항을 기술한다.

24510$a하얀전쟁 /$d안정효
7670 $a Ann. Jeong Hyo.$tWhite badge

770 부록 및 특별저록

이 필드에는 해당 자료에 별도의 레코드가 작성되는 보유판, 별책부록, 특별호가 있는 경우에 그 사항을 기술한다.

772 모체레코드기록

이 필드에는 해당 자료가 보유판, 별책부록, 특별호일 경우 그

모체자료에 관한 사항을 기술한다.

24510$a현대 한국의 명저 100권 /$d동아일보사 편

772 $t신동아,$g2001년 1월호

773 기본자료저록

이 필드에는 해당 자료의 서지적수준이 단행본의 구성요소인 경우 기본자료에 관한 사항을 기술한다.

775 이판저록(異版著錄)

이 필드에는 해당 자료가 이용 가능한 다른 판본이 있는 경우 이에 관한 사항을 기술한다. 이용가능한 다른 판본에는 재판, 이판, 언어가 다른 판 등이 있다.

④ 총서명부출저록(8XX)

830 통일총서명

이 필드에는 490필드의 총서가 다르게 부출표목 되는 경우에 기술한다.

830 $a연구보고서(대외경제연구원);$v12

850 소장기관

890 변형문자표시

3 2XX

240 통일서명

이 필드에는 여러 가지 서명으로 출판된 자료를 한 곳에 모으기 위하여 특정서명을 통일서명으로 기술한다. 한 레코드 내에서는 표시기호 130(기본표목-통일서명)과 240을 중복 사용할 수 없다.

1001 $a김만중

240 $a사씨남정기

24510$a남정기 /$d김만중 저

통일서명이 240필드에 기술될 때에는 기본표목으로 100(개인명), 110(단체명) 또는 111(회의명)필드가 채택되어 있는 경우이다.

245 서명저자사항

이 필드에는 해당 자료의 서명저자사항을 기술한다. 서명저자사항은 서명, 저자명, 권차, 권차명으로 표시된다.

식별기호는 본서명은 $a는 사용하되 반복이 가능하다.

부서명은 :$b을 앞세워 사용하고 잡제는 :$c를 사용한다.

첫 번째 저자명은 /$d을 앞세워 기술하며 두 번째 이하 저자명은 ;$e을 앞세워 기술한다. $n은 권차표시이고 $p는 권차명이며 $x는 대등서명이다.

110 $a통일연구원
24510$a분단국 통합과 평화협정 /$d통일연구원 [편]
260 $a서울 :$b통일연구원,$c2001

250 판사항

이 필드에서는 해당 자료의 판차사항을 기술한다. 판표시와 당해판의 관련 저자표시로 구분하여 기술한다.

24510$a정보학연습 /$d이상렬
250 $a개정판 /$d이상렬

255 수치데이터사항

이 필드에는 축적, 도법과 경위도 등 지도 자료와 관련된 수치데이터를 기술한다. 식별기호로는 $a에는 축적표시, $b에는 도법을 표시한다.

255 $a축적 1:250,000;$b메카토르식투영도법

260 발행사항

이 필드에는 발행지, 발행자, 발행년 등 발행사항과 관련된 내용을 기술한다.

24510$a웹컨텐츠제작론 /$d이상렬 저
260 $a서울 :$b에듀컨텐츠,$c2005

300　$a323p. ;$c26cm

263 발행예정일자

자료의 발행예정일자를 기술한다. 자료가 발행되기 전에 CIP 프로그램의 일부로서 목록이 작성된 경우에 사용된다.

이 필드는 해당 자료가 발행·입수되어 완전한 서지데이터가 입력되는 시점에서 삭제된다.

4 3XX

300 형태사항

이 필드에는 해당 자료의 페이지, 권수, 삽도, 크기와 딸림자료 등을 기술 한다.

식별기호

$a페이지(면장수)와 권책수를 기술한다. $a123p.

$b삽도를 기술하는 곳으로 ;(콜론)을 앞세워 기술한다.:$b삽도

$c크기는 ;(세미콜론)을 앞세워 기술한다.;$c26cm

$d장정(동장본에 한하여 '동장'이라 기술하며 양장본은 기술하지 않는다)

$e딸림자료를 기술하는 곳으로 +(덧셈표)를 앞세워 기술한다.

1101 $a노동조
24510$a인터넷 정보검색사 /$d노동조 ;$e이상렬 공저
260　$a서울 :$b에듀컨텐츠,$c2003
300　$a책(면수복잡). :$b삽도 ;$c26cm+$eCD-ROM1장

5 4XX

440 총서사항/ 부출표목

이 필드에는 총서명이 그 자체로서만 부출되는 경우에 기술하고, 다르게 부출되는 경우에는 490Tag에서 처리된다. 이 필드에 기술되는 총서명 및 하위서명은 총서명부출표목이 된다.

440　$a한국문헌정보학특강 ;$v1.$a전자도서관 특강

490 총서사항/ 부출되지 않거나 다르게 부출되는 총서명

이 필드에는 부출되지 않는 총서명이나 다르게 부출되어야 할 총서명을 기술하며 다르게 부출되는 총서명은 830Tag에 기술한다.

490 $a연구보고서

830 $a연구보고서(대외경제연구원)

6 5XX

500 일반주기사항

이 필드에는 표시기호 501부터 580까지의 주기사항에 해당되지 않는 사항을 기술한다.

501 합철주기

이 필드에는 자료가 몇 개의 저작을 함께 묶는 합철본인 경우에 함께 묶어 저자의 서명, 저자명, 발행사항 등을 기술한다.

502 학위논문주기

이 필드에는 자료가 학위논문인 경우 학위수여 대학명, 전공학과명, 학위수여년도 등을 기술한다.

502 $a학위논문(석사)$b성균관대학교 :$c문헌정보학과,$d1996

503 서지내력주기

다른 저작과 관계 및 동일저작의 다른 판들과의 관계를 기술한다. 전편, 후편, 속편, 개정판, 요약, 각색 등이 이에 해당된다.

503 $a초판은 1968년에 발행됨.

504 서지주기

이 필드에는 자료의 참고자료목록이나 인용자료 목록이 수록되어 있는 경우 그 사항을 기술한다.

504 $a참고문헌 :pp.332-335

505 내용주기

이 필드에는 해당 자료의 내용을 기술한다.

506 사용제한주기

이 필드에는 자료를 이용하는데 제한이 있는 경우, 그 사용제한에 관한 내용을 기술한다.

506 $a대외비

507 원저자 원서명주기

이 필드에는 번역자료의 원저자명과 원서명을 기술한다.

508 인용주기

이 필드에는 자료가 해제지나 초록지에 수록되고 있는 경우, 수록된 해제지나 초록지에 관한 사항을 기술한다.

510 $a한국박사및석사학위논문총목록(1999)

520 요약, 초록, 해제주기

해당 자료의 해체, 초록, 요약이 있는 경우에 기술한다.

520 $aAbstract :

521 이용대상자주기

이 필드에는 자료가 수록한 이용자층을 고려하여 발간된 경우, 그 이용 대상자를 기술한다.

521 $a초등학생용

521 $a유아용

533 복제주기

이 필드에는 입력하고자 하는 자료가 복제물이 있는 경우, 그에 관한 사항을 기술한다.

533 $a마이크로필름

534 원본주기

이 필드에는 입력하고자 하는 자료가 복제물인 경우 그 원본에 관한 사항을 기술한다.

534 $p원본출판사항

536 기금정보주기

이 필드에는 자료가 단체의 후원으로 또는 연구비를 받아 발간된 경우, 그 후원단체나 연구비에 대한 사항을 기술한다.

536 $a학술진흥재단 연구기금에 의해 출판됨

580 연관저록

이 필드는 다른 레코드와의 복합적인 관계를 자유스런 형식으로 표현하는 주기로서, 연관저록필드(765-787)에 기술된 자료에 종속된 경우에만 기술한다. 580필드를 사용하는 경우에는 반드시 관련 자료의 저록을 765-787에 기술하여야 한다.

586 수상주기

이 필드에는 해당 자료의 수상(受賞)에 관한 사항을 기술한다.

586 $a노벨평화상

7 9XX

900 로컬표목 - 개인명

이 필드에는 표목으로 채택된 개인명과 다르게 부출할 개인명을 기술한다.

1001 $a미우라 아야코
90011$a삼포능자
90010$aKennedy, John F.

910 로컬표목 - 단체명

이 필드에는 표목으로 채택된 단체명과 다르게 부출한 단체명을 기술한다.

911 로컬표목 - 회의명

이 필드에는 표목으로 채택된 회의명과 다르게 부출할 회의명을 기술한다.

930 로컬표목 - 통일서명

이 필드에는 표목으로 채택된 통일서명과 다르게 부출할 통일서명을 기술한다.

940 로컬표목 - 서명

이 필드에는 표목으로 채택된 서명과 다르게 부출할 서명을 기술한다.

24510$WebContents 구축론
940 $a웹컨텐츠 구축론

949 로컬표목 - 총서명

이 필드에는 표목으로 채택된 총서명과 다르게 부출할 총서명을 기술한다.

440 $aB&B 수험서 시리즈
949 $a비엔비 수험시 시리즈

950 가격

이 필드에는 자료에 나타나 있는 가격을 기술한다. 비매품이나 가격을 알 수 없는 자료의 경우 가격을 기술할 필요성이 있는 자료일 경우 해당 도서관의 규정에 의하여 가격을 산출하여 기술할 수 있다.

950 0$b₩12,000
950 1$a비매품$b₩12,000
950 1$a가격불명$b₩12,000

Note

Part 4

전자도서관과 인터넷

Contents

Part 4

한국문헌정보학특강; 1

전자도서관 특강

Chapter 11

통신 프로토콜

통신 프로토콜

Section 1 통신 프로토콜의 개요

1.1 프로토콜의 개념

① 프로토콜(protocol)은 통신을 원하는 두 개체사이에 무엇을, 어떻게, 언제 통신할 것인가를 서로 약속한 것으로, 안정된 통신을 위한 일련의 절차나 규범이 되는 통신규약이다.

② 프로토콜의 기본요소는 다음과 같다.

요소	내용
구문(Syntax)	데이터의 형식, 코딩(coding) 및 신호레벨(Signal level) 등을 규정
의미(Semantic)	전송과정에서 필요한 조정(Coordination)과 오류 관리 제어 정보 규정
타이밍(timing)	접속 요소사이의 통신속도, 메시지 순서제어 규정

1.2 프로토콜 제정기관

① **ISO(International Standards Organization)**
OSI 참조모델과 OSI 프로토콜에 관련한 업무를 담당

② **ANSI(American National Standards Organization)**
미국 내 표준을 제정, ISO의 회원이며 FDDI 표준을 정한 기관

③ **EIA(Electronic Industries Organization)**
전기 전송 표준을 제정

④ **IEEE(Institute of Electrical and Electronic Engineers)**

LAN의 접속 규격과 처리에 대한 표준 제정

⑤ **ITU-T(International Telecommunications Union-Telecommunications Sector)**
통신접속 인터페이스의 표준 제정
디지털 전송을 위한 X.xx 표준과 아날로그 전송을 위한 V.xx 표준 제시

⑥ **IAB(Internet Activities Board)**
RFC, TCP/IP, SNMP 등을 인터넷의 표준으로 선정

⑦ **NIST(National Institute of Standards and Technology)**
i) 암호 알고리즘인 DES(Data Encryption Standard) 개발
ii) OSI 표준 중에서 상위계층의 표준 제정

Section 2 OSI 참조모델

2.1 OSI 참조모델의 개요

① 1977년 ISO(국제표준기구)가 제정
② 전체 7계층(layer)으로 구성(Open Systems Interconnection Reference Model 7 Layer)
③ 개방형 시스템간의 호환성 보장을 위한 네트워크 프로그래밍의 표준안
④ 각 계층은 데이터 송·수신에 필요한 부분적인 기능을 담당
⑤ 각 계층은 바로 상위계층이나 하위계층끼리만 제한적 통신

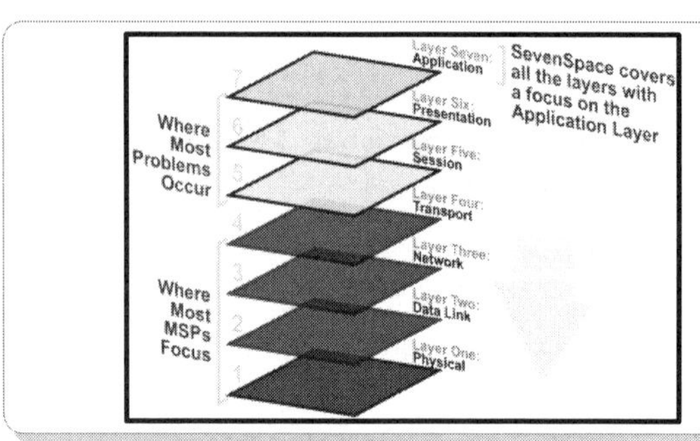

제 7 계층	응용 계층(application)	상위 계층	데이터 내용 분석, 처리
제 6 계층	표현 계층(presentation)		
제 5 계층	세션 계층(session)		
제 4 계층	트랜스포트 계층(transport)	하위 계층	송· 수신자가 직접 연관된 종단사이(end-to-end)의 데이터 전송서비스
제 3 계층	네트워크 계층(network)		
제 2 계층	데이타 링크 계층(data link)		
제 1 계층	물리 계층(physical)		

2.2 OSI 7계층

2.2.1 물리 계층(Layer 1: Physical Layer)

① 물리적 매체를 통해 비구조화된 비트열이 어떻게 전송되는가에 관여

② 물리적인 네트워크의 기계적, 전기적, 기능적, 절차상의 특성을 취급

③ 기계적인 측면(케이블 및 접속 장치)과 전기적인 측면(전압, 신호를 변조하는 기술)을 포함한 컴퓨터와 네트워크 사이의 물리적인 연결을 정의

④ 네트워크 토폴로지의 정의

2.2.2 데이터 링크 계층(Layer 2: Data Link Layer)

① 시스템간의 번지수를 지정하여 정확한 데이터 송수신 제공

② 동기화(synchronization), 에러 제어, 흐름 제어에 필요한 데이터 전송
③ 컴퓨터가 메시지를 주고 받기 위한 프로토콜 정의
④ 물리적인 연결을 통하여 두 장치간의 신뢰성있는 정보 전송
⑤ ethernet, token ring, FDDI, ATM, PPP(WAN protocol)
⑥ Media-dependent
⑦ 신뢰성없는 전송채널을 신뢰성있는 채널로 변환함(에러 체크 기능이 포함된 데이타 블록을 전송함, 에러 검출과 확인 응답에 따른 재전송을 사용함)

2.2.3 네트워크 계층(Layer 3: Network Layer)

① 시스템을 연결하는데 사용되는 데이터 전송 및 스위칭 기술이 상위 계층과 독립성 유지
② 프로토콜, 펌 웨어의 통신, 처리 및 데이터 관리, 종료 담당, 주소 지정, 경로 선정 및 망기능 선택을 관리
③ 패킷이 어느 경로로 전송되는지 정의(routing)
④ 패킷 흐름 통제, 안정적 선로 추적, 패킷을 특정 노드에서부터 다른 노드로 전달
⑤ IP, IPX, Appletalk, DECnet, NetBEUI, SNA, APPC
⑥ Media-independent
⑦ 네트워크를 통하여 데이터 패킷을 전송함(경로 제어와 통신량 제어를 수행)

2.2.4 전송 계층(Layer 4: Transport Layer)

① 두 컴퓨터 간에 신뢰성있는 데이터 전송을 제공
② 송수신 시스템간 논리적 안정과 균일한 서비스 제공
③ 네트워크상에서 물리적인 위치를 찾는 방법과 노드간의 연결을 확립하고 끊는 방법을 정의
④ 전송을 위한 패킷형태로 변환되거나 반대로 수신되는 패킷이 메시지로 변환
⑤ 인증과 패킷 배열(packet squencing)
⑥ TCP, UDP, SPX
⑦ 통신의 양단간에 신뢰성 있고 투명한 데이터 전송을 제공(양단간의 에러 제어와 통신량 제어, 다중화 기능 등을

수행)

2.2.5 세션 계층(Layer 5: Session Layer)

① 사용자간의 커뮤니케이션이나 사용자와 호스트간의 커뮤니케이션 관리
② 응용 프로그램 사이에 통신제어 구조 제공
③ 응용 프로그램의 통신 성립, 처리 및 데이터 관리, 종료 방법 정의
④ 장비들이 네트워크 주소 대신 이름으로 인식되도록 제공
⑤ 프로세스간의 대화 연결을 확립, 관리, 단절시키는 수단을 제공

2.2.6 표현 계층(Layer 6: Presentation Layer)

① 응용 프로그램의 처리와 데이터 표현방식을 처리
② 어플리케이션이 네트워크로 들어가는 방법과 네트워크상에서 데이터를 전송하기 위해 생산되고 소비되는 형태를 번역하는 방법의 정의
③ 데이터의 포맷 결정
④ 데이터를 사용자가 볼 수 있는 글자나 데이터 형식으로 전환
⑤ 표준화된 응용 접속과 공통으로 이해할 수 있는 정보를 제공하기 위하여 데이터에 유용한 변화를 가함(암호화, 내용 압축, 형식 변환, 가상 터미널 프로토콜(VTP))

2.2.7 응용 계층(Layer 7: Application Layer)

① 사용자에게 OSI 환경에 대한 접근과 분산정보 서비스 제공
② 전자우편 및 네트워크 유틸리티가 존재하는 계층
③ 클라이언트가 인터넷 사용을 위한 어플리케이션을 작동하는 바로 이전 단계
④ 사용자의 응용 프로그램에 대부분 할당
⑤ 사용자의 네트워크 응용 서비스를 제공(트랜잭션 서비스, FTP, 네트워크 관리, 전문서비스)

Section 3 TCP/IP

3.1 TCP/IP의 개요

① Transmission Control Protocol/Internet Protocol의 약어
② 네트워크 시스템간의 데이터 전송을 위해 인터넷에서 사용되는 표준 프로토콜
③ 1982년 BSD(Berkely Software Distribution) 계열의 유닉스 운영체제에서 최종 결정 사양으로 공급시작
④ 초기에는 NCP(Network Control Program) 사용되다가, 1983년부터 TCP/IP 사용
⑤ 장점 : 신뢰성과 호환성이 높음, 다양한 용도로 사용

3.2 TCP/IP의 4계층

3.2.1 링크 계층

① LAN 카드, 모뎀 등의 하드웨어적 장치와 IP 주소나 DNS 등을 인식하는 과정
② OSI의 물리계층과 데이터링크 계층이 해당
③ 이더넷, 토큰링, X.25 등

3.2.2 네트워크 계층

① 최단 데이터 전송경로를 찾아내는 Router
② OSI의 네트워크 계층이 해당
③ IP, ICMP, IGMP, ARP, RARP 등

3.2.3 전송 계층

① 데이터 송/수신시의 에러 검출
② OSI의 전송계층이 해당
③ TCP, UDP 등

3.2.4 응용 계층

① 인터넷 응용 프로그램
② OSI의 세션 계층, 표현 계층, 응용 계층이 해당
③ FTP, TELNET, HTTP, SMTP, NNTP, SNMP, DNS 등

3.3 계층별 주요 프로토콜

3.3.1 네트워크 계층

① IP(Internet Protocol)

i) 송신된 데이터가 수신측에 도착하도록 지원하는 프로토콜
ii) 호스트의 IP 주소 지정
iii) 데이터를 실제 전송하는 역할을 라우팅(routing)이라 함
iv) 수신지로 데이터를 전달하는 하는 역할만하므로 신뢰성이 보장 안됨
v) 비연결형(Connectionless) 프로토콜
vi) 최대 패킷 크기는 65,535byte

② ICMP(Internet Control Message Protocol)

i) 호스트 서버와 인터넷 게이트웨이 사이에서 메시지를 제어하고 에러를 알려주는 프로토콜
ii) ping 명령어는 인터넷 접속을 테스트하기 위해 ICMP 사용

③ **ARP(Address Resolution Protocol)**

i) 주소결정 프로토콜

ii) IP 네트워크상에서 IP 주소를 물리적 네트워크 주소로 대응시키기 위해 사용되는 프로토콜

iii) 물리적 네트워크 주소는 이더넷 또는 토큰링의 48 bits 네트워크 카드 주소

④ **RARP(Reverse Address Resolution Protocol)**

물리적 주소를 IP 주소로 변환시키는 프로토콜

3.3.2 전송 계층

① **UDP(User Datagram Protocol)**

i) IP를 사용하는 네트워크 내에서 컴퓨터간에 메시지가 교환될 때 제한된 서비스만을 제공하는 통신 프로토콜

ii) 고속의 안정성 있는 전송 매체를 사용하여 빠른 전송에 사용

iii) 가상선로 미제공, 블록 단위 전송

iv) TCP와 함께 전송 계층에 속하지만 비연결 프로토콜로 TCP와는 다르게 전송 데이터에 대한 전송 확인이나 신뢰성에 대한 고려가 없음

② **TCP(Transmission Control Protocol)**

i) 1983년부터 인터넷에서 사용되기 시작한 프로토콜

ii) 송수신간의 신뢰할 수 있는 전송을 책임지는 연결형(Connection)프로토콜

iii) 동시 양방향 전송이 가능하도록 가상선로(virtual circuit)를 사용

iv) 신뢰성 확보를 위하여 전송오류 감지 및 복구 지원

v) 기초 데이터 전송, 흐름 제어, 다중 송신기능

vi) 대부분의 인터넷 응용 프로토콜이 TCP 기반

③ **NetBEUI(NetBIOS Extended User Interface)**

1980년대 IBM에서 OS/2와 LAN Manager를 지원하기

위해 만든 프로토콜

④ **IPX/SPX**

i) IPX(Internetwork Packet Exchange) : 데이터그램 또는 패킷 프로토콜, 패킷 교환 중에 커넥션이 계속 유지될 필요가 없는 비연결형 프로토콜

ii) SPX(Sequenced Packet Exchange) : 패킷의 수신통보를 관리

iii) 모두 TCP/IP를 LAN 환경에서 적합하도록 변형한 프로토콜

3.3.3 응용 계층

① **FTP(File Transfer Protocol)**

클라이언트와 서버간의 파일을 송·수신하도록 해 주는 프로토콜

② **Telnet**

원격지에 있는 서버에 접속할 수 있는 프로토콜

③ **SMTP(Simple Mail Transfer Protocol)**

전자메일 전송(Outcoming) 프로토콜

④ **POP(Post Office Protocol)**

전자메일 수신(Incoming) 프로토콜

⑤ **NNTP(Network News Transfer Protocol)**

유즈넷 뉴스그룹 상에 올려진 글들을 관리하기 위해 사용되는 프로토콜

⑥ **HTTP(HyperText Transfer Protocol)**

웹 서버와 클라이언트 사이에 하이퍼텍스트를 전송하기 위한 프로토콜

⑦ **SNMP(Simple Network Management Protocol)**

네트워크 관리 및 네트웍 장치와 그들의 동작을 감시, 통

제하는 프로토콜

⑧ **DNS(Domain Name Service)**
인터넷 도메인 이름들의 위치를 알아내기 위한 IP 주소로 바꾸어주는 시스템

⑨ **NFS(Network File System)**
원격지의 컴퓨터에 있는 파일을 마치 자신의 컴퓨터에 있는 것처럼 공유할 수 있는 서비스

OSI 7 계층과 TCP/IP 4 계층 비교

OSI 7계층 참조모델		TCP/IP
7 계층	응용 계층	응용 계층 (FTP, TELNET, HTTP, SMTP 등)
6 계층	표현 계층	
5 계층	세션 계층	
4 계층	전송 계층	전송 계층 (TCP, UDP)
3 계층	네트워크 계층	네트워크 계층(IP, ICMP, IGMP)
2 계층	데이터링크 계층	링크 계층 (이더넷, 토큰버스, 토큰링, FDDI, ATM 등)
1 계층	물리계층	

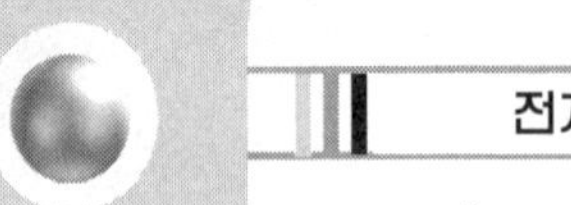

Note

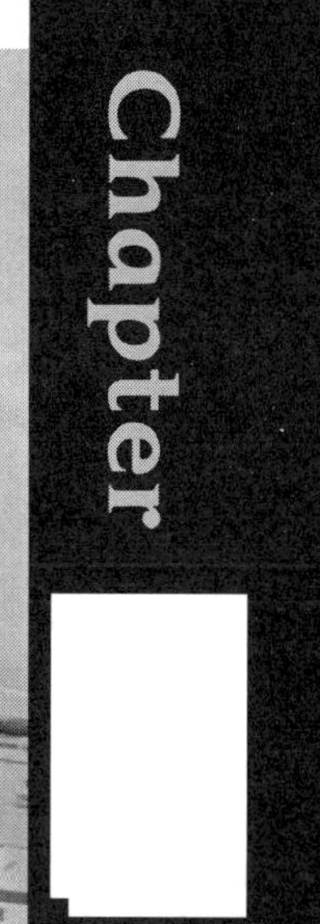

Chapter

12

인터넷 주소체계

Section 1 IP 주소

1.1 IP 주소의 개념

IP 주소(IP Address)란 인터넷에 연결된 컴퓨터(호스트)가 가지는 유일한 고유 숫자로 표현된 주소를 의미한다. 인터넷에서 데이터를 목적지까지 올바르게 송신하려면 반드시 한 컴퓨터에 고유(unique) 주소를 하나만 가지고 있어야 한다. 즉, IP 주소는 인터넷에 연결된 모든 호스트 컴퓨터에 부여되는 숫자로 된 고유 주소로서, 인터넷상에서 만일 두 대의 컴퓨터가 같은 주소를 가진다면, 데이터를 주고받을 때 큰 혼란이 발생하게 된다. 이 때문에 인터넷 주소는 국가별 NIC에서 체계적으로 주소를 할당, 등록 및 관리하는 업무를 담당하고 있다.

현재 사용되고 있는 IP 주소는 IPv4 체계로 형성되어 있으며, 앞으로는 이를 확장한 IPv6 체계로 발전할 전망이다.

1.2 IP 주소의 기본구조

IP 주소는 32비트 체계인데, 8bit씩 4개의 필드(Field)로 구성되어 있다. 이를 4-octet이라고 하는데, 1-octet이 8bit(=1byte)에 해당하므로 4(field)×8(bit)이기 때문에 32비트의 주소체계가 되는 것이다. IP 주소는 IP 번호(IP Number)라고도 한다.

IP 주소는 10진수 형태로 된 4개의 영역이 "."(dot)로 구분된다. 이를 마침표로 구분된 4개의 10진수 숫자라는 의미로 dotted decimal 또는 dotted quad format이라 한다.

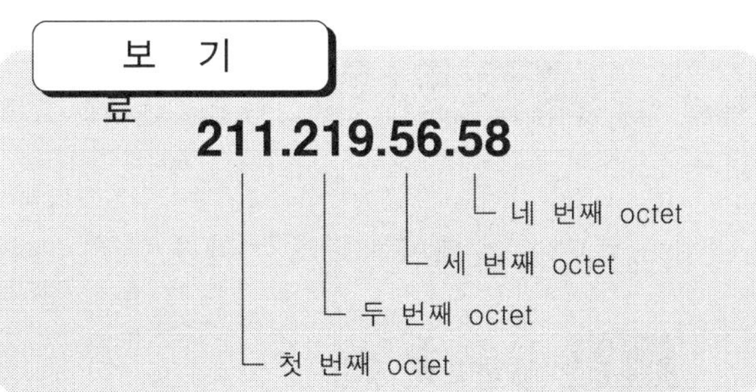

4개 필드는 각기 8비트씩 할당되므로, 하나의 Octet에는 2^8개(256개)가 배당되므로, 0~255까지 표현된다. 각 옥텟의 처음과 마지막 숫자인 0과 255는 대개 특수한 목적으로 사용되므로, 실제로 IP 주소로 구성 가능한 호스트의 수는 254개 정도로 보면 된다. 만약에 IP 주소가 256 이상이 적혀 있으면 분명히 틀린 표현인 것이다.

자신의 PC에서 IP 주소를 명령어 방식으로 확인해 보자.

IP 주소를 확인할 수 명령어는 ipconfig이다. ipconfig는 도스 명령어를 사용할 줄 알아야 한다.

ipconfig

DOS를 실행([WinKey]+R➡cmd)하여, 프롬프트에서 ipconfig를 입력하고 엔터키를 누른다.

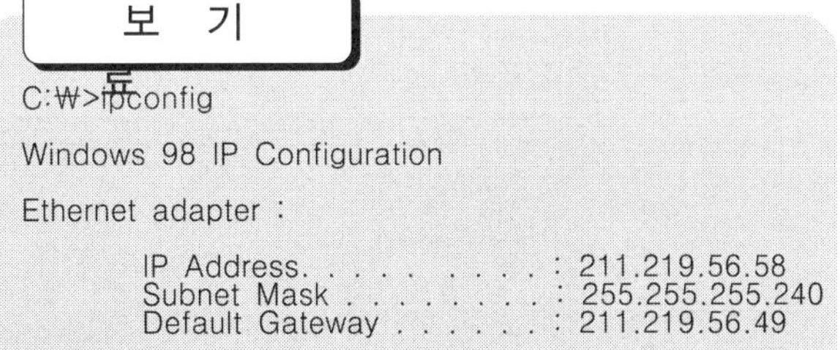
보 기

```
C:₩>ipconfig
Windows 98 IP Configuration
Ethernet adapter :

        IP Address. . . . . . . . . : 211.219.56.58
        Subnet Mask . . . . . . . . : 255.255.255.240
        Default Gateway . . . . . . : 211.219.56.49

C:₩>
```

참 고

- IP 주소 환경에 대해 자세히 알고 싶으면 'ipconfig/all' 이라고 입력한다.

1.3 IP 주소의 클래스 구분

IP 주소는 네트워크에 접속할 수 있는 컴퓨터 수에 따라 A 클래스(A 등급)에서 E 클래스(E 등급)까지 다섯 단계로 구분한다.

1.3.1 클래스의 종류

IP 주소는 가상으로 Net ID(네트워크에 배정된 것)와 Host ID(해당 컴퓨터 한 대에 배정된 것)로 구분된다.

클래스별로 IP 주소의 범주와 구성 가능한 호스트의 수는 다음과 같다.

클래스	IP	IP	bit	스
A 클래스	1.0.0.0 ~ 126.0.0.0	1~126	0 으로 시작	16,777,214개 (국가규모)
B 클래스	128.0.0.0 ~ 191.255.0.0	128~191	10 으로 시작	65,534개 (중/대규모)
C 클래스	192.0.0.0 ~ 223.255.255.0	192~223	110 으로 시작	254개 (소규모)
D 클래스	224.0.0.0 ~ 239.255.255.255	224~239	1110 으로 시작	멀티캐스트용
E 클래스	240.0.0.0 ~ 247.255.255.255	240~247	1111 으로 시작	예약

참 고

1 첫 번째 옥텟의 127 주소는 IP 주소로 사용할 수가 없고, 루프백(loopback)과 로컬 시스템의 내부 테스트용으로 예약되어 있다. 자신의 가상 인터페이스를 나타내는데 주소로 127.0.0.1을 사용한다.
2 DOS창에서 'ping 127.0.0.1'을 입력하여 보면 쉽게 이해가 될 것이다.

1.3.2 A 클래스

A 클래스의 주소 범주는 1.0.0.0~126.0.0.0(첫 옥텟이 1~126)이며, 최초 첫 단위의 IP만 확정받기 때문에, 256×256×256개(Host ID 24bit)의 IP 주소를 자유롭게 할당할 수 있다. 즉, 산술적으로는 16,777,216개의 호스트를 설치할 수 있지만, 실제로는 2개의 IP

주소가 예약(0과 127)되어 있으므로 16,777,214개의 호스트를 설치할 수 있다. A 클래스는 가장 많은 호스트를 가질 수 있는 대형 네트워크나 추가단위에 부여되나, 현재는 모두 배분된 상태이므로 여분이 없다.

A 클래스의 주소 길이는 다음과 같다.

0	네트워크 ID	호스트 ID
1 bit	7 bit	24 bit
1 Octet		3 Octet

첫 번째 옥텟의 최상위 비트는 0 이며, 7비트의 Net ID를 사용할 수 있다.

1.3.3 B 클래스

B 클래스의 주소 범주는 128.0.0.0~191.255.0.0(첫 옥텟이 128~191)이며, 앞쪽의 2개 단위까지의 IP가 고정되어 할당되므로 256×256개(Host ID 16bit)의 IP 주소를 자유로이 사용할 수 있다. 즉, 산술적으로는 65,536개의 호스트를 설치할 수 있지만, 실제로는 2개의 IP 주소가 예약(128.0과 191.255)되어 있어서 65,534개의 IP 주소를 사용할 수 있다.

B 클래스는 중대형 통신망에 할당되며, 현재 거의 포화상태에 있다.

B 클래스의 주소 길이는 다음과 같다.

10	네트워크 ID	호스트 ID
2 bit	14 bit	16 bit
2 Octet		2 Octet

첫 번째 옥텟의 최상위 비트는 10이며, 14비트의 Net ID를 사용할 수 있다.

1.3.4 C 클래스

C 클래스의 주소 범주는 192.0.0.0~223.255.255.0(첫 옥텟이 192~223)이며, 앞쪽의 3개 단위까지의 IP가 고정되어 할당되므로 해당 네트워크에서 256개(Host ID 8bit)의 IP 주소를 자유로이 사용할 수 있다. 즉, 산술적으로는 256개의 호스트를 설치할 수 있지만, 0(192.0.0)과 255(223.255.255)는 예약되어 있으므로 실제로는 254개의 IP 주소를 사용할 수 있다.

C 클래스는 회사나 단체 등의 소규모 통신망에 할당되고 있다. 현재 대부분의 기업이나 네트워크망은 C 클래스로 할당되고 있다.

C 클래스의 주소 길이는 다음과 같다.

110	네트워크 ID	호스트 ID
3 bit	21 bit	8 bit
3 Octet		1 Octet

1.3.5 D 클래스

D 클래스의 주소 범주는 224.0.0.0~239.255.255.255(첫 옥텟이 224~239)이며, 멀티캐스트(Multicast)를 위한 영역이다.

1.3.6 E 클래스

E 클래스의 주소 범주는 240.0.0.0~247.255.255.255(첫 옥텟이 240~255)이며, 미래의 사용을 위해서 유보한 클래스로서 실험 목적으로 활용된다.

1.4 서브넷(Subnet)

기본적으로 IP 주소는 네트워크 주소와 호스트 주소로 구성되어 있는데, 서브넷(Subnet)은 원래의 네트워크 주소를 확장하여 구성된 독립 네트워크를 의미한다. 일반적으로 서브넷은 하나의 네트워크 ID가 할당

된 네트워크를 여러 개의 세그먼트(Segment)로 분할한 것이다.

서브넷의 특징은 다음과 같다.

① **상호 다른 네트워크의 하드웨어를 통합할 수 있다.**
원칙적으로 네트워크내에서는 서로 다른 유형의 하드웨어 장비는 사용이 불가능한데, 이를 라우터를 이용해서 연결할 수가 있다.

② **브로드캐스팅의 문제점을 해결해 준다.**
하나의 세그먼트에 너무 많은 호스트들이 존재하면 브로드캐스팅에 의한 트래픽이 많이 발생하게 되는데, 이때 서브네팅(subneting)을 이용하면 세그먼트가 분리되어 그 만큼 트래픽에 의한 부하가 줄어든다.

서브넷의 장 · 단점

구분	내용
장점	단일 네트워크 주소를 사용하는 기관에서 업무 기능이나 지역적인 불일치 등으로 별도의 네트워크로 관리하고자 할 때 서브넷을 사용하면 서로 다른 네트워크 주소를 갖는 효과를 갖는다.
단점	단지 지역적으로만 인식되고 전체적인 인터넷에서는 표준 IP주소로 인식된다.

1.5 IPv6의 이해

1.5.1 IPv6의 개념

지금까지 설명한 IP 주소체계는 IPv4 주소체계를 기준한 것이다. 현재 32bit의 IPv4 주소체계는 할당할 주소가 거의 고갈된 상태이며, 인터넷 접속 컴퓨터의 급속한 증가로 인해 계층구조(Hierarchy)를 관리하기 어려운 실정이다.

IPv6는 IPv4 주소체계의 한계를 극복하고, 실시간으로 멀티미디어를 처리할 수 있는 기술을 제공하기 위해 개발된 128bit 주소체계의 차세대 인터넷 프로토콜(next generation protocol)이다.

IPv6의 공식명칭은 IPng(the Next Generation Internet

Protocol)이며, 1994년 7월에 IETF에 IPng Area Director 모임에 의해 RFC-1752로 추천되었고, 1994년 11월에 IESG에 의해 승인을 받았다.

IPv6는 ATM과 같은 초고속망 뿐만 아니라 무선망과 같은 저속 통신망에서도 효율적으로 동작하도록 설계되었고, 인터넷의 새로운 기능에 요구되는 인터넷 접속장치의 다양성을 수용하는 것도 고려하였다.

1.5.2 IPv6의 특징과 유형

IPv6는 128bit 주소체계로 16bit씩 8개 부문으로 나누며 각 부분은 콜론(colon, :)으로 구분된다. IPv6는 IPv4에서 10개의 필드로 되어 있던 헤더부분의 전체길이는 변하지 않으면서 6개로 줄어들게 하는 기술을 도입하여 헤더부분을 단순화시켰다.

IPv6의 주요 특징은 다음과 같다.

① 라우팅과 IP 주소의 지정기능이 확장되었다.
② 실시간 멀티미디어 데이터를 처리할 수 있는 광대역폭을 확장하였다.
③ Flow Label 영역을 통한 QoS(Quality of Service) 제어 기능을 지원하고 있다.
④ IP-SEC(Internet Protocol SECurity)는 인증, 보안 및 암호화 기능을 동시에 제공한다. 즉, IP-SEC를 적용하여 보안 대처 능력의 기술적, 물리적 한계를 극복하였다.

IPv6의 유형은 다음과 같다

유형	내용
유니캐스트 주소 (Unicast Address)	단일 인터페이스를 지정하며, 유니캐스트 주소로 보내진 패킷은 그 어드레스에 해당하는 인터페이스에 전달된다.
멀티캐스트 주소 (Multicast Address)	여러 노드들에 속한 인터페이스의 집합을 지정하며, Multicast 주소로 보내진 패킷은 그 어드레스에 해당하는 모든 인터페이스들에 전달된다.
애니캐스트 주소 (Anycast Address)	여러 노드들에 속한 인터페이스의 집합을 지정하며, 애니캐스트 주소로 보내진 패킷은 그 어드레스에 해당하는 여러 개의 인터페이스 중에서 하나의 인터페이스에 전달된다.

Section 2 도메인 네임

2.1 도메인 네임의 개념

도메인 네임(Domain Name)은 인터넷에 연결된 컴퓨터에 부여되는 고유한 문자형태의 주소를 의미한다.

도메인 네임의 장점은 컴퓨터의 이름과 IP 주소에 대응하는 중앙 집중식 파일에 의존하지 않아도 된다는 것이다. 도메인 네임의 처음은 컴퓨터 이름을 나타내고, 나머지는 고유의 계층적 체계로 유지되는 도메인(Domain)과 서브 도메인(Sub Domain)을 의미한다.

IP 주소는 211.219.56.58과 같이 숫자로 되어 있으므로 인터넷 이용자가 외우기 어렵고 혼동하기 쉽다. 그래서, IP 주소에 문자 이름을 대응시켜서 가독성이 높게 만든 것이 도메인 네임(Domain Name)이다. 따라서, 도메인 네임은 숫자로 되어 있는 컴퓨터 고유의 IP 주소에 대응되는 문자로 된 인터넷 주소를 뜻하기 때문에 별명(알리아스-Alias)의 성격을 지닌다.

2.2 국제 도메인 네임

인터넷상에 등록되어 사용되는 모든 도메인은 전세계가 공통적으로 규칙적인 주소체계하에서 생성되며, 각 국가별로는 해당 국가의 관리기관에 의해 체계적으로 부여되기 때문에 임의로 변경, 생성할 수가 없다.

도메인 네임은 역트리(Inverted Tree) 형태의 계층구조를 가진다.

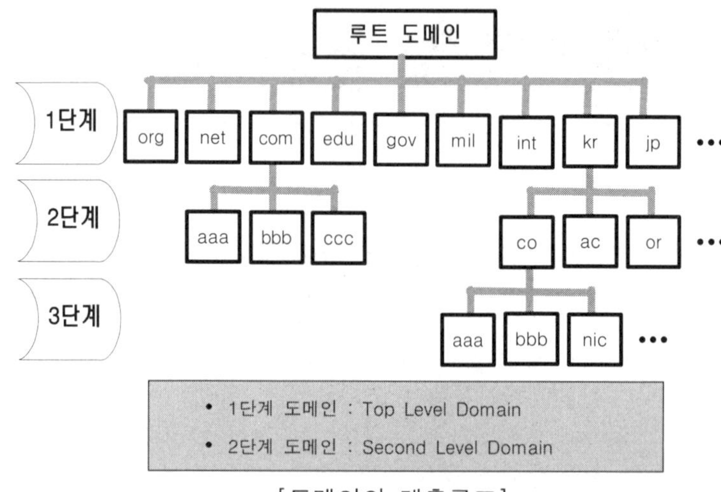

[도메인의 계층구조]

도메인 네임 체계는 루트(Root) 도메인을 기준으로, 1단계 도메인을 최상위 도메인(TLD ; Top Level Domain), 2단계 도메인을 차상위 도메인(SLD ; Second Level Domain)이라 한다. 도메인 네임의 각 단계 부분을 서브 도메인(Sub Domain)이라고 하며, 점(.)으로 구분한다.

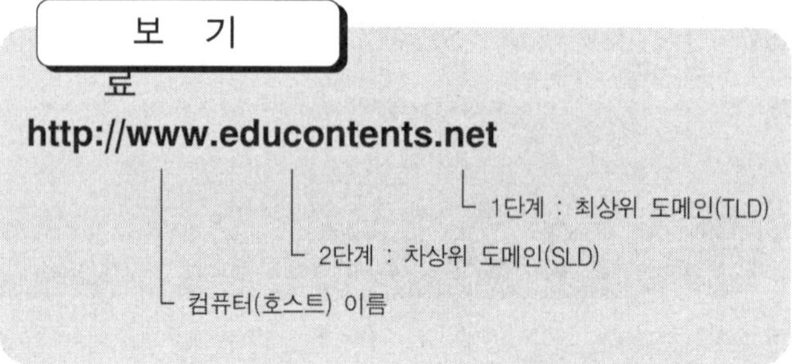

2.2.1 최상위 도메인(TLD)의 구분

최상위 도메인(TLD) 할당과 관련된 업무는 국제인터넷도메인관리기구(ICANN)에서 담당하고 있으며, 미국에서 많이 사용되고 있다.

최상위 도메인은 7개의 도메인으로 구분된다.

최상위 도메인(Top Level Domain, TLD)은 gTLD, nTLD, iTLD, sTLD 로 세분할 수 있다.

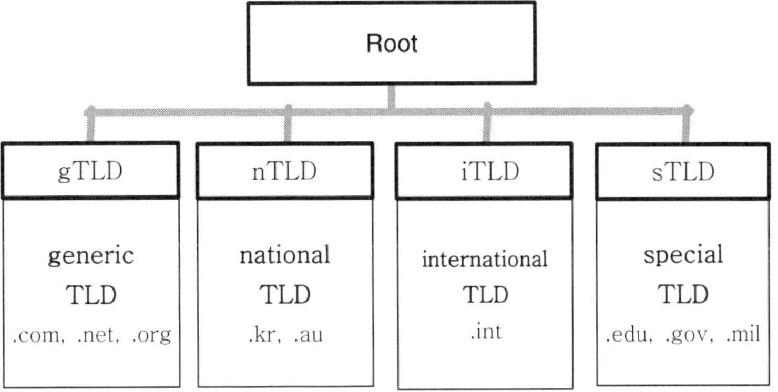

2.2.2 범용 최상위 도메인(gTLD; generic Top Level Domain)

gTLD는 전세계적으로 누구나 신청, 등록할 수 있는 도메인 네임으로 com, net, org 등이 여기에 속한다.

gTLD의 등록 및 관리의 총괄은 ICANN에서 담당하고 있는데, 실제 업무의 진행은 이를 위임받은 NSI(Network Solutions Inc. http://www.networksolution.com)라는 미국의 기업체에서 대행하고 있다.

2.2.3 국가별 최상위 도메인(nTLD; national Top Level Domain)

ISO 3166에서 정의한 국가별로 2글자로 표현된 약 190여 개국의 국가 도메인을 의미하며, 이의 등록 및 관리는 해당 국가별로 NIC(Network Information Center)라는 기관에서 담당한다. 만약 해당 국가에 NIC이 없는 경우에는 미국의 NSI에서 대행하고 있다.

nTLD는 국가코드 최상위 도메인(ccTLDs: country code Top Level Domains)이라고 표현하기도 한다.

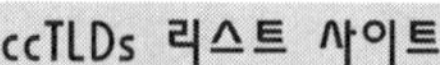

[IANA : Root-Zone Whois(Index by TLD Code)]
http://www.iana.org/cctld/cctld-whois.htm

2.2.4 국제 최상위 도메인(iTLD; international Top Level Domain)

국제적 성격을 지닌 기관에서 사용하는 도메인 네임으로, int가 있다.

The INT Domain에서 등록 및 관리를 담당하고 있다.

URL : http://www.isi.edu/div7/int

2.2.5 특수 최상위 도메인(sTLD; special Top Level Domain)

미국 내에서 주로 사용하는 도메인 네임으로 edu, gov, mil 등이 여기에 속한다.

2.2.6 신규 최상위 도메인

범용 최상위 도메인(gTLD)인 com, net, org 중에서 com 도메인은 인터넷 환경의 급속적인 상업화로 인하여 도메인 부족현상이 발생하게 되었고, 또한 도메인 네임의 사용권에 대한 법적 소송과 같은 도메인 분쟁이 발생하게 되었다.

그래서 2000년 7월에 일본 요코하마에서 열린 국제인터넷도메인관리기구(ICANN) 회의에서 이 문제가 논의되었고, 2000년 11월에 7개의 신규 최상위 도메인을 선정, 발표하였다.

TLD	기관의 구분	도메인 종류
biz	비즈니스 기업	- 일반범용 최상위 도메인(gTLD) - 영리목적의 최상위 도메인
name	개인 용도	
info	모든 이용자	
pro	전문가, 전문업체	
museum	박물관	- 비영리 최상위 도메인
aero	우주/항공 산업	
coop	협회, 협동조합	

2.2.7 차상위 도메인(SLD; Second Level Domain)

2단계 도메인을 차상위 도메인(SLD; Second Level Domain)이라 한다. 차상위 도메인은 도메인 신청기관의 성격에 따라 도메인 네임이 달리 부여되며, 국내 도메인 네임에서는 최상위 도메인에 해당하는 부분이다.

2.3 국내 도메인 네임

국내 도메인 네임의 구조는 다음과 같다.

국내 도메인의 1단계 최상위 도메인은 KR이며, 기관의 성격에 따라 2단계 차상위 도메인을 부여하며, 주로 신청기관의 이니셜로 정하는 임의의 3단계 도메인과 호스트 이름으로 정하는 임의의 4단계 도메인으로 구성된다.

2.3.1 국내 최상위 도메인

우리나라의 최상위 도메인 네임은 국제 도메인 네임에서는 2단계 도메인 네임(SLD)에 해당한다.

우리나라의 7개 최상위 도메인 네임은 다음과 같다.

SLD	기관의 성격	비고
co	기업 및 영리단체	COmmercial organization
ac	대학/교육기관	ACademic organization
re	연구단체/정부출연기관	REsearch organization
or	비영리단체	non-profit ORganization
go	정부기관	GOvernment organization
ne	네트워크 관리기관	NEtwork management
pe	개인 도메인	PErson

2.3.2 지역 도메인(Local Domain)

지역 도메인(Local Domain)은 국내 16개 지방자치단체를 기준으로 지역명을 기초한 도메인이다. 도메인 신청자는 기관분류에 의한 차상위 도메인 또는 지역 도메인 중에서 선택할 수 있다.

지역 도메인은 특별시/광역시/도 및 이의 소속기관, 보건소, 소방서, 도서관, 그 지역에 기반을 둔 회사나 비영리단체, 개인 등이 사용할 수 있다.

지역명	도메인명	지역명	도메인명
서울특별시	seoul	부산광역시	busan
대구광역시	daegu	인천광역시	incheon
광주광역시	gwangju	대전광역시	daejeon
울산광역시	ulsan	경기도	gyeonggi
강원도	gangwon	충청북도	chungbuk
충청남도	chungnam	전라북도	jeonbuk
전라남도	jeonnam	경상북도	gyeongbuk
경상남도	gyeongnam	제주도	jeju

2.3.3 교육기관의 2단계 도메인 네임

한국인터넷정보센터(KRNIC)는 2000년 10월에 교육기관을 위한 2단계 도메인(kg, es, ms, hs, sc 등)을 발표하였다. 여기에 해당하는 기관은 교육기본법 및 초·중등 교육법에 속하는 기관이여야 한다.

도메인	교육기관의 구분
kg	유치원
es	초등학교·공민학교
ms	중학교·고등공민학교
hs	고등학교·고등기술학교
sc	교육기본법 및 기타 개별법에 의하여 주무관청에 설립허가, 등록, 신고 등의 절차를 거친 교육·훈련기관

2.3.4 한글도메인

한글도메인의 표기는 영문도메인과 같이 점으로 구분되며 계층적인 구조를 가진다. 영문도메인은 현재 영어, 숫자, 하이픈(-) 등을 이용하여 표기하고 있는데, 한글도메인이 시행되면 영문도메인에 사용되는 문자 외에도 한글로 도메인 네임을 표기할 수 있다.

향후에 도메인 체계에 다국어를 사용할 수 있는 국제 표준이 마련되면, 전자우편 주소도 한글사용이 가능해 질 전망이다.

KRNIC에서 추진하는 한글 도메인의 목적은 다음과 같다.

① 국내 인터넷 도메인 이름 체계에 한글을 도입하여 인터넷 이용자에게 편의 제공

② 한글 도메인 도입에 필요한 기술 개발을 토대로 국제 인터넷 표준 제정에 기여

③ 한글 도메인 정책 개발과정에 국내 네티즌의 참여를 유도하여 국내 인터넷 정책 결정체제 정립

한글 도메인의 이용에 따른 장점은 다음과 같다.

① 인터넷 주소체계를 한글로 할 경우에 이용자에게 편리한 인터넷 사용환경을 제공할 수 있다.

② 다국어 주소체계는 앞으로의 국제 인터넷 표준 제정에

있어서 구미중심이 아닌 전세계적인 흐름을 반영할 수 있다.

참 고

1 현재 한글 도메인은 .com/.net/.kr만 사용할 수 있다.
2 한글 도메인과 달리 한글 인터넷 주소 또는 한글 키워드 주소 등으로 불리는 키워드 서비스가 있다. 이는 한글 도메인과는 다른 것인데 사설 서비스 성격으로 해당 도메인을 포워딩 시켜주는 서비스 일 뿐이다. 즉 도메인 등록과는 무관하며, 별도의 신청과 요금이 부과되기도 한다.

NSLOOKUP(네임서버 조회서비스)

URL : http://whois.nida.or.kr

1 nslookup은 호스트와 도메인 네임을 연결해 주는 분산데이터베이스인 DNS(Domain Name System)에 등록되어 있는 도메인 네임 정보를 검색해 주는 서비스이다.
KRNIC의 홈페이지 상에서 DNS Look-up 서비스를 검색할 수 있다. 검색창에 찾으려는 호스트의 도메인 네임이나 IP 주소를 입력하면 옵션에 따라 결과 값을 보여준다.

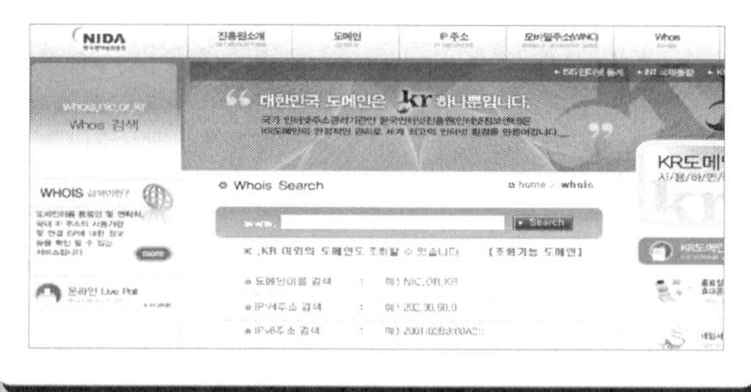

2 옵션은 6개가 제공되고 있으며, 선택을 하지 않으면 기본값(default)인 NS가 지정된다.

각각의 옵션은 다음과 같다.

OPTION	내용
A(address)	인터넷 호스트 주소
PTR(domain name pointer)	IP Address에 대한 호스트명
MX(mail exchanger)	메일을 최종적으로 수신할 컴퓨터 호스트 이름
NS(name server)	도메인에 대한 네임서버
SOA(start of authority)	Resource Record의 type
ANY	도메인에 등록된 모든 현황

3 실제 도메인 검색 실습을 해 보자.

http://wwwis.nida.or.kr로 접속한 후 검색창에 검색할 도메인 네임 또는 IP 주소를 넣는다. 검색창에 "sh.ac.kr"을 입력해서 검색한다.

검색된 네임서버의 주소와 호스트 IP 주소 등을 확인할 수가 있다.

Note

Chapter

13

인터넷 신기술

인터넷 신기술

Section 1 인터넷과 데이터

1.1 데이터의 구성

① **비트(Bit, Binary Digit)**
데이터의 가장 최소 단위이며, 기억장치에 자료를 기억하고 표현하기 위한 최소단위이다. 0과 1을 기본 단위로 한다.

② **바이트(Byte)**
8비트 길이를 가지는 정보의 기본 단위로서 1바이트는 256개의 상태를 표현할 수 있다. 1바이트는 영어, 숫자, 아스키 문자표에 있는 특수문자 등의 표현이 가능하며, 한글이나 한자 등을 한 글자로 표현하려면 2바이트가 소요된다.

③ **단어(Word)**
대량의 단위로 데이터를 처리할 때에는 4바이트씩 묶어서 Word라는 단위로 사용한다. 2바이트를 Half Word(16비트), 4바이트를 Full Word(32비트), 8바이트를 Double Word(64비트)라 한다.

④ **필드(Field)**
어떤 목적을 가진 레코드나 메시지 헤더 또는 컴퓨터 명령어와 같은 데이터 단위 내의 고정된 장소로 어떠한 의미를 가지는 최소의 문자집단을 의미한다.

⑤ **레코드(Record)**
프로그램에 의해 처리되기 위해 정렬된 데이터 항목의 집합으로, 하나 이상의 연관성 있는 필드들이 모여서 구성된 정보의 기본단위이다.

⑥ **파일(File)**
관련된 레코드의 집합으로 보조기억장치에 저장되어 있는 저장단위를 의미한다. 운영체계의 종류에 따라 카탈로그나 디렉토리 또는 폴더라고 불리는 공간에 저장된다.

⑦ **데이터베이스(Database)**
파일의 집합으로 중복된 데이터를 제거하여, 내용에 쉽게 접근·처리·갱신할 수 있도록 구성한 데이터의 집합체이다.

1.2 문자 자료의 표현

1.2.1 UNICODE

세계 각국의 다양한 현대 언어로 작성된 텍스트에 대해 상호교환, 처리 및 표현을 용이하게 하기 위한 문자 코드로서, 16비트를 사용하여 문자를 표현한다. 세계 대부분의 각국어에 대한 표현이 가능하며 고문서(古文書)까지도 지원한다. Java, XML 등과 같은 새로운 언어들은 유니코드 문자체계를 채택하고 있다.

1.2.2 EBCDIC(Extended Binary-Coded Decimal Interchange Code)

IBM이 대형 운영체계에서 사용하기 위해 개발한 알파벳 및 숫자를 위한 바이너리 코드로서 Fortran, PL/I 등의 프로그래밍에 사용된다.

1.2.3 ASCII(American Standard Code for Information Interchange)

세계 표준으로 인정된 문자체계로서, 일반적으로 컴퓨터나 인터넷상에서 텍스트 파일의 표현을 위해 사용된다. 알파벳, 숫자, 특수문자 등을 7비트로 표현하며, 총 128개의 문자가 정의되어 있다.

1.3 파일 확장자

확장자	파 일 설 명
$$$	임시 파일
123	로터스 파일
ASF	실시간 스트림용 파일(MS Advanced Streaming Format 파일)
ALZ	알집 압축파일
ASP	Active Server Page 파일
ASV	자동저장 파일(Auto Save File)
AVI	윈도우즈 무비를 위한 MS 오디오 및 비디오 파일
BAT	DOS 일괄처리 파일
BAK	백업파일
BIN	바이너리 파일
BMP	윈도우 또는 OS/2의 비트맵 그래픽 파일
C	C 언어 소스파일
CAB	MS 캐비넷 파일(S/W 배포를 위해 압축된 프로그램 파일)
CC	C++ 언어 소스코드
CGI	CGI 스크립트 파일
CLASS	자바 클래스 파일
COM	실행파일
CSS	Cascading Style Sheet 파일
DAT	데이터 파일(간혹 MPEG도 DAT확장자를 가짐)
DLL	Dynamic Link Library 파일
DOC	MS 워드 파일
DRV	드라이버 파일
DTD	XML, SGML의 문서형식정의 파일
EML	MS 아웃룩 익스프레스의 메일 메시지 파일
EXE	실행파일
GIF	컴퓨서브 그래픽 파일
GZ	유닉스 gzip 압축파일
HLP	도움말 파일
HTM(L)	하이퍼텍스트 문서
HWP	아래아한글 파일
ICO	아이콘 파일
INF	설치정보 파일
INI	윈도우 초기화 파일, 환경설정 파일
JAR	자바 아카이브 (애플릿이나 관련 파일들을 위한 압축파일)
JAVA	자바 소스코드
JPE	JPEG 이미지
JS	자바스크립트 소스 파일
LHA	압축파일
LIB	라이브러리 파일
LNK	윈도우 바로가기 파일
LOG	로그 파일
MDB	MS 액세스 데이터베이스
MID	미디 음악 파일
MOV	QuickTime for Windows 무비 파일

확장자	파 일 설 명
MP3	MPEG Audio Layer3으로 압축된 음악 파일
MP(E)G	MPEG 동영상 파일
OBJ	Object File
OCX	MS OLE Custom Control
PDF	어도비 애크로뱃 문서(Portable Document Format)
PHP	스크립트가 들어있는 HTML 페이지
PL	Perl 프로그램
PPT	MS 파워포인트 파일
PRF	MS 시스템 파일
PS	포스트스크립트 형식의 출력용 파일
PSP	페인트샵 프로 이미지 파일
RA	리얼오디오 소리파일
RAM	리얼오디오 메타 파일
RAR	압축파일
RM	리얼오디오 비디오 파일
RTF	Rich Text Format 문서
SCR	화면보호기 파일
SYS	시스템 파일
TAR	테이프 아카이브
TGZ	유닉스 Gzip/테이프 아카이브
TIF(F)	Tag Image File Format 비트맵 파일
TMP	윈도우 임시 파일
TTF	트루타입 글꼴
TXT	아스키 텍스트
WAV	윈도우 웨이브 파일
XLS	MS 엑셀 파일
XML	eXtensible Markup Language 파일
ZIP	압축파일

Section 2 멀티미디어

멀티미디어란 텍스트(Text), 그래픽(Graphic), 애니메이션(만화, 게임), 오디오(음성, 소리), 비디오(동영상) 등의 다양한 매체(media)를 둘 이상 복합적으로 사용하여 제작된 디지털 컨텐츠를 의미한다.

멀티미디어의 조건

1 시스템의 정보제공
2 다양한 매체를 두 가지 이상 결합
3 미디어를 사용하기 위해 하나 이상의 시스템 사용
4 사용자와 시스템의 상호작용

2.1 멀티미디어 관련 기술

멀티미디어 관련 기술에는 저장매체 기술, 디지털 비디오 기술, 하이퍼미디어 기술 등이 있다.

2.1.1 저장매체 기술(CD-ROM)

① CD-ROM 등장 : 하드디스크의 저장공간의 문제해결
② 1983년에 필립스사와 소니사가 개발
③ 650MB라는 대용량의 기록매체, 저가의 비용으로 대량생산 가능

2.1.2 디지털 비디오 기술

① 매체에 기록된 결과의 효과적인 표현에 관한 기술
② 멀티미디어 데이터의 처리 중에서 기술적으로 가장 힘든 과정
③ DVI(Digital Video Interactive) 방식 : 디지털 비디오의 가능성을 최초로 제시
④ 1989년경에 JPEG, MPEG 등의 디지털 비디오 국제표준 규격 제정

2.1.3 하이퍼미디어 기술

① 하이퍼미디어란 인터넷상의 다양한 미디어들을 결합하는 방법에 관한 기술이다.
② 하이퍼텍스트를 발전시켜 문장 내에서의 텍스트 연결뿐

만 아니라 문자와 멀티미디어 정보와의 연결을 강조한다.

③ 실시간 멀티미디어 데이터의 구현이 가능하다.

2.2 멀티미디어 구성요소

2.2.1 Text

① 아스키(ASCII) 문자로 구성된 문장

② 텍스트 저작•편집 도구 : 흔글, Microsoft Word, 훈민정음, WordStar 등

③ 파일의 종류

PS	포스트스크립트(PostSript) 형태 문서
TXT	아스키 문자
WRI	아스키 문자 워드패드 파일
GUL	훈민정음 문서를 저장한 워드프로세서 파일
HWP	흔글 문서를 저장한 워드프로세서 파일
DOC	MS Word 문서를 저장한 워드프로세서 파일

2.2.2 Audio (Sound)

① 음성(Voice) 및 음향 형태의 소리와 음악(music)으로 구분

② 파일의 종류

WAV	IBM과 MS사가 함께 만들어낸 사운드 파일 형식, 용량이 매우 크며 음질이 떨어진다.
MID	WAV 파일에 비해 용량이 작다. 보통 웹 페이지의 배경음악 파일로 사용, 전자악기 등과 컴퓨터를 연결하여 연주할 때의 인터페이스 구조
RA (RAM)	리얼 네트워크사의 스트리밍 사운드 기술로 제작된 파일 형식, 인터넷상에서 실시간으로 사운드를 전송받으면서 플레이 가능
MP3	동화상 압축 표준인 MPEG에서 오디오 부분의 압축, MPEG-1의 오디오 부분의 Layer3을 의미하는 MP3로 명명, 음악파일 재생에 주로 사용되며, 고음질에 비하여 데이터의 용량이 작다.

2.2.3 Image & Graphic

① Image : 픽셀(pixel)의 2차원 행렬로 구성

i) 제작방법 : 비트맵 이미지(bitmap image), 래스터 이미지(raster image), 정지 이미지(still image), 애니메이션 이미지(Animation image)

ii) 소프트웨어 : 페인팅 도구(painting tool), 이미지 편집기(image editor)

장 점	단 점
• 화면 출력속도가 빠르다.	• 기억 공간을 많이 차지 • 이동·회전·변형이 복잡

② Graphic : 선, 원, 사각형 등을 이용해 그려진 것

i) 제작방법 : 벡터 그래픽(vector graphic), 벡터 드로잉(vector drawing)

ii) 그래픽 원소 : 선(line), 원(circle), 사각형(rectangle), 타원(oval), 다각형(polygon), 텍스트(text) 등

iii) 3차원 렌더링(3D rendering) 형태 : 컴퓨터 게임 배경, 건물 설계도면, 디지털 MAP 등

iv) 소프트웨어 : 드로잉 도구(drawing tool), 그래픽 편집기(graphic editor)

장 점	단 점
• 기억공간을 적게 차지 • 이동·회전·변형이 용이	• 느린 화면출력 속도

③ 파일의 종류

JPG (JPEG)	Joint Photographic Expert Group 사진전문가그룹에서 특별히 사진 파일의 압축을 위해 고안된 파일
GIF	Graphics Interchange Format 압축률이 뛰어난 그래픽 파일 형식, 단색부터 256컬러까지 지원하는 대표적인 압축파일 형식, 압축률이 높으며 웹에서 JPEG포맷과 함께 가장 널리 사용한다. GIF89 포맷에는 256개 컬러 중에서 투명색(transparent color)을 지정할 수 있으며, GIF89a에서는 애니메이션 이미지 저장 기능도 제공

PNG	Portable Network Graphics 압축 이미지 파일 형식, 웹(Web) 상에서 이용
BMP	윈도우에서 기본으로 제공되는 그래픽 파일(비트맵 이미지) 포맷, 데이터 출력 속도는 빠르나, 데이터를 압축하지 않은 상태로 저장되기 때문에 파일 크기가 크다.
PCX	IBM PC에서 비트맵 이미지를 처리하기 위한 일반적 파일 포맷, 압축률이 낮고, 복원방식도 간단
TIF	Tagged Interchange File Format : TIFF 범용 비트맵 이미지 형식으로 데스크탑 출판용 소프트웨어에서 사용, 다양한 플랫폼에 적용, 데이터 복원시간이 많이 걸림
EPS	프린터에 그래픽 정보를 보내기 위한 포스트 스크립트(Postscript)언어를 활용한 파일 형식, 그래픽 구조 및 폰트, 비트맵 정보 표시
WMF	윈도우에서 사용하는 메타 파일 방식, 비트맵과 벡터 정보를 함께 표현할 경우 가장 적합
AI	Adobe사의 Illustrator 이미지 파일
CDR	Corel Draw 이미지 파일

2.2.4 Video

① 이미지와 오디오로 구성된 멀티미디어 데이터 형식

② 플레이 백(Playback)하는 화면의 크기와 초당 프레임 수에 따라 구분

완전화면(full screen) **비디오**	전체 화면 비디오
완전모션(full motion) **비디오**	초당 30프레임이 보여지는 비디오
완전화면·완전모션(FSFM; Full Screen Full Motion) **비디오**	전체 화면을 차지하고 초당 30프레임이 보여지는 비디오

③ **파일의 종류**

AVI	Audio Visual Interleaved MS사가 개발한 파일 형식으로 생방송이나 VOD에서 비디오 데이터의 파일 저장 방식으로 사용, 오디오와 비디오 데이터가 내부에서 번갈아가며(interleaved) 기록, 윈도우 환경에서 자연스러운 동영상을 사용하기 위하여 개발한 규격
MPG	Motion Picture Expert Group 동영상 신호의 압축과 실시간 재생 알고리즘을 갖추고 있으며, 동영상 데이터를 효과적으로 압축

MOV	Apple사의 QuickTime Movie를 위한 파일 형식, 윈도우 환경에서도 동영상을 재생함
ASF	Advanced Streaming Format 1996년 인텔이 개발한 멀티미디어 파일, 통합 멀티미디어 파일로 오디오, 비디오, 이미지, URL, 실행 프로그램까지 포함 가능, 스트리밍(streaming) 방식 지원

Section 3 클라이언트측 인터넷 기술

3.1 인터넷 프로그래밍 언어

3.1.1 HTML (HyperText Markup Language)

① 하이퍼텍스트 문서를 만들기 위한 언어이다.
② 다양한 미디어(문서, 그래픽, 사운드 등)의 연결이 가능하다.
③ 간단한 태그로 구성되어 작성이 쉽다.

3.1.2 DHTML (Dynamic HTML)

① HTML 4.0과 CSS, JavaScript 등을 함께 구현하여 동적인 웹 문서를 제작할 수 있는 언어로서 웹 페이지의 외형, 레이아웃, 동작 등을 제어한다.
② 웹 문서를 응용 프로그램이나 멀티미디어 매체처럼 표현이 가능하다.

③ DHTML의 요소

스타일시트 (Style Sheet)	웹 페이지의 일반 요소의 스타일 관련 속성을 지정
컨텐트 배치 (Content Positioning)	컨텐트를 원하는 위치에 표현, 외형과 위치 수정 가능
다운로드 가능한 폰트 (Downloadable Fonts)	텍스트가 어느 시스템에서나 항상 같은 폰트로 표현

3.1.3 VRML (Virtual Reality Modeling Language : 가상현실 모델링 언어)

① WWW의 정보가 평면적이고 정적이라는 한계를 극복하고 3차원 정보를 웹에서 표현하기 위하여 가상현실(VR, Virtual Reality)을 모델링할 수 있는 언어이다.

② 확장자는 *.wrl로 표시되며, HTML 파일내에서 <embed> 태그를 사용하여 연결한다.

③ 특징

i) 3차원 정보를 표현하지만 인터넷의 전송속도에는 큰 영향을 받지 않는다.

ii) 3차원 환경의 복잡한 오브젝트의 레이아웃을 정의할 수 있으므로 기존 HTML의 기능을 넘어선 새로운 개념의 대화형 상황을 묘사할 수 있다.(가상세계 디스플레이, 상호작용, 인터네트워킹 등의 지정 가능)

iii) 인간중심의 인터페이스를 지향한다.

iv) 마우스나 방향키의 조작으로 3차원 공간이동을 손쉽게 조작할 수 있다.

④ 단점

i) HTML에 비하여 문법이 어렵다.

ii) 별도의 VRML 저작도구를 필요로 하며, 화질의 개선도 필요하다.

iii) 반드시 VRML 뷰어가 플러그인 되어야 한다.

3.1.4 SGML (Standard Generalized Markup Language)

① 장치에 독립적으로 문서의 내용이나 구조를 정의하기 위한 마크업 언어이다.

② 복잡하고 대용량의 문서들을 서로 원활하게 교환할 수

있다.

③ 1986년 국제표준기구(ISO)에서 국제표준(ISO 8879)으로 제정하였다.

④ 특징

i) 언어를 어떻게 묘사할 것인가에 관한 언어로 일종의 메타언어이다.

ii) 절차적 마크업이 아니라 기술적인 마크업을 이용하므로 하드웨어 및 소프트웨어의 종류에 관계없이 사용이 용이하다.

iii) 다양한 형태와 응용 영역에 대한 아주 일반적인 문서 기술이 가능하도록 표준화한 객체지향형 메타언어이다.

iv) 문서내 포함된 모든 정보와 속성들을 세분화하여 계층화한 후, 논리구조와 내용구조로 일관성있게 기술할 수 있다.

⑤ 구성

i) Declaration(선언부)

사용될 언어 및 문자집합, 문서 요소의 수, 토큰 수 등의 값을 정의하여 문서를 열람하는 측이 문서의 일반적 기준을 알 수 있도록 해 준다.

ii) DTD(Document Type Definition : 문서형정의)

문서의 논리적, 계층적 구조와 사용될 마크업(태그), 속성 등을 정의한다.

iii) Document Instance(문서부)

정의된 태그를 사용하여 작성된 실제 문서이다.

3.1.5 XML (eXtensible Markup Language)

① W3C(World Wide Web Consortium)에서 1996년에 제안한 표준으로, 기존의 HTML과 SGML이 지닌 단점을 보완하고 웹상에서 구조화된 문서의 전송이 가능하도록 설계된 마크업 언어이다.

② 특징

i) HTML의 단점은 보완, SGML의 장점을 수용하였다.

ii) HTML과 달리 사용자가 태그를 지정하여 사용할 수 있는 확장성(Extensibility)이 있으므로 사용자가

원하는 다양한 문서를 지정할 수 있다.

iii) 유니코드를 사용하기 때문에 국제 문자처리를 기본적으로 지원한다.

iv) 중첩 구조 지원으로 객체 지향적 문서 작업이 가능하며 분산처리에 적합하다.

v) 하나의 루트를 가진 하나의 트리 구조로 표현되어 간단하다.

vi) 문서유형 정의(DTD)가 쉽고 정의된 문서의 작성, 관리, 전송이 용이하다.

vii) 자기 서술적 언어로, 헤더에 자기 문서에 대한 설명이 명시된다.

viii) 구조화 규칙을 엄격히 적용하여 불일치나 중첩 태그를 사용하지 않는다.(Validity Document, Well-Formed Document)

ix) 상호 다른 데이터베이스간에도 데이터 교환이 가능한 언어이다.

x) 개체(entity)에 있어서 외부 개체인용이 가능하며, 내부에서도 개체를 선언하여 사용할 수 있다.

xi) 오류를 판단하기 위한 문법적인 구별을 문서내에 포함시킬 수 있다.

3.2 인터넷 관련 기능

3.2.1 쿠키(Cookie)

① 쿠키는 웹 서버와 클라이언트 사이에 연결상태가 지속되지 못한다는 단점을 극복하는 기법이다. 즉, 사용자 정보를 유지할 수 없는 HTTP의 한계를 극복하기 위한 방법으로 사용된다.

② 웹 사이트와 인터넷 사용자의 컴퓨터 사이에서 통신을 매개한다.

③ 쿠키 파일은 사용하는 웹 브라우저 디렉토리의 하부에 텍스트 형태의 파일로 저장된다. 쿠키 디렉토리에는 사용자가 방문했던 각 웹 사이트에 대한 쿠키 파일이 모두

저장된다. 따라서 쿠키는 특정한 사이트에 대한 그 사용자의 취향을 기록한다.

④ 쿠키는 웹 서버에게 사용자에 관한 파일을 사용자 컴퓨터에 저장하도록 허용하는 장치로 이용자 정보가 클라이언트의 하드디스크에 저장되므로 보안기능이 약화되는 단점이 있다.

⑤ 사용자도 모르는 사이에 쿠키 정보가 웹 서버로 전달되는 경우도 많으므로 사용자는 쿠키의 사용여부를 신중히 결정해야 한다.

3.2.2 ActiveX

① 마이크로소프트에서 Netscape의 플러그인에 대항하여 만든 규약으로 PC용 응용 소프트웨어들이 인터넷 환경에서도 수행 가능하도록 하는 OLE(Object Linking And Embedding) 기반의 플랫폼 통합기술이다.

② 일반 문서뿐만 아니라 애니메이션, 3차원 가상현실 등을 실시간으로 보여준다.

3.2.3 플러그인(Plug-in)

① 웹 브라우저에서 지원하지 않는 멀티미디어 등의 파일을 이용하기 위해 브라우저 기능을 확장해 주는 외부 보조 프로그램이다.

② 단독으로 실행 가능한 프로그램과 브라우저에 내장되어야만 실행 가능한 프로그램이 있다.

③ 일반적으로 최신 파일 포맷을 지원하거나 상호작용성을 확장하기 위해 사용한다.

④ 종류

Acrobat Reader (Adobe Reader)	• 미국의 Adobe사의 전자문서 파일형태인 PDF(Portable Document Format)형식의 파일을 볼 수 있으며 저용량 멀티미디어 파일도 볼 수 있도록 지원해 주는 프로그램으로 높은 압축율을 가지고 있어 인터넷에서 자료를 주고받을 때 적합하다. • 자체 인덱스 기능을 보유하고 있으므로 문서를 쉽게 찾을 수 있다.

Cosmo Player	• SGI(Silicon Graphics Inc.)에서 만든 플러그인 프로그램으로, VRML(Virture Real Modeling Language)을 실행한다.
Quick Time	• Apple사에서 개발한 멀티미디어의 개발·저장 및 재생 프로그램 • 멀티미디어 화면을 보거나 제어 가능 • MOV, QT, MP3 등의 미디어 파일의 재생
Real Player	• 스트림 기술을 이용해 사운드, 비디오, 문자, 애니메이션 등의 파일을 실시간 재생해 주는 프로그램 • Rm, Ra, Ram 등의 파일 재생
ShockWave	• 멀티미디어 구현을 위한 플러그인으로 Macromedia사에서 개발
Shockwave Flash	• Macromedia사가 1996년에 개발한 동영상 파일 제작용 소프트웨어 • 파일의 크기가 작고 실행시에 지연시간이 없이 빠르게 구현 • Flash, Director, Authorware로 만든 파일 및 그래픽, 애니메이션, 음향 등이 복합적으로 상호작용하며 멀티미디어 처리
Windows Media Player	• 리얼플레이어에 대항하기 위해 MS사가 만든 미디어 재생 프로그램
WinAmp	• MPEG 오디오 파일(MP3) 플레이어 • 오디오 파일을 다운받으면서 동시에 연주 가능

Section 4 서버측 인터넷 기술

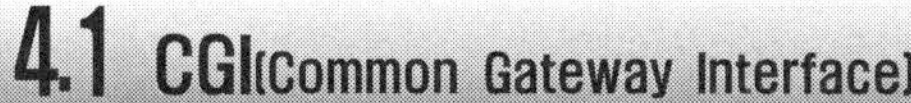

4.1 CGI(Common Gateway Interface)

4.1.1 CGI의 개요

① 웹상에서 사용자의 요청을 응용 프로그램에 전달하고 처리결과를 사용자에게 전달해 주는 표준적인 방법이다.

② 서버와 응용 프로그램간에 데이터를 주고받기 위한 방법이나 규약들로 HTTP 프로토콜의 일부이다.

4.1.2 동작 과정

① CGI 프로그램은 바이너리 파일형태로 웹 서버가 프로그램의 실행요청을 받기 전까지 대기한다. 요청이 발생하면 실행되면서 메모리에 로드되어 동작한다.

② 클라이언트는 CGI 프로그램이 내장되어 있는 문서나 양식을 작성하여 웹 서버에게 프로그램을 실행할 것을 요청한다.

③ 서버는 문서에 내장된 CGI 프로그램을 미리 설정된 디렉토리에서 실행한다.

④ 실행결과는 HTML형태로 클라이언트에게 결과를 전송한다.

4.2 ASP(Active Server Page)

4.2.1 ASP의 개요

① MS사에서 개발한 서버측 스크립트 언어(Server Side Script Language)로, Windows NT나 2000 기반의 IIS(Internet Information Server)에서 쉽게 웹 프로그래밍을 할 수 있다.

② 자바 스크립트나 VB 스크립트를 사용하여 쉽게 웹 프로그래밍할 수 있으며, 사용자의 요청이 FORM을 통해 입력되면 ASP 해석기에 의해 구문이 해석된다.

③ MS환경에서만 작동한다는 단점이 있다.

4.2.2 ASP의 구성

① 주로 HTML과 ASP 스크립트로 구성

② 텍스트 파일형태로 작성(일반 문서편집기로도 작성가능)

③ HTML 태그내에 ASP 스크립트 구분자(<%, %>)로 삽입

4.2.3 주요 용어

① **객체(Object)** : 웹 브라우저에 나타나는 요소들(메뉴, 텍스트 박스, 명령버튼, 체크박스, 콤보박스 등)로 Property와 Method를 가진다.
② **속성(Property)** : 객체가 가지는 특성
③ **메소드(Method)** : 객체의 행위나 동작, 기능
④ **이벤트(Event)** : 객체의 변화를 유도하는 요소(마우스의 클릭, 이동, 엔터키 입력 등)
⑤ **인스턴스(Instance)** : 같은 기능의 객체를 여러 개 만들었을 때 각각 모양이 다른 객체 요소

4.2.4 ASP의 장점

① VB Script, Java Script 등의 언어로 개발되므로 작성이 쉽다.
② MS Office와 연동이 쉽기 때문에 개발에 용이하다.
③ 컴파일이 자유로우며 보안기능이 뛰어나다.
④ 내장 및 확장 객체 또는 컴포넌트를 사용하므로, 확장이 용이하다.
⑤ ADO(ActiveX Database Object)라는 ODBC 기반의 데이터베이스 관리 객체를 이용하여 인터넷 상에서 사용자들이 손쉽게 객체지향 데이터베이스에 접근할 수 있도록 지원한다.
⑥ 다양한 객체와 컴포넌트 지원으로 패키지화가 쉽다.
⑦ 서버 컨트롤을 생성하여 확장할 수 있다.
⑧ Window NT/2000/XP의 웹 서버인 IIS(Internet Information Server)와 최적의 환경을 이룬다.

4.3 PHP(Personal Home Page Tools)

4.3.1 PHP의 개요

① Rasmus Lerdorf가 1994년에 발표한 서버측 스크립트 언어(Server Side Script Language)이다.
② 초기에는 Personal Home Page Tools라고 불리었다.
③ 1997년 중반, Zeev Suraski와 Andi Gutmans가 PHP3를 발표하였다.
④ 서버에서 해석되어 결과를 HTML 문서로 만들어서 웹 브라우저로 보내주므로 웹 브라우저에서는 PHP의 소스코드를 볼 수 없다.

4.3.2 PHP의 특징

① 멀티플랫폼 지원 : 윈도우, 리눅스, 유닉스 등의 다양한 플랫폼을 지원하며 무료로 배포된다.
② 오라클, 인포믹스, 사이베이스, MySQL 등 다양한 데이터베이스를 지원하며, ODBC를 통해 많은 데이터베이스와 연동할 수 있다.
③ GIF 이미지 파일제작이 가능하다.
④ 텍스트와 바이너리 파일의 업로드가 가능하다.
⑤ 다른 서버측 스크립트 언어(ASP, JSP 등)에 비해 빠른 처리속도를 제공한다.
⑥ 웹 서버와 연동하여 사용자의 ID와 패스워드 입력을 통한 인증이 가능하다.
⑦ Linux환경에서 Apache 웹 서버와 최적의 환경을 이룬다.

4.4 JSP(Java Server Page)

4.4.1 JSP의 개요

① Sun Microsystems사에서 개발한 Java 기반의 서블릿 API 기술로 서블릿의 사용을 통해 웹페이지의 내용이나 모양을 제어하는 기술이다.
② 자바가 동작하는 모든 플랫폼에서 작동한다. Java가 플랫폼에 독립적이므로 JSP 또한 플랫폼에 독립적으로 동작한다.
③ 모듈의 재사용이 가능하며, 기존 자바 프로그램과 연결이 가능하다.
④ JDBC를 통한 데이터베이스와 연결이 용이하여 시스템 자원이용에 효율성을 기할 수 있다.

4.4.2 JSP의 특징

① 자바 기반으로 실행되므로 자바의 장점을 모두 수용한다.
② 직접 HTML 코드를 소스안에 작성하므로 코딩속도가 훨씬 빠르며 웹 디자인과 프로그래밍을 완전히 분리시킨다.
③ Java 파일을 컴파일할 필요가 없으므로, 디자인 및 잦은 수정도 쉽다.
④ 컴포넌트 개념인 Java Beans(자바 빈)의 사용으로 비즈니스 로직의 완벽한 비공개가 가능하다.

ASP, PHP, JSP의 상대적 비교

구 분		ASP	PHP	JSP
		IIS, PWS의 윈도우 2000/NT/9x	플랫폼에 독립적	플랫폼에 독립적
	Web Server	IIS	Apache	모든 환경에서 동작하며 특별한 최적환경이 없다.
	DB	MS-SQL	MySQL	
		낮음	보통	높음
		윈도우 환경에 제한	○	○
		낮음	보통	높음
Data		낮음	높음	
		쉬움	보통	어려움
		느림	빠름	보통

Chapter

14 웹의 이해

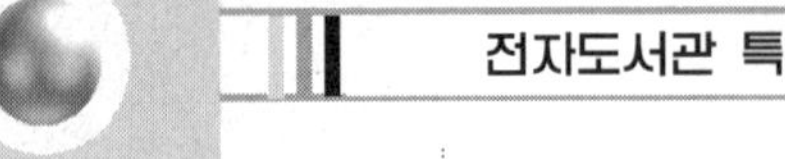

Section 1 WWW의 이해

1.1 웹의 개요

1.1.1 정의

① 거미줄처럼 연결된 인터넷에서 HTTP를 이용하여 데이터를 웹 브라우저에서 볼 수 있도록 지원하는 클라이언트/서버 구조의 분산형 하이퍼텍스트 시스템이다.

② 1989년에 CERN(the European Laboratory for Particle Physics)에 의해 프로젝트가 시작되었다.

③ FTP, Telnet, E-mail 등의 여타 인터넷 서비스도 HTTP 프로토콜을 사용하여 통합적으로 서비스된다.

④ 웹 브라우저에 URL(Uniform Resource Locator)을 입력하여 Hypertext로 연결하는 개념이다.

1.1.2 특징

① 인터넷의 텍스트 문서, 그림, 음성, 오디오, 동화상 등을 하나의 문서 형태로 통합 제공을 한다.

② 하이퍼링크된 문서를 보여주고 특정 정보에 대한 링크를 제공하며, 링크된 문서에서 다른 링크정보를 제공하는 그물망 형태이다.

③ HTTP(HyperText Transfer Pretocol)는 물론 FTP, NNTP, Telnet, SMTP 등의 기존 프로토콜도 동시에 지원한다.

④ 하이퍼텍스트는 다른 문서에 대한 링크뿐만 아니라 음성, 화상, 이미지 등과 같은 멀티미디어에 대한 링크(하이퍼미디어)도 함께 제공되므로 선택적 정보접근이 가능하다.

1.2 웹의 구성과 작동 원리

1.2.1 웹의 구성

① **하이퍼텍스트, 하이퍼링크, 하이퍼미디어**

i) 하이퍼텍스트(Hypertext)

- Ted Nelson이 1965년 처음으로 사용
- 1967년, 브라운대학의 앤디 반 담이 하이퍼텍스트 편집 시스템 개발
- 1991년, 세계적으로 문서의 표준화
- Tim Berners Lee, WWW에서 하이퍼텍스트 사용
- 문서에 문자나 그래픽, 동화상 등을 연결하여 만든 문서
- 하이퍼링크된 단어와 일반 텍스트의 혼합된 문서

ii) 하이퍼미디어(Hypermedia)

- 1978년,'MIT 아키텍처 머신 그룹'의 앤디 리프먼이 하이퍼미디어 비디오 디스크를 처음 개발
- 하이퍼텍스트의 확장 개념
- 정보의 저장과 관리를 위한 그래픽, 음성, 영상 등의 결합 정보
- 일반 텍스트 문서에 멀티미디어가 포함된 문서
- 그림, 음성, 영화 등의 미디어에 대해 Hyperlink를 포함한 문서
- 사용자가 자의로 선택할 수 있는 대화형 구조
- 정보매체에 비순차적인 방법으로 접근 가능

iii) 하이퍼링크(Hyperlink)

- 다른 미디어 사이를 연결하는 링크의 개념
- URL에 따라 특정 문서, 파일 위치 표기
- 일반 텍스트의 색과 하이퍼링크의 색을 차별화하여 구분(핫스팟 : Hot Spot)

② **HTML(Hypertext Markup Language)**

하이퍼텍스트를 작성할 때 사용하는 마크업 언어

③ **HTTP(Hypertext Transfer Protocol)**

i) 하이퍼텍스트 문서의 교환을 위한 통신규약

ii) 웹 문서 교환을 위한 클라이언트/서버 지향의 TCP/IP중에 하나

④ **클라이언트(Client)**

i) 사용자의 컴퓨터에서 HTTP로 웹 서버와 접속하는 웹 브라우저(Web Browser)와 같은 프로그램

ii) URL을 해석하여 해당 데이터를 제공하는 호스트에 접속해서 데이터를 호출함

⑤ **서버(Server)**

i) 클라이언트 프로그램의 요청을 받아 데이터를 클라이언트에 전송

ii) HTTP를 기본으로 TCP의 80번 포트에 httpd(http deamon)라는 프로그램으로 수행

⑥ **Plug-in**

웹 브라우저가 직접 처리하지 못하는 데이터를 처리해 주는 보조프로그램으로, 독립적으로 실행되는 Helper 프로그램과는 달리 플러그인은 웹 브라우저와 동일한 창에서 실행된다.

확장자	플러그인 프로그램	용도
ASF	Windows Media Player	동영상
ASX	Stream Works	동영상
AU/MID/WAVE	Live Audio	소리
FLA	Flash Player	동영상
HWP	나모 HWP Viewer	문서
MOV	Quick Time Movie	동영상
PDF	Acrobat Reader	문서
PS	Ghost View	문서
RA/RAM	Real Player	소리/동영상
SWF	Shockwave Player	동영상
VOD	VODLive Player	동영상

1.2.2 웹의 작동원리

① **Host 접속**

DNS를 통해 IP주소로 찾아내거나, URL에 명시된 IP주소에 HTTP 프로토콜을 이용해서 상대 호스트에 접속

② **서버내의 데이터 접근과 수신**

웹 브라우저는 URL에 표시된 경로를 찾아 서버에 저장

된 데이터에 접근하여 수신

③ **데이터 전송**
데이터 전송시에 해당 문서에 멀티미디어 자료가 링크된 경우에는 추가적으로 관련 데이터도 요청

Section 2 웹 브라우저의 활용

2.1 웹 브라우저

2.1.1 웹 브라우저의 개요

① 웹 서버에 저장되어 있는 하이퍼텍스트 및 하이퍼미디어 정보를 다운받아 사용자의 컴퓨터에 보여주는 프로그램이다.
② URL 형식에 따라 서버에 자료를 요청하고 해당 문서를 클라이언트에 보여주는 사용자 인터페이스 역할을 한다.
③ 웹 서비스뿐만 아니라 FTP, Usenet, E-mail 등의 여타 인터넷 서비스도 통합적으로 제공한다.

2.1.2 웹 브라우저의 종류

① 텍스트 기반 웹 브라우저

i) Samba(삼바)

CERN에서 개발한 텍스트 기반의 매킨토시용 브라우저

ii) Lynx(링스)

1989년 미국 캔사스대학의 Lou Montulli가 개발한 텍스트 기반의 유닉스 VMS(Virtual Memory Storage)용 브라우저(도스, 윈도우용도 개발)

② 윈도우 기반 그래픽 웹 브라우저

i) Mosaic(모자익)

- 최초의 GUI 웹 브라우저
- 1989년 NCSA(National Center for Supercomputing Applications)에서 개발 프로젝트로 시작(Tim Berners-Lee 제안)
- 1993년 연구용으로 제작, 출시(마크 엔드리센 개발) 이후 Netscape Navigator로 발전

ii) Internet Explorer(인터넷 익스플로러)

- Windows에 기본 탑재되어 배포
- 현재 이용되는 웹 브라우저의 대부분을 차지(MS사에서 개발)
- IE 4.x 이상 : CSS, Dynamic HTML, Active X 컨트롤러 지원

iii) Netscape Navigator(넷스케이프 내비게이터)

- 미국 Netscape Communications사에서 개발

iv) HotJava(핫자바)

- SUN Microsystems사에서 JAVA 애플릿을 지원하기 위해 개발한 자바 기반의 웹 브라우저
- 멀티미디어 기능 지원, 응용 어플리케이션 제공
- 정적인 데이터를 애니메이션과 인터랙티브가 가미된 동적인 응용 프로그램들로 변환

v) Opera(오페라)

- 1998년, 노르웨이에서 개발한 유료 웹 브라우저
- 용량이 매우 작아 저사양 시스템에서도 사용 가능

vi) Cello(첼로)

- 1990년 미국 코넬대학 법률정보연구소의 Thomas

R. Bruce가 개발
- 모자익과 넷스케이프의 북마크(bookmark)와 혼용 가능

vii) Arachne(아라크네)
- 체코의 마이클 폴락이 개발

웹 브라우저의 비교

기능 및 특징	인터넷 익스플로러	넷스케이프 커뮤니케이터
도구모음	표준 단추	Navigation Toolbar
	주소 표시줄	Location Toolbar
	연결	Personal Toolbar
환경설정	인터넷 옵션	Preference
문자 설정	인코딩	Character Coding
History	목록보기	History
사이트 저장 · 관리	즐겨찾기(Favorites)	북마크(Bookmark-책갈피)
웹 문서 전체 저장	파일 ⇨ 다른 이름으로 저장	Edit Page⇨Composer File
장자	address.WAB	address.LDIF
플로 저장	가져오기 및 내보내기	Import / Export
전자 프로	Outlook Express	Netscape Mail
넷 프로	Outlook Express	Netscape Newsgroup
HTML 터	프론트페이지(FrontPage)	Composer
프로	넷 미팅(Net Meeting)	AOL Instant Messenger

Section 3 웹 서버의 이해

3.1 웹 서버의 개요

3.1.1 웹 서버의 개념

① 웹 서버란 서버에 설치된 HTTPD(HTTP Daemon)으로 동작하는 응용 프로그램으로 HTTP 프로토콜을 통하여 들어오는 클라이언트의 요청을 이해하여 HyperText 문서를 송수신하는 프로그램이다.

② 웹 서버의 동작순서는 "클라이언트와 연결설정 ➡ 클라이언트의 정보요청 ➡ 서버의 응답 ➡ 연결 종료"의 과정으로 진행된다.

3.1.2 웹 서버의 특징

① 서버와 클라이언트는 요청과 응답의 과정이 완료되면 연결이 해제된다.(Connectionless)

② 일반적으로 80port를 기본으로 사용한다.

③ 기본 포트를 사용하지 않을 경우에는 URL에 포트번호를 명기해야 한다.

예 http://www.educontents.net:8080/

Well-Known Port Number

TCP와 UDP의 응용 프로세서를 식별하기 위해 IANA(Internet Assigned Numbers Authority)가 부여, 관리하는 16비트의 숫자

구분	Port Number	구분	Port Number
FTP	21	DNS	53
HTTP	80	Finger	79
NNTP	119	Gopher	70
SMTP	25	IMAP	143
Telnet	23	POP	110
UDP	1024에 예약	TCP	1023에 예약

④ MIME(Multi-Purpose Internet Mail Extensions) Type이 지정되어야 하는데 이는 웹서버가 클라이언트에게 파일을 처리하는 방법을 알려주기 위한 파일의 유형을 지정하는 것이다.

MIME Type	설　명
text/html	일반적인 HTML문서
text/plain	ASCII 타입의 txt파일
image/gif	IMAGE파일 중 GIF 파일
image/jpeg	IMAGE파일 중 JPEG 파일
application/postscript	*.ps, *.ai, *.eps 확장자를 가지는 파일
application/rtf	*.rtf확장자를 가진 파일
application/pdf	Acrobat reader로 읽을 수 있는 PDF파일
video/mpeg	동영상 파일로 mpeg파일

3.2 웹 서버의 종류 및 특징

3.2.1 웹 서버의 구분

UNIX, Windows, OS/2, Mac 등의 운영체제에 따라 다양한 웹 서버가 존재한다.

OS	Web Server
UNIX	Apache, Netscape Enterprise 등
Windows 9x/ME	PWS
Windows NT/2000/XP	IIS(Internet Information Server), Netscape Enterprise 등
OS/2	Apache, GoServe, IBM Connection 등
Mac	MacHTTP, WebSTAR Mac, CL-HTTP 등

3.2.2 주요 웹 서버의 특징

① **PWS(Personal Web Server)** : 윈도우 95/98/Me 등의 운영체제에서 웹 서버를 구축하는 서버 프로그램으로, 웹 서비스를 공식오픈하기 전에 웹 사이트를 개발하거나 간

편하게 웹 서비스를 제공할 수 있는 PC용 웹 서버이다.

② **IIS(Internet Information Server)** : Windows NT/2000 /XP에서 작동하는 서버 프로그램으로 World Wide Web, FTP 등의 서비스를 제공한다.

③ **Apache** : 1995년 NCSA HTTPD 1.3 버전을 기반으로 탄생한 서버로, 무료로 배포되고 있다. NCSA Server와 호환 및 NCSA 보안 문제를 해결하였다.

서버 상태 코드

① **1xx(Information)** : 나중에 사용하기 위하여 남겨둔 부분
② **2xx(Successful)** : 클라이언트의 요청에 성공
③ **3xx(Redirection)** : 요청이 수행되지 않았으며, 요청의 성공을 위해서 취해야 할 동작이 남아 있음
④ **4xx(Client Error)** : 클라이언트 요청문법이 잘못되었거나, 서버가 요청을 처리하지 못한 경우에 발생
　i) 403 Forbidden (또는 Access denied) : 주로 CGI 파일이나 디렉토리에 대한 권한 설정이 올바르지 않은 경우에 주로 발생하는 에러 코드로 접근 금지된 자원을 요구할 때 요청한 자료에 대한 권한이 없는 경우에 접근 금지되었음을 의미
　ii) 404 Not Found : 접속하고자 하는 호스트 서버의 URL 을 찾을 수 없다는 의미이다. URL에 명시된 위치가 잘못 입력되었거나, 해당 위치에 정보가 존재 하지 않을 경우에 발생
⑤ **5xx(Server Error)** : 서버가 에러를 만나 클라이언트의 요청을 수행할 수 없는 경우에 발생
　i) 500 Internal Server Error : CGI 프로그램을 실행하는 과정에서 발생하는 일반적인 에러 메시지로서, CGI 프로그램이 실행될 수 있는 권한이 지정되어 있지 않은 경우에 발생
　ii) 503 Service Unavailable : 현재 서버의 이용자가 많아 요청한 서비스를 제공할 수 없는 경우로서, 잠시 후에 다시 접속을 시도하면 됨
　iii) 530 Login incorrect, 530 User access denied : FTP 전용 프로그램을 이용하여 FTP 서버에 접속할 때 발생하는 에러 코드

홈페이지와 HTML

Section 1 홈페이지 일반

1.1 홈페이지 개요

홈페이지란 WWW에 접속하였을 때 나오는 첫 페이지와 그 곳에서 제공되는 모든 페이지를 포함한다. 홈페이지는 하이퍼텍스트나 하이퍼미디어를 기반으로 작성된다.

1.1.1 홈페이지의 설계 단계

① **목적 설정** : 작성하고자 하는 페이지의 목적을 명확히 한다.

② **서비스 대상 선정** : 홈페이지를 이용할 대상을 명확히 한다.

③ **컨텐츠의 설계** : 목적에 맞는 주제선정과 내용 체계화가 필요하다.

④ **플로우 차트의 작성(구조 작성)** : 플로우 차트는 홈페이지에서 메인메뉴부터 서브메뉴까지의 페이지 전개구성이라고 할 수 있다. 홈페이지의 스토리보드를 작성하여 체계적인 사이트 관리와 서비스가 가능하도록 한다.

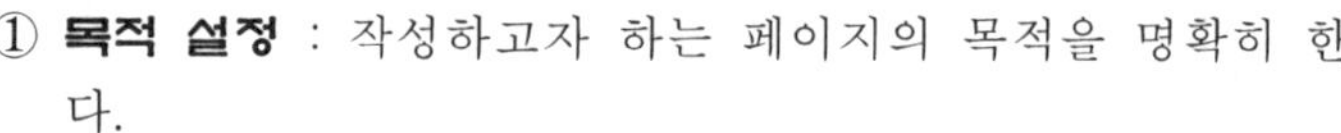

⑤ **디자인의 구성** : 정보의 효율적 전달에 비중을 두어 구성한다.

⑥ **레이아웃의 일관성 유지** : 일관된 디자인과 컬러에 의한 그룹핑 작업으로 단순하면서 친근한 인터페이스를 제공한다.

1.1.2 홈페이지 구축시 점검사항

① 홈페이지의 목표 및 개념 설정

② 홈페이지 사용자 계층의 요구 파악

③ 홈페이지 방문객의 의견 수렴 통로 확보
④ 컨텐츠의 전문성과 다양성
⑤ 스토리보드 활용
⑥ 네비게이션과 페이지간 이동의 편리성
⑦ 인터페이스의 직관성
⑧ 과도한 화면분할 회피
⑨ 화면구성, 컬러, 글꼴 등의 통일된 디자인
⑪ 과도한 이미지의 사용 자제
⑫ 지속적인 컨텐츠의 업데이트

1.1.3 홈페이지 평가기준

① **Contents** : 정보(30%)
② **Structure & Navigation** : 정보의 구조와 안내(15%)
③ **Visual Design** : 시각적인 요소(10%)
④ **Interactivity** : 사용자와의 상호작용(10%)
⑤ **Functionality** : 기능적인 요소(20%)
⑥ **Overall Experience** : 총체적인 경험(15%)

1.2 홈페이지 저작도구

1.2.1 텍스트 기반 에디터

메모장, Homesite, Hotdog, EditPLUS, UltraEdit 등

1.2.2 워드프로세서 활용 에디터

한글 2002, MS Word, 훈민정음 등

1.2.3 WYSIWYG 기반 에디터(전용 웹 에디터)

Namo, 프론트 페이지, 드림위버, 넷스케이프 컴포저 등

Section 2 HTML의 개요

2.1 HTML 일반

2.1.1 HTML의 개요

① 하이퍼텍스트를 작성하기 위해 개발된 언어이다.

② HTML 문서는 일정한 형식과 명령어를 정의하는 마크업 Tag(Markup Tag)를 사용하여 제작된 웹 문서를 의미한다.

③ TAG

i) 마크업 Tag는 한 쌍의 요소(Element)로 이루어지며, 요소는 여러 가지의 속성(Attribute)을 가진다.

ii) 속성과 속성의 구분은 공백(space)으로 정하며, 속성 값이 두 단어 이상인 경우는 큰따옴표(" ")로 묶어 주며, 한 단어인 경우는 생략해도 된다.

iii) HTML은 문서의 글자크기, 글자색, 글자모양, 그래픽, 문서이동(하이퍼링크) 등을 정의하는 명령어이다.

iv) 시작과 끝을 표시하는 2개의 쌍으로 구성(< >, < />)된다.

v) TAG는 상호 겹치지 않아야 한다.

2.1.2 HTML의 특징

① html은 대소문자를 구분하지 않는다.

② html에서 띄어쓰기는 한 칸만 인정한다.(메모장으로 작성시)

③ 파일 확장자는 html 또는 htm을 사용한다.

④ 여러 공백이나 특수문자는 기호를 사용한다.

특수문자

특수문자코드	실제표현	특수문자코드	실제표현
>	>	"	"
<	<	©	ⓒ
&	&		공백

2.2 HTML 문서의 기본구조

기본 구조

```
<HTML>
<HEAD>
<TITLE> 문서 제목 </TITLE>
</HEAD>

<BODY>
        본문 내용
</BODY>
</HTML>
```

2.2.1 정의

<HTML>과 </HTML>은 HTML 문서임을 나타내는 TAG

2.2.2 구성

HTML 문서는 HEAD와 BODY로 크게 두 부분으로 나누어 진다.

① **HEAD** : 문서의 설명부분

② **BODY** : 문서의 내용기술

2.2.3 HEAD 관련 Tag

① **<HEAD>.....</HEAD>** : 문서 자체에 대한 설명(제목Tag, 메

타Tag, 스크립트Tag 등 입력)

② **<TITLE>.....</TITLE>** : 브라우저 제목 표시줄에 나타날 페이지의 제목 입력

③ **<META 속성.....>** : 문서의 작성자, 날짜, 키워드 등과 같이 브라우저의 본문에 나타나지 않는 문서에 대한 일반 정보 기재

④ **<STYLE 속성>.....</STYLE>** : 문서의 배경 색상, 글자의 줄간격 등을 제어

2.2.4 BODY 관련 Tag

① **정의** : 본문 입력 부분

② **기본 형식 :** <BODY>.....</BODY>

③ **속성**

종 류	기 능
bgcolor	문서 배경색 지정
background	이미지 파일을 문서 배경으로 지정
text	일반적 문자 색상지정
link	하이퍼링크된 문자색 지정
alink	마우스로 클릭할 때 나타나는 문자 색
vlink	방문한 곳의 링크 색

Section 3 HTML프로그래밍의 실제

3.1 문단 관련 Tag

3.1.1 줄 바꾸기

(Break) : 한 문단이 끝나지 않은 상태에서 줄바꾸기가 필요한 경우에 사용하며, 종료Tag를 사용하지 않는다.보통의 문서를 작성할때 enter기능을 하는 tag입니다. br tag를 써주지 않으면 모든 문장이 브라우저의 넓이까지 한줄로 나열되게 된다.

3.1.2 문단 나누기

<P>(Paragraph) : Paragraph라는 뜻으로 문단을 구분할때 쓰는 태그문단의 내용이 끝났을 때 문단을 바꾸기 위해 사용하며, 대개는 종료Tag를 사용하지 않는다.

3.1.3 수평선 긋기

<HR>(Horizon) : 웹 페이지에 가로선을 긋기 위해 사용(기본값은 가운데 정렬)하며, 종료Tag는 사용하지 않는다.

종 류	기 능
size	선의 굵기 지정(범위 1에서 7까지)
width	선의 폭 지정(픽셀, %)
align	정렬(오른쪽, 가운데, 왼쪽)
noshade	그림자 없는 선

예제 : <HR> Tag

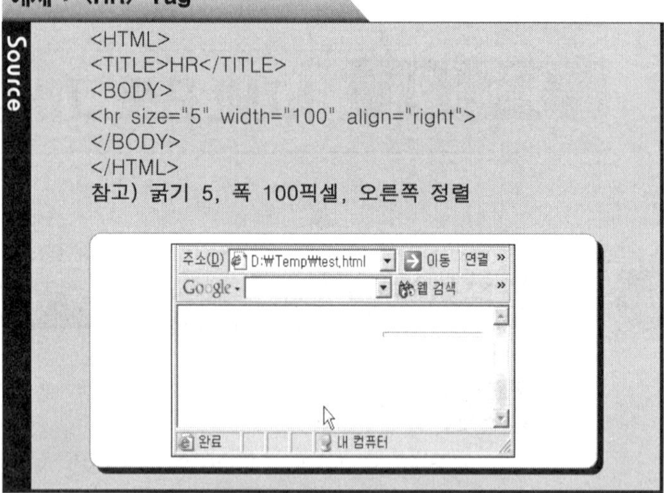

```
<HTML>
<TITLE>HR</TITLE>
<BODY>
<hr size="5" width="100" align="right">
</BODY>
</HTML>
```

참고) 굵기 5, 폭 100픽셀, 오른쪽 정렬

3.1.4 위치정렬 Tag

① **<center>.....</center>, <p align="center" >.....</p>** : 가운데 정렬

② **<p align="left" >.....</p>** : 왼쪽 정렬

③ **<p align="right" >.....</p>** : 오른쪽 정렬

예제 : 수평정렬 Tag

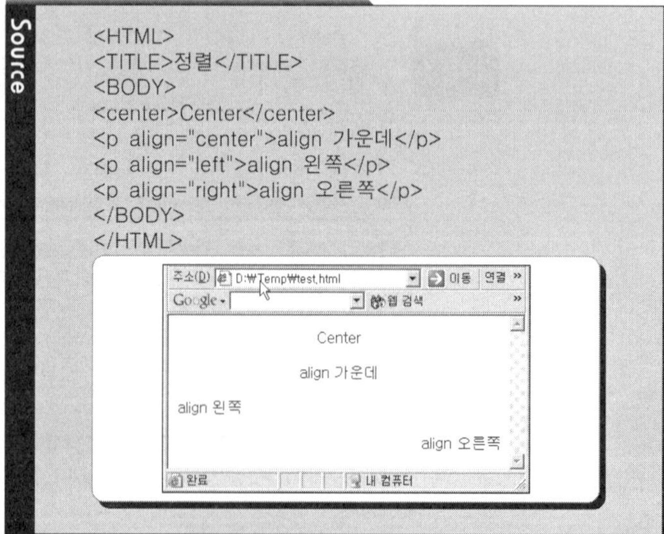

```
<HTML>
<TITLE>정렬</TITLE>
<BODY>
<center>Center</center>
<p align="center">align 가운데</p>
<p align="left">align 왼쪽</p>
<p align="right">align 오른쪽</p>
</BODY>
</HTML>
```

3.1.5 정형화된 문서(Pre-formatted)

여러 개의 공백을 인식하거나 복잡한 문자 배열에 주로 사용한다.

① **<PRE>.....</PRE>** : 사용자가 작성한 내용을 그대로 표현
② **<XMP>......</XMP>** : 특수문자(Tag)까지 그대로 표현

예제 : 〈PRE〉 Tag

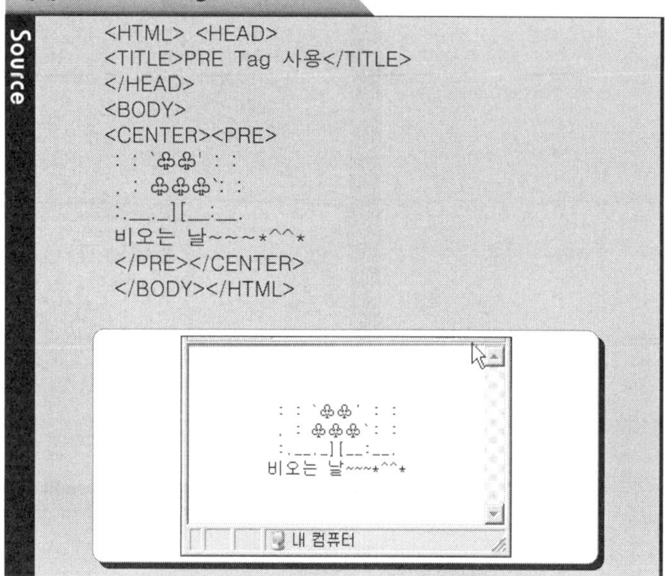

3.2 글꼴 관련 Tag

3.2.1 머리글(Heading) Tag

① **정의** : 제목 Tag로서 문서의 제목을 표시한다.
② **기본형식** : <h1>.....</h1>~<h6>.....</h6>
③ **크기** : <h1> 가장 큰 글씨, <h6> 가장 작은 글씨

예제 : 제목 Tag

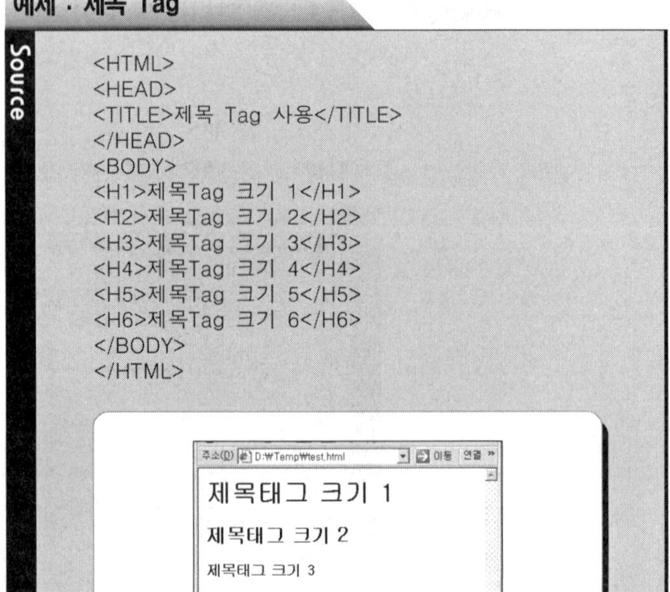

Source

```
<HTML>
<HEAD>
<TITLE>제목 Tag 사용</TITLE>
</HEAD>
<BODY>
<H1>제목Tag 크기 1</H1>
<H2>제목Tag 크기 2</H2>
<H3>제목Tag 크기 3</H3>
<H4>제목Tag 크기 4</H4>
<H5>제목Tag 크기 5</H5>
<H6>제목Tag 크기 6</H6>
</BODY>
</HTML>
```

3.2.2 Font Tag

① **정의** : 글꼴의 형식을 지정한다.

② **기본 형식** : <font 속성.....>.....</font>

③ **속성**

종 류	기 능
size	숫자가 커질수록 글자의 크기가 증가
face	글꼴 지정(예; 굴림, 돋움, 궁서 등)
color	글꼴 생상 지정, 색상 코드나 색상 단어를 입력

예제 : 글자크기 및 색상

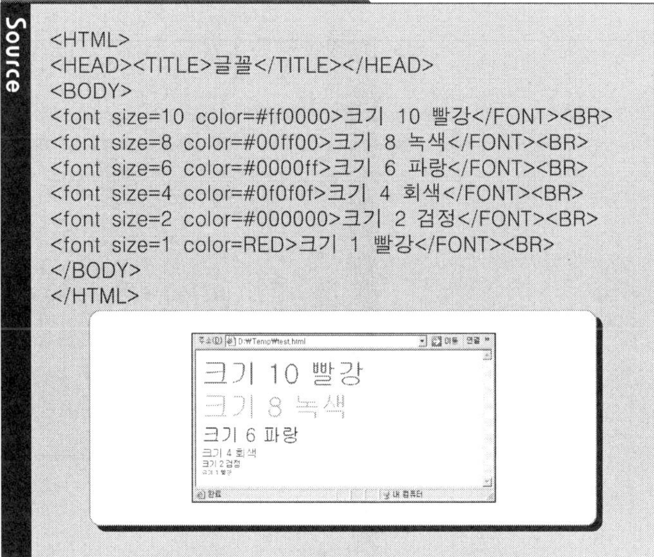

```
<HTML>
<HEAD><TITLE>글꼴</TITLE></HEAD>
<BODY>
<font size=10 color=#ff0000>크기 10 빨강</FONT><BR>
<font size=8 color=#00ff00>크기 8 녹색</FONT><BR>
<font size=6 color=#0000ff>크기 6 파랑</FONT><BR>
<font size=4 color=#0f0f0f>크기 4 회색</FONT><BR>
<font size=2 color=#000000>크기 2 검정</FONT><BR>
<font size=1 color=RED>크기 1 빨강</FONT><BR>
</BODY>
</HTML>
```


③ 글자의 상대 크기

예제 : 글자크기(상대)

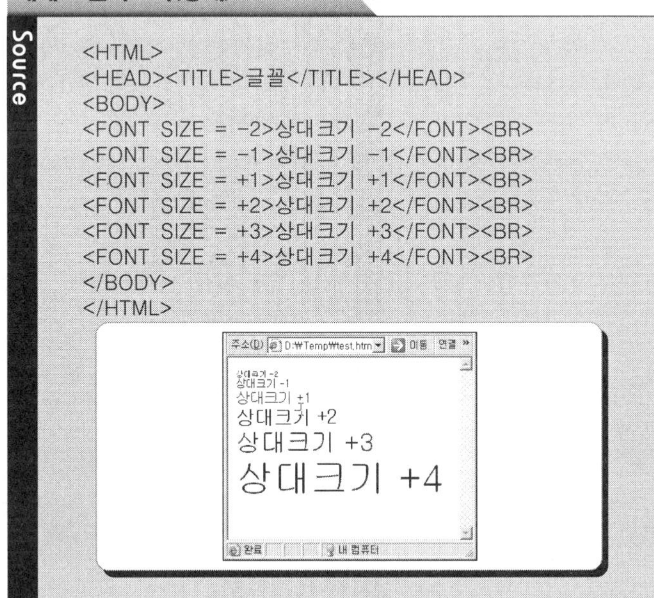

```
<HTML>
<HEAD><TITLE>글꼴</TITLE></HEAD>
<BODY>
<FONT SIZE = -2>상대크기 -2</FONT><BR>
<FONT SIZE = -1>상대크기 -1</FONT><BR>
<FONT SIZE = +1>상대크기 +1</FONT><BR>
<FONT SIZE = +2>상대크기 +2</FONT><BR>
<FONT SIZE = +3>상대크기 +3</FONT><BR>
<FONT SIZE = +4>상대크기 +4</FONT><BR>
</BODY>
</HTML>
```

④ 글꼴 지정 : 글꼴 변환

예제 : 글꼴 지정

Source

```
<HTML>
<HEAD>
<TITLE>글꼴</TITLE>
</HEAD>
<BODY><center>
<FONT size=5 FACE="굴림체">굴림체</FONT><BR>
<FONT size=5 FACE="견고딕">견고딕</FONT><BR>
<FONT size=5 FACE="바탕체">바탕체</FONT><BR>
<FONT size=5 FACE="옛체">옛체</FONT><BR>
<FONT size=5 FACE="돋움">돋움</FONT>
</center>
</BODY>
</HTML>
```

굴림체
견고딕
바탕체
옛체
돋움

내 컴퓨터

추가 예제

```
<html>
<head>
<title> font tag </title>
</head>

<body>
   <font size="1">  1. HTML을 배워서 홈페이지를
만들자. </font> <br>
   <font size="2">   2. HTML을 배워서 홈페이지
를 만들자. </font> <br>
   <font size="3" color="red">    3. HTML을 배
워서 홈페이지를 만들자. </font> <br>
   <font size="4" color="blue">   4. HTML을 배
워서 홈페이지를 만들자. </font> <br>
   <font size="5" color="green" face="궁서"> 5.
HTML을 배워서 홈페이지를 만들자. </font> <br>
   <font size="6" color="#FF0000" face="바탕">
6. HTML을 배워서 홈페이지를 만들자. </font>
<br>
   <font size="7" color="#00FF00" face="고딕">
7. HTML을 배워서 홈페이지를 만들자. </font>
</body>
</html>
```

⑤ **문자강조 Tag**

종 류	기 능
<B>.....</B>	굵은 글씨체 표현
<I>.....</I>	이텔릭체 표현
<U>.....</U>	밑줄 문자 표현
<BLINK>.....</BLINK>	문자를 깜박이게 표현(Netscape)
_{.....}	아래첨자 표현
^{.....}	위첨자 표현

⑥ **취소선** Tag

<s> 또는 <strike> : 문자열이나 숫자에 취소의 표시로 가운데 선을 긋는다.

예제 : 취소선 긋기

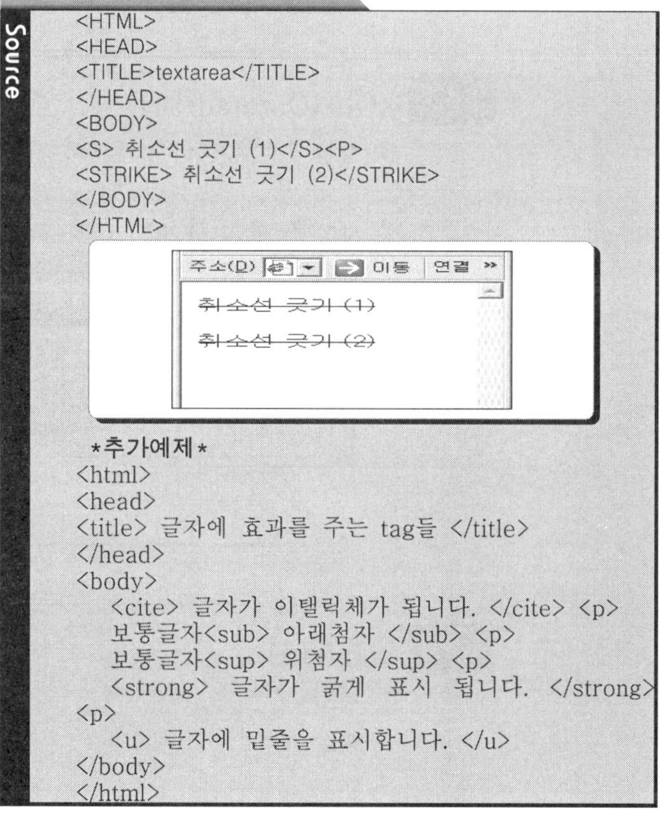

Source

```
<HTML>
<HEAD>
<TITLE>textarea</TITLE>
</HEAD>
<BODY>
<S> 취소선 긋기 (1)</S><P>
<STRIKE> 취소선 긋기 (2)</STRIKE>
</BODY>
</HTML>
```


추가예제

```
<html>
<head>
<title> 글자에 효과를 주는 tag들 </title>
</head>
<body>
   <cite> 글자가 이텔릭체가 됩니다. </cite> <p>
   보통글자<sub> 아래첨자 </sub> <p>
   보통글자<sup> 위첨자 </sup> <p>
   <strong> 글자가 굵게 표시 됩니다. </strong>
<p>
   <u> 글자에 밑줄을 표시합니다. </u>
</body>
</html>
```

3.3 목록 관련 Tag

3.3.1 <UL>(Unordered List)

① **정의** : 번호를 매기지 않은 목록의 시작과 끝을 정의한다.

② **<UL>의 유형(Type)**

종 류	기 능
DISC	원반 모양
SQUARE	정사각형 모양
CIRCLE	원 모양

3.3.2 <OL>(Ordered List)

① **정의** : 번호를 매긴 목록의 시작과 끝을 정의한다.

② **<OL>의 유형(Type)**

종 류	기 능
A	알파벳 대문자 순서대로
a	알파벳 소문자 순서대로
I	로마숫자 대문자 순서대로
i	로마숫자 소문자 순서대로
1	아라비아숫자 순서대로

3.3.3 <LI>(LIst)

① **정의** : <UL>, <OL> Tag와 함께 사용되며, 목록을 나열한다.

예제 : <UL> Tag

Source

```
<HTML>
<HEAD>
<TITLE>목록</TITLE>
</HEAD>
<BODY>
 Unordered List
  <UL>
      <LI>List 1
      <LI>List 2
      <LI>List 3
  </UL>
</BODY>
</HTML>
```

Unordered List

- List 1
- List 2
- List 3

추가예제

```
<html>
<head>
<title> UL tag </title>
</head>

<body>

  <h3> 우리나라의 강 </h3>
   <ul type="square">
      <li> 한강
      <li> 금강
      <li> 청천강
      <li > 낙동강
   </ul>

  <h3> 우리나라의 산 </h3>
   <ul>
      <li> 설악산
      <li type="disc"> 금강산
      <li type="circle"> 지리산
      <li type="square"> 한라산
   </ul>

</body>
</html>
```

예제 : <OL> Tag

Source

```
<HTML>
<HEAD>
<TITLE>목록</TITLE>
</HEAD>
<BODY>
Ordered List(A, B, C)
<OL>
      <LI TYPE=A>List A
      <LI TYPE=A>List B
      <LI TYPE=A>List C
</OL>
Ordered List(I, II, III)
<OL TYPE=I>
      <LI>List I
      <LI>List II
      <LI>List III
</OL>
</BODY>
</HTML>
```

Ordered List(A, B, C)

A. List A
B. List B
C. List C

Ordered List(I, II, III)

I. List I
II. List II
III. List III

추가예제

```
<html>
<head>
<title> OL tag </title>
</head>

<body>

  <h3> 우리나라의 강 </h3>
   <ol type="A">
      <li> 한강
      <li> 금강
      <li> 청천강
      <li > 낙동강
   </ol>

  <h3> 우리나라의 산 </h3>
   <ol type=" i ">
      <li> 설악산
      <li> 금강산
      <li> 지리산
      <li> 한라산
   </ol>
</body>
</html>
```

3.4 Image Tag

3.4.1 정의

이미지 파일을 보여준다.

3.4.2 기본형식

<img src="그림 파일명">

3.4.3 Image Tag의 속성

종 류	기 능
width	그림의 가로 길이 지정(width=픽셀수, %)
height	그림의 세로 길이 지정(height=픽셀수, %)
border	그림 둘레의 테두리 두께 조절(border=숫지)
alt	그림에 대한 설명 입력(alt="텍스트")

예제 : 이미지 링크

Source

```
<html>
<head>
<title> 이미지 삽입과 링크걸기 </title>
</head>

<body>

  이미지를 삽입하고 border와 alt를 적용했습니다. 마우
스를 그림위로 가져가 보세요.
  <img src="sky.jpg" border="10" alt="가을 하늘">

  엠파스 로고이미지에 엠파스 홈페이지를 링크시킨경우입
니다.
  <a          href="http://www.empas.com">          <img
src="empas.gif" border="0" alt="엠파스"></a>

</body>
</html>
```

예제 : 이미지 링크

Source

```
<HTML>
<HEAD><TITLE>이미지</TITLE></HEAD>
<BODY>
<img src="test.jpg">연결 이미지<br>
<img width=100 src="test.jpg">폭 100 픽셀<br>
<img width=100 height=100 src="test.jpg">폭 50
높이 100 픽셀<br>
<img border=5 src="test.jpg">테두리 두께 5<br>
</BODY>
</HTML>
```

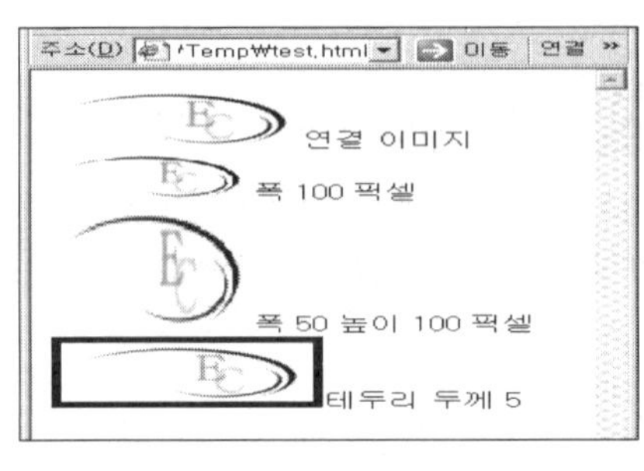

추가예제

```
<html>
<head>
<title> 이미지 정렬하기 </title>
</head>

<body>

<img src="sky.jpg" align="top"> 문자열을 이미지의 상단
에 맞춥니다. <br>
<img src="sky.jpg" align="middle"> 문자열을 이미지의
가운데에 맞춥니다. <br>
<img src="sky.jpg" align="bottom"> 문자열을 이미지의
하단에 맞춥니다.

</body>
</html>
```

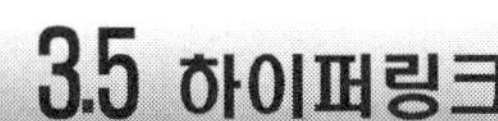

3.5 하이퍼링크

3.5.1 정의

문서와 문서를 링크로 연결한다.

3.5.2 기본형식

<a 속성>.....</a>

3.5.3 <A> Tag의 속성

종 류	기 능
href	링크하고자 하는 문서명이나 URL을 명시
name	HTML 문서내의 특정한 위치를 나타냄
target	프레임에서 사용

3.5.4 Target의 하위속성

종 류	기 능
name	링크된 html 문서를 <frameset>의 name으로 붙여준 프레임에서 열게 한다.
_top	링크된 html 문서를 프레임구조를 완전히 벗어나서 이미 Open된 브라우저 화면으로 연다.
_blank	링크된 html 문서를 기존 프레임구조의 창은 그대로 두고, 새로운 창을 생성시키면서 연다.
_parent	현재의 프레임구조로 들어오기 이전의 한 단계 상위 페이지로 올라가도록 링크한다.
_self	하이퍼링크된 문서를 같은 프레임에서 연다.

예제 : 하이퍼링크(1)

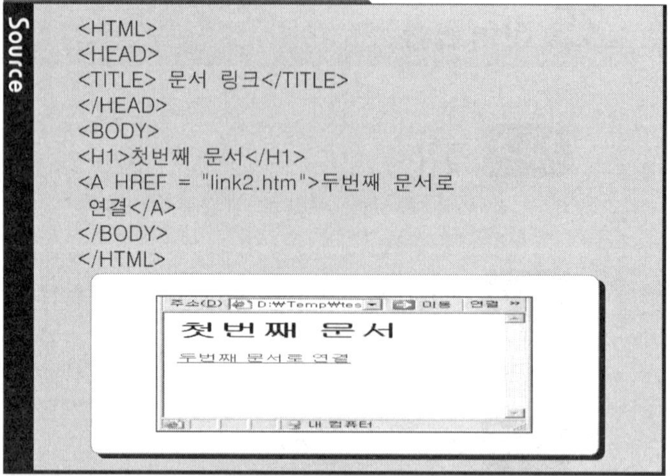

Source

```html
<HTML>
<HEAD>
<TITLE> 문서 링크</TITLE>
</HEAD>
<BODY>
<H1>첫번째 문서</H1>
<A HREF = "link2.htm">두번째 문서로
 연결</A>
</BODY>
</HTML>
```


예제 : 하이퍼링크(2)

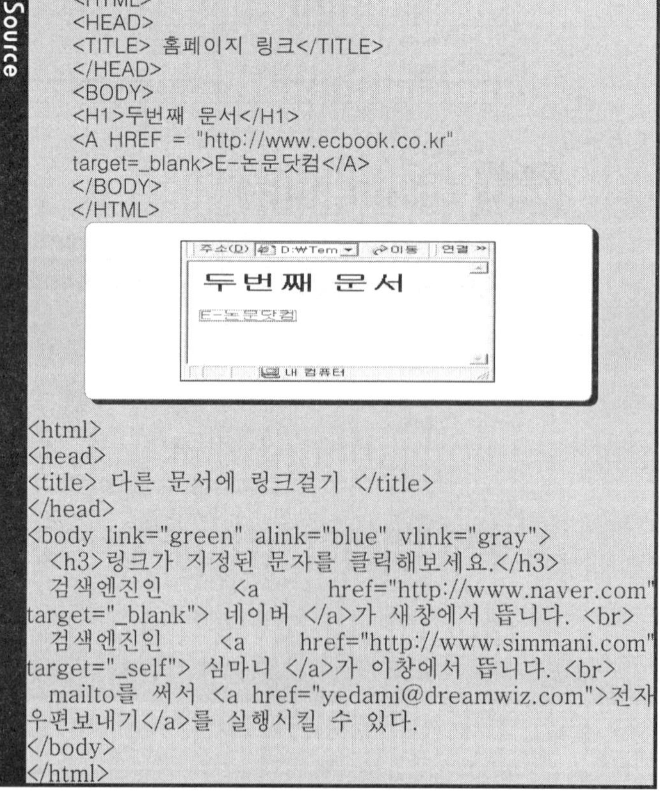

Source

```html
<HTML>
<HEAD>
<TITLE> 홈페이지 링크</TITLE>
</HEAD>
<BODY>
<H1>두번째 문서</H1>
<A HREF = "http://www.ecbook.co.kr"
target=_blank>E-논문닷컴</A>
</BODY>
</HTML>
```



```html
<html>
<head>
<title> 다른 문서에 링크걸기 </title>
</head>
<body link="green" alink="blue" vlink="gray">
  <h3>링크가 지정된 문자를 클릭해보세요.</h3>
  검색엔진인       <a       href="http://www.naver.com"
target="_blank"> 네이버 </a>가 새창에서 뜹니다. <br>
  검색엔진인      <a      href="http://www.simmani.com"
target="_self"> 심마니 </a>가 이창에서 뜹니다. <br>
  mailto를 써서 <a href="yedami@dreamwiz.com">전자
우편보내기</a>를 실행시킬 수 있다.
</body>
</html>
```

3.6 e-mail 링크

<a href="mailto:(e-mail 주소)">.....</a> : 특정 메일주소를 링크

예제 : e-mail 링크

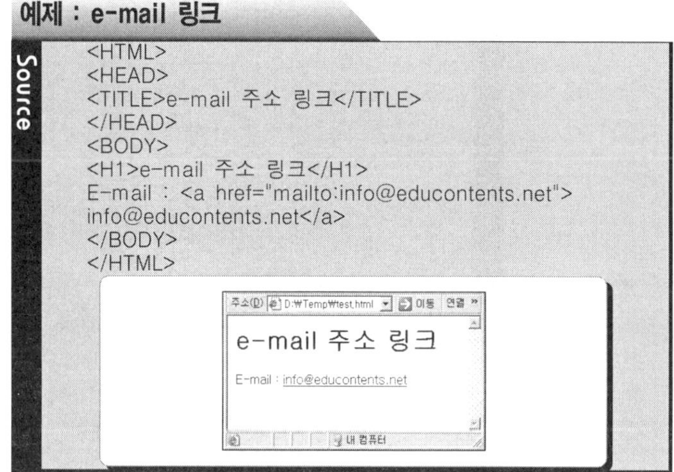

Source

```
<HTML>
<HEAD>
<TITLE>e-mail 주소 링크</TITLE>
</HEAD>
<BODY>
<H1>e-mail 주소 링크</H1>
E-mail : <a href="mailto:info@educontents.net">
info@educontents.net</a>
</BODY>
</HTML>
```


링크를 클릭하면 연결된 다음과 같이 메일 프로그램이 실행된다.

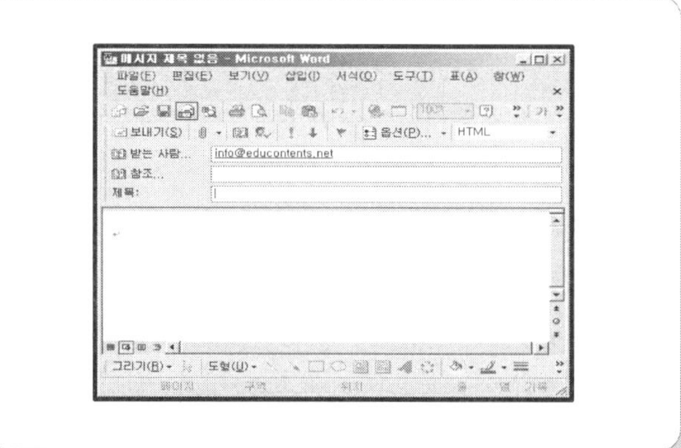

Source

```
<a name>
같은 문서내에서 링크지정을 할때도 역시 <A>태그를
이용합니다. <A>태그의 속성중에 href 와 name 속성을
써서 같은 문장내의 특정부위로 바로 이동할수 있습니
다. 이때 href 속성값을 쓸때에는 샵(#)을 써줍니다.
<html>
<head>
<title> 같은 문서내에서 링크걸기 </title>
</head>
<body>
  <a href="#1">HTML이란?</a> <br>
  <a href="#2">태그란?</a>     <br>
  <a href="#3"> HTML문서의 저작도구</a>
  <br><br><br><br>
  <a name="1">HTML</a>이란 Hyper Text Markup
Language의 약자로 웹문서를 작성하기
  위한 표준적인 언어이다.    <a href="#top">[위
로]</a>
  <br><br><br><br>
  <a name="2">태그란</a>웹문서를 만들기위한 기본
골격을 이루는 것으로 일종의 명령어라
  할수 있다. 태그는 브라우저상에 나타나지 않는다.
<a href="#top">[위로]</a>
  <br><br><br><br>
  <a name="3">HTML</a>문서의 저작도구에는 메모
장과 같은 단순한 기본 에디터에서 부터
  이지윅 프로그램까지 다양하다. 이지윅 에는 나모 웹
에디터나 드림위버등이 있다.   <a href="#top">[위
로]</a>
</body>
</html>
```

3.7 테이블 관련 Tag

3.7.1 Table Tag의 기본 형식

```
<table><tr><td>.....<td></tr></table>
```

① **<TABLE 속성>.....</TABLE>** : 표의 시작과 끝을 정의한다.
② **<TR 속성>.....</TR>(Table row)** : <TABLE>Tag 안에 사용되며, 표에서 행을 만든다.
③ **<TD 속성>.....</TD>(Table data)** : <TABLE>Tag 안에

사용되며, 표에서 열을 만든다.

④ **<TH 속성>.....</TH>(Table heading)** : <TD> Tag와 같은 개념이나 표의 제목 부분을 정의 할 때 사용된다. 굵은 글씨로 표시된다.

⑤ **<CAPTION>.....</CAPTION>** : 표의 제목을 표시한다.

i) align=top : 표의 상단에 제목표시

ii) align=bottom : 표의 하단에 제목표시

<table>

tr ⇨	td	td	td
tr ⇨	td	td	td

3.7.2 Table Tag의 속성

종 류	기 능
width	표나 셀의 폭을 창의 백분율(%) 또는 픽셀로 지정
height	표나 셀의 높이를 창의 백분율(%) 또는 픽셀로 지정
border	표 테두리의 두께 지정
align	셀 안의 가로 위치정렬(LEFT, CENTER, RIGHT)
valign	셀 안의 세로 위치정렬(TOP, MIDDLE, BOTTOM)
cellpadding	셀의 테두리와 문자열 사이의 간격을 픽셀로 지정
cellspacing	셀과 셀 사이의 간격을 픽셀로 지정
colspan	가로 열(column) 합치기
rowspan	세로 줄(row) 합치기
bgcolor	표 전체 또는 셀의 배경 색상 지정
background	표 전체 또는 셀의 배경이미지 삽입

예제 : 테이블 작성

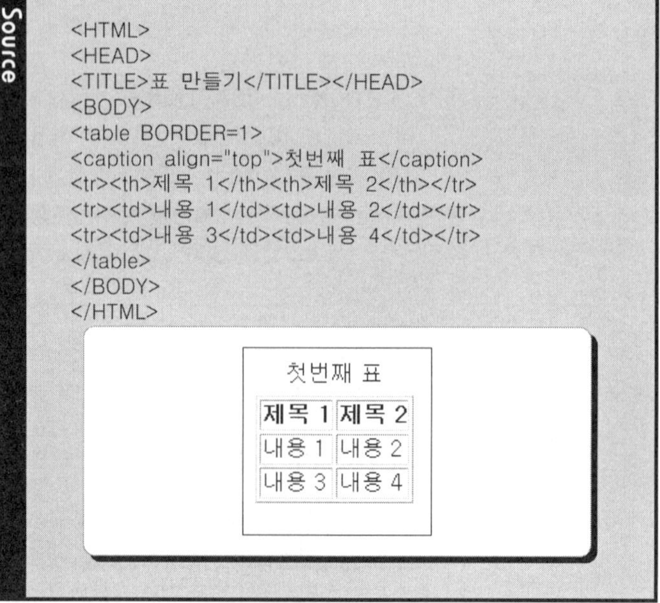

Source

```
<HTML>
<HEAD>
<TITLE>표 만들기</TITLE></HEAD>
<BODY>
<table BORDER=1>
<caption align="top">첫번째 표</caption>
<tr><th>제목 1</th><th>제목 2</th></tr>
<tr><td>내용 1</td><td>내용 2</td></tr>
<tr><td>내용 3</td><td>내용 4</td></tr>
</table>
</BODY>
</HTML>
```

첫번째 표

제목 1	제목 2
내용 1	내용 2
내용 3	내용 4

예제 : 셀 가로 합치기(colspan)

Source

```
<HTML>
<HEAD>
<TITLE>표 만들기</TITLE>
</HEAD>
<BODY>
<table border=1 width=200 height=200>
  <th colspan="4">제목</th>
  <tr>
  <td width="25%">내용1</td>
  <td width="25%">내용2</td>
  <td width="25%">내용3</td>
  <td width="25%">내용4</td>
</table>
</BODY>
</HTML>
```

제목			
내용1	내용2	내용3	내용4

예제 : 셀 세로 합치기(rowspan)

Source

```
<HTML>
<HEAD>
<TITLE>표 만들기</TITLE>
</HEAD>
<BODY>
<table border="1" width=200 height=200>
   <td width=100 rowspan="3">구분</td>
   <td width=100>내용1</td>
   <tr>
   <td>내용2</td>
   <tr>
   <td>내용3</td>
</table>
</BODY>
</HTML>
```

구분	내용1
	내용2
	내용3

추가예제

```
<table border="0" width="300" height="220"
        cellspacing="3">
  <tr bgcolor="Red">
    <td colspan="2">1행 1, 2열</td>
    <td>1행 3열</td>
  </tr>
  <tr>
    <td bgcolor="Blue" rowspan="2">2, 3행 1열</td>
    <td bgcolor="Yellow">2행 2열</td>
    <td bgcolor="Green">2행 3열</td>
  </tr>
  <tr>
    <td bgcolor="MediumPurple">3행 2열</td>
    <td>3행 3열</td>
  </tr>
</table>
=============================================
=
<html>
<head><title>메뉴바 만들기</title></head>
<body>
<table border="0" width="120" cellspacing="3"
cellpadding="5">
<tr><td bgcolor="#fbf2ce" align="center"> <font
color="red">:::: 메뉴 ::::</font> </td></tr>
<tr><td bgcolor="#7a8bed" align="center"> <font
color="white">홈으로</font> </td></tr>
<tr><td bgcolor="#7a8bed" align="center"> <font
color="white">나의 소개</font> </td></tr>
<tr><td bgcolor="#7a8bed" align="center"> <font
color="white">링크 사이트</font> </td></tr>
<tr><td bgcolor="#7a8bed" align="center"> <font
color="white">게시판</font> </td></tr>
<tr><td bgcolor="#7a8bed" align="center"> <font
color="white">방명록</font> </td></tr>
<tr><td bgcolor="#7a8bed" align="center"> <font
color="white">E-mail</font> </td></tr>
</table>
</body>
</html>
```

3.8 프레임 관련 Tag

3.8.1 프레임(Frame)

웹 브라우저의 화면을 2개 이상의 영역으로 구분하여 각각의 영역에 HTML문서를 표현하여 하나의 프레임셋(FrameSet)으로 만든 문서를 프레임(Frame)이라 한다.

3.8.2 프레임에서 사용되는 속성

종 류	기 능
border	프레임 테두리의 두께를 지정
src	해당 프레임에 삽입될 html 문서 지정
cols	프레임 구조를 수직(column) 분할(픽셀과 %로 지정)
rows	프레임 구조를 수평(row) 분할(픽셀과 %로 지정)
name	각각의 프레임의 고유의 이름, 문서가 열리는(open) 프레임의 위치를 지정해 주는 타겟(Target:대상 프레임)으로 사용
scrolling	스크롤바 옵션 지정(auto, yes, no)

3.8.3 FRAMESET Tag

① **정의**

HTML 문서에 HEAD와 BODY를 사용하지 않고 BODY 대신에 FRAMESET을 사용하여 문서를 여러 개의 영역으로 나눈다.

② **기본형식** : <FRAMESET 속성>.....</FRAMESET>

예제 : 프레임 작성(1)

Source

메인 메뉴 메뉴 1 메뉴 2 메뉴 3 . . .	홈페이지의 제목
	홈페이지의 내용

예제 : 프레임 작성(2)

Source

① FRAMESET 작성(frame.html)

```
<HTML>
<FRAMESET COLS="20%,*">
<FRAME SRC="menu.html">
<FRAMESET ROWS="15%,*">
<FRAME SRC="title.html">
<FRAME NAME="contents"
      SRC="content1.html">
</FRAMESET>
</FRAMESET>
</HTML>
```

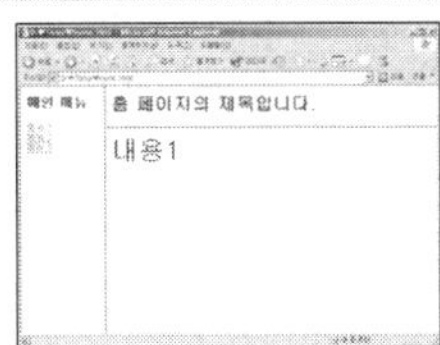

i) <FRAMESET COLS="20%,*"> : 화면 세로분할, "20%,*" 는 세로로 왼쪽부터 20%, 그리고 나머지라는 의미

ii) <FRAMESET ROWS="15%,*"> : 화면 가로 분할, "15%,*"는 가로로 위에서부터 15%, 그리고 나머지라는 의미

iii) <FRAME NAME="contents" SRC="content1.html"> : "contents" 프레임에 문서를 나타내기 위해 "NAME" 과 "TARGET" 속성 사용, "NAME" 속성은 "frame.htm"의 <FRAME> Tag에 사용하며, "TARGET" 속성은 "menu.htm"의 <A HREF = ...>부분에 사용한다.

예제 : 프레임 작성(3)

Source

② 메인 메뉴 작성(menu.html)

```
<html>
<body>
<h2>메인 메뉴</h2>
<a href = "content1.html"
  target = "contents">메뉴 1</a><br>
<a href = "content2.html"
  target = "contents">메뉴 2</a><br>
<a href = "content3.html"
  target = "contents">메뉴 3</a><br>
</body>
</html>
```

메인 메뉴

메뉴 1
메뉴 2
메뉴 3

예제 : 프레임 작성(4)

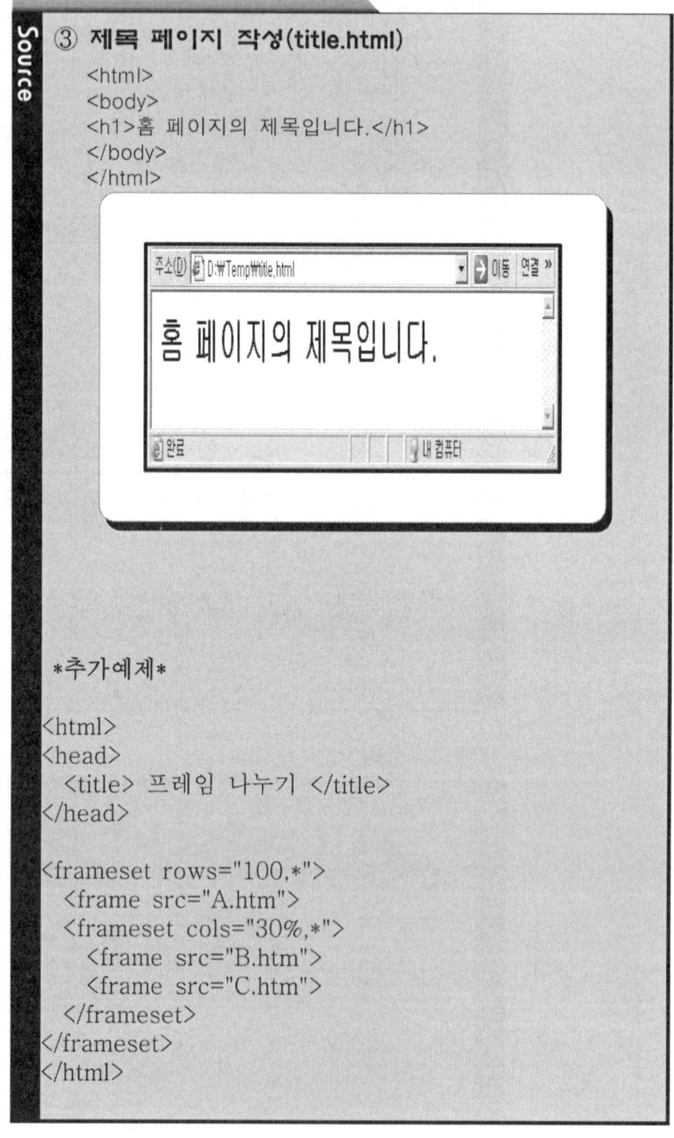

Source

③ **제목 페이지 작성(title.html)**

```
<html>
<body>
<h1>홈 페이지의 제목입니다.</h1>
</body>
</html>
```


추가예제

```
<html>
<head>
  <title> 프레임 나누기 </title>
</head>

<frameset rows="100,*">
  <frame src="A.htm">
  <frameset cols="30%,*">
    <frame src="B.htm">
    <frame src="C.htm">
  </frameset>
</frameset>
</html>
```

예제 : 프레임 작성(5)

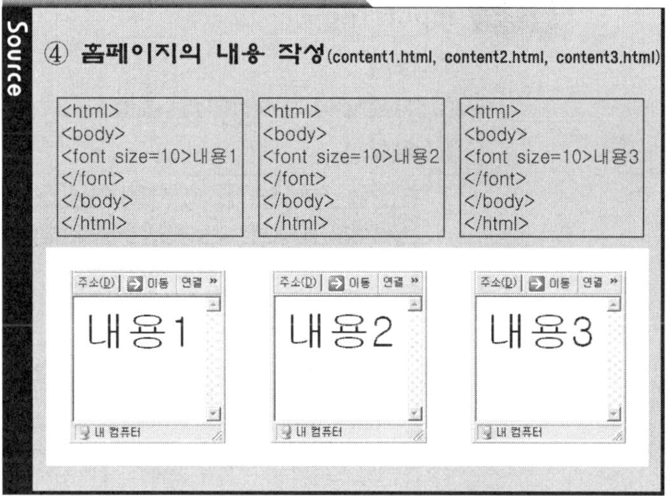
Source

④ **홈페이지의 내용 작성**(content1.html, content2.html, content3.html)

```
<html>
<body>
<font size=10>내용1
</font>
</body>
</html>
```

```
<html>
<body>
<font size=10>내용2
</font>
</body>
</html>
```

```
<html>
<body>
<font size=10>내용3
</font>
</body>
</html>
```

3.9 양식 관련 Tag

3.9.1 Form Tag

① **정의** : 양식(FORM)의 시작과 끝을 정의한다.
② **기본형식** : <FORM 속성>.....</FORM>

③ **속성**

종 류		기 능
NAME		양식의 이름을 정의 예 <FORM NAME = "testform">
METHOD	GET	사용자의 입력이 서버의 환경변수 QUERY_STRING에 전달
	POST	표준입력(Standard Input)을 이용하여 사용자의 입력이 서버에 전달(대용량의 데이터를 전송에 사용)

3.9.2 Input Tag

① **정의** : 입력 양식을 정의한다.

② **기본형식** : <INPUT 속성>.....</INPUT>

③ **속성**

종 류	기 능
NAME	입력양식의 이름
VALUE	입력양식이 표시될 때 초기값
SIZE	한 문자 단위의 입력양식의 길이(기본값 20)
CHECKED	<SELECT> Tag에서 기본값 설정
MAXLENGTH	입력 가능한 최대 문자의 수
TYPE	입력형태 결정

④ **TYPE 속성의 유형**

i) TEXT TYPE : 한 줄 입력(속성 : NAME, VALUE, SIZE, MAXLENGTH)

ii) PASSWORD TYPE : 암호입력(속성 : NAME, SIZ E, MAXLENGTH), 사용자의 입력이 암호문자(*)로 표시

iii) RADIO TYPE : 여러 개의 항목 중 하나의 항목 선택, 2개 이상이 하나의 그룹으로 설정, 각 버튼의 이름과 동일하게 사용

iv) CHECKBOX TYPE : 여러 개의 항목 중에서 하나 이상의 항목을 선택하는 경우에 사용

v) BUTTON TYPE : 버튼을 클릭하여 사용자가 Action을 취할 경우에 사용(SUBMIT, RESET, BUTTON)

예제 : Radio Type

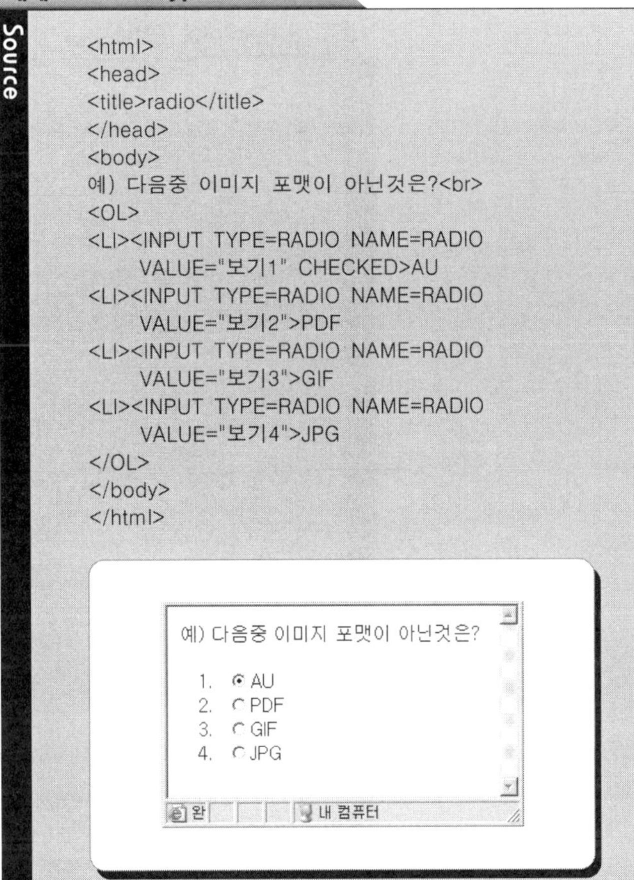


```
<html>
<head>
<title>radio</title>
</head>
<body>
예) 다음중 이미지 포맷이 아닌것은?<br>
<OL>
<LI><INPUT TYPE=RADIO NAME=RADIO
     VALUE="보기1" CHECKED>AU
<LI><INPUT TYPE=RADIO NAME=RADIO
     VALUE="보기2">PDF
<LI><INPUT TYPE=RADIO NAME=RADIO
     VALUE="보기3">GIF
<LI><INPUT TYPE=RADIO NAME=RADIO
     VALUE="보기4">JPG
</OL>
</body>
</html>
```

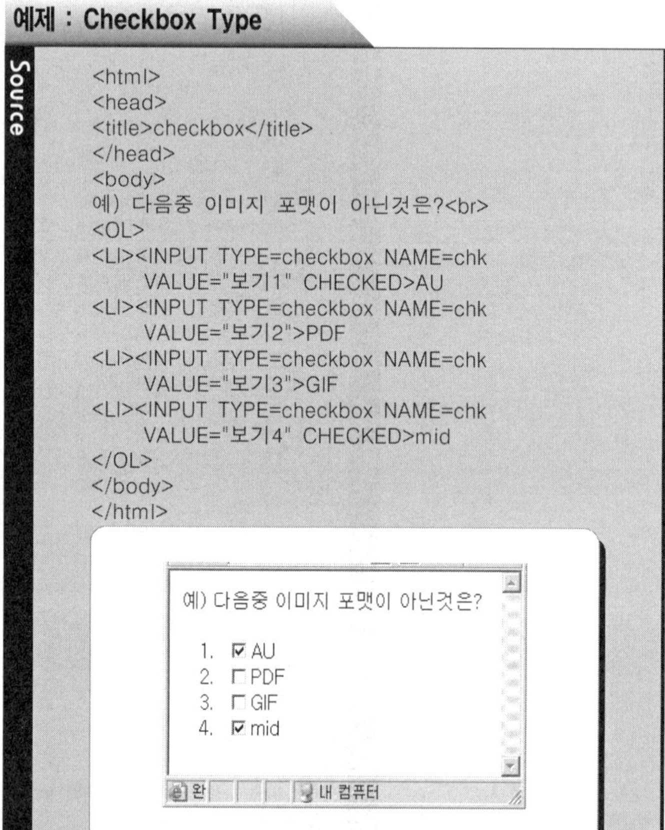

예제 : Checkbox Type

Source

```
<html>
<head>
<title>checkbox</title>
</head>
<body>
예) 다음중 이미지 포맷이 아닌것은?<br>
<OL>
<LI><INPUT TYPE=checkbox NAME=chk
     VALUE="보기1" CHECKED>AU
<LI><INPUT TYPE=checkbox NAME=chk
     VALUE="보기2">PDF
<LI><INPUT TYPE=checkbox NAME=chk
     VALUE="보기3">GIF
<LI><INPUT TYPE=checkbox NAME=chk
     VALUE="보기4" CHECKED>mid
</OL>
</body>
</html>
```

3.9.3 Select Tag

① **정의**

목록(LIST)에서 하나 혹은 여러 개의 항목을 선택하여 전송하고자 할 때 사용한다.

② **기본형식** : <SELECT 속성>.....</SELECT>

③ **속성**

종 류	기 능
NAME	선택 목록의 이름 정의

종 류	기 능
SIZE	선택 목록의 목록 갯수 설정(기본값 1) SIZE = 1일 경우에는 콤보 박스(Combo Box)형태로 나타나게 되고, 1보다 클 경우에는 일반 목록 상자(List Box) 형태가 된다.
MULTIPLE	다중 선택 가능 목록 상자에서 SHIFT키/CTRL키와 마우스를 이용해서 한 번에 여러 개 항목의 선택을 하는 것을 말한다. 이 때 SELECT Tag의 SIZE 속성은 반드시 1 이상이어야 한다.

3.9.4 Option Tag

① **정의** : 선택 목록을 열거한다.

② **기본형식** : <OPTION 속성>.....</OPTION>

③ **속성**

종 류	기 능
VALUE	해당 항목이 선택될 때 전달될 값
SELECTED	기본 선택 값으로 설정

예제 : 콤보박스

Source

```
<html>
<head>
<title>SELECT</title>
</head>
<body>
<SELECT NAME = select SIZE = 1>
<OPTION VALUE = "index1">Index1
<OPTION VALUE = "index2">Index2
<OPTION VALUE = "index3">Index3
<OPTION VALUE = "index4">Index4
</SELECT>
</body>
</html>
```

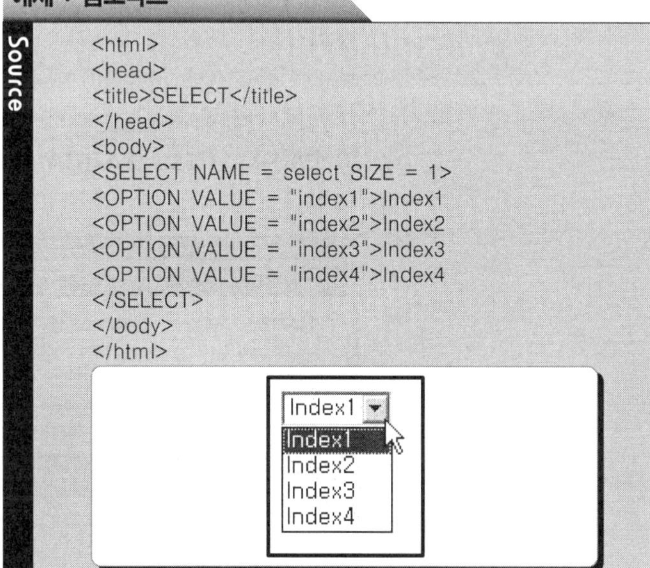

예제 : 목록상자

Source

```
<html>
<head><title>SELECT</title></head>
<body>
<SELECT NAME = select SIZE = 3>
<OPTION VALUE = "index1">Index1
<OPTION VALUE = "index2">Index2
<OPTION VALUE = "index3">Index3
<OPTION VALUE = "index4">Index4
</SELECT>
</body>
</html>
```

Index1
Index2
Index3

3.9.5 Textarea Tag

① **정의**

텍스트 입력 양식(TEXT)과 달리 한 줄 이상의 문장을 입력할 때 사용한다.

② **기본형식** : <TEXTAREA 속성>.....</TEXTAREA>

③ **속성**

종 류	기 능
NAME	텍스트 영역의 이름 정의
COLS	텍스트 영역의 가로 폭 설정(문자 단위)
ROWS	텍스트 영역의 세로 폭 설정(행 단위)

예제 : Taxtarea

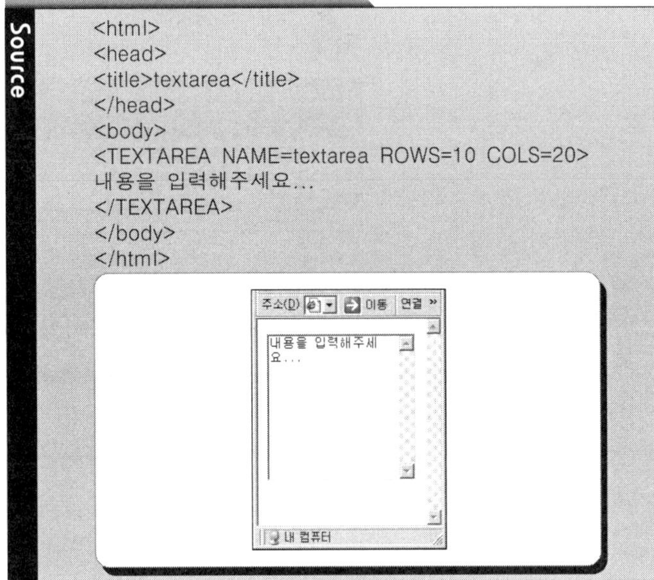

```
<html>
<head>
<title>textarea</title>
</head>
<body>
<TEXTAREA NAME=textarea ROWS=10 COLS=20>
내용을 입력해주세요...
</TEXTAREA>
</body>
</html>
```

3.10 멀티미디어 파일 삽입 Tag

3.10.1 사운드 및 비디오 파일의 링크

① **정의**

A Tag를 이용하여 파일명(URL)을 지정한다.

② **기본형식** : <A HREF="URL">

```
<A HREF="test1.wav">WAV 사운드 파일 재생</A>
<A HREF="test2.au">AU 사운드 파일 재생</A>
<A HREF="test1.avi">AVI 비디오 파일 재생</A>
<A HREF="test2.movi">AVI 비디오 파일 재생</A>
```

3.10.2 배경음악 설정

① **정의**

<HEAD>...</HEAD> 태그안에 삽입하여 배경음악을 실

행한다.

② **기본형식** : <BGSOUND 속성>

③ **속성**

종 류	기 능
SRC	재생하려는 MIDI 파일명
LOOP	반복 횟수

```
<HEAD>
    <BGSOUND SRC="media.mid" LOOP=5>
    .....
</HEAD>
```

주석문 달기

i) <!-- 내용 //--> : 문서를 제작 또는 관리하는 사람이 참고해야 하는 내용이나 설명이 필요한 사항을 입력한다.
ii) Tag 안에 정의된 부분은 브라우저에서는 보이지 않고, 소스보기에서만 보인다.
iii) 주석문은 자바스크립트(JavaScript)를 HTML 문서내에 포함시킬 때도 자주 사용된다.

Part 5

전자도서관과 컨텐츠관리

Contents

Part 5

한국문헌정보학특강; 1

전자도서관 특강

EduContents
B&B
Book&Brain

Chapter
16

Adobe Reader

Section 1 Adobe Reader 소개

프로그램 리뷰

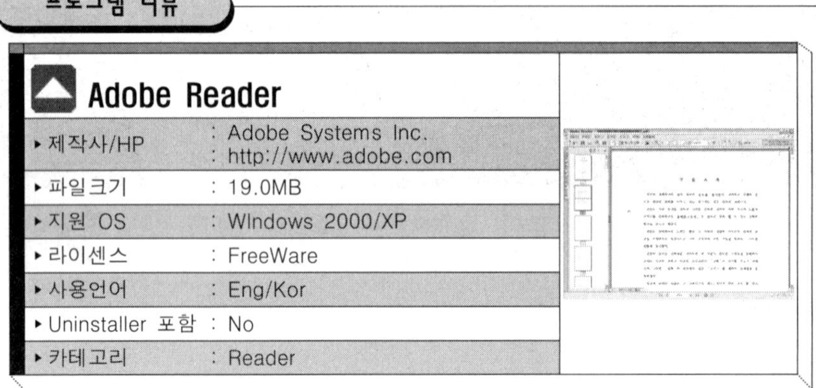

Adobe Reader

▸ 제작사/HP	: Adobe Systems Inc. : http://www.adobe.com
▸ 파일크기	: 19.0MB
▸ 지원 OS	: WIndows 2000/XP
▸ 라이센스	: FreeWare
▸ 사용언어	: Eng/Kor
▸ Uninstaller 포함	: No
▸ 카테고리	: Reader

Adobe Reader는 PDF 파일을 읽어서 볼 수 있도록 하는 프로그램으로 Adobe사에서 무료로 사용할 수 있도록 배포하고 있다. 그러나 PDF 파일을 작성하는 Acrobat은 상용 프로그램이다. 대부분의 일반 이용자들은 PDF 문서를 작성하기 보다는 읽는 경우가 더 많으므로 Acrobat 보다는 Reader를 많이 사용한다. Adobe Reader는 Acrobat Reader 5.x 버전에서 6.x 버전으로 업그레이드되면서 명칭을 Adobe Reader로 변경하였다.

PDF란 Portable Document Format의 약자로 윈도우, 매킨토시, 유닉스, OS/2 등 거의 모든 컴퓨터 운영 시스템에서 지원하는 파일 포맷이다. PDF 파일은 전자 출판의 혁명이라 할 정도로 획기적인 기술을 담고 있다. 또한 원본 형태를 그대로 유지할 수 있고, 종이로 출력했을 경우에는 높은 인쇄 품질을 유지한다. 프로그램 자체의 압축기술을 이용하여 파일의 크기를 최소한으로 줄일 수 있어, 인터넷을 통해 문서를 전송하기에 유용하다. 그리고 HTML 파일과는 달리, 파일 하나에 이미지를 모두 담고 있어 오프라인에서도 볼 수 있다. 자체 보안 기능까지 갖추고 있어 중요한 문서에 암호를 설정할 수도 있다.

PDF는 호환성에 있어서도 매우 뛰어나다. 기존 문서 파일은 그 파일을

읽을 수 있는 워드프로세서 프로그램이 없으면 볼 수가 없다. 또한 상위 버전에서 작성한 파일은 하위 버전의 프로그램에서는 읽을 수 없다. 또한 해당 글꼴이 없으면 다른 글꼴로 대체해서 나오며, 언어가 일치하지 않으면 읽지 못하는 문제점이 있다. 컴퓨터 운영체계가 다르면 그 문서를 읽을 수 없기 때문에 원본 그대로의 문서 파일을 교환하기 어렵다는 문제점이 있다.

PDF는 위의 이러한 문제를 완전히 해결해서 어떤 운영체제를 사용하더라도 동일한 포맷의 문서 파일을 읽을 수 있도록 하였다. 원본 그대로를 손상없이 유지해서 전달한다. 예를 들면, 한글로 작성된 PDF 파일을 다른 언어를 사용하는 운영체제에서도 읽을 수 있다는 것이다.

Section 2 다운로드 사이트

Adobe Reader는 http://www.adobe.com/에서 최신 버전을 구할 수 있다. 모든 기능이 제공되는 프리웨어이다.

http://www.adobe.com/

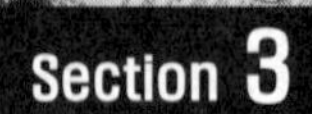

Section 3 설치 및 실행하기

Step 01 설치 파일을 더블클릭하면 다음과 같이 설치를 위한 데이터 정리 단계가 시작된다.

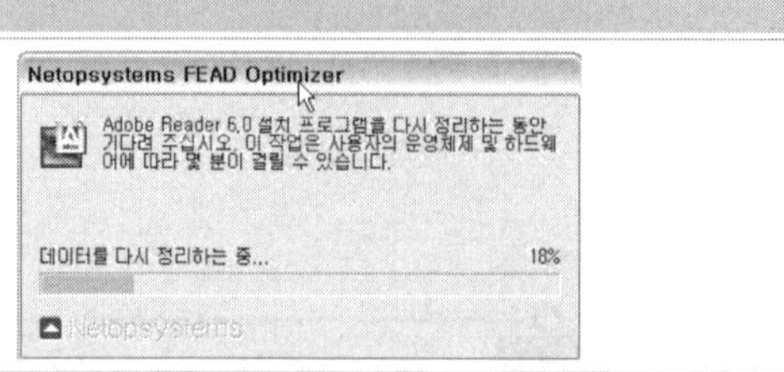

Step 02 설치 마법사의 시작 화면으로, [다음]을 클릭한다.

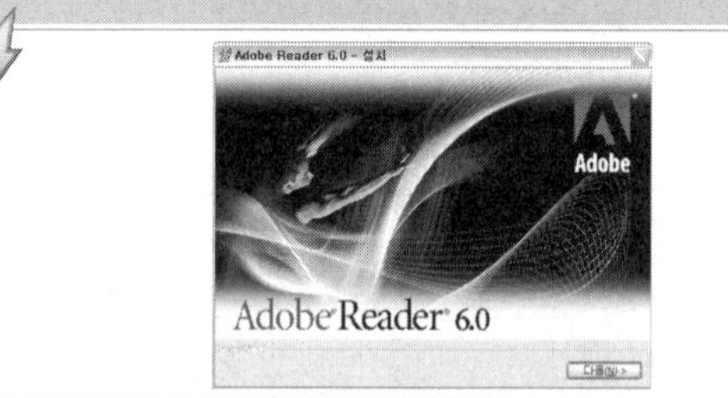

Step 03 시작 메세지가 나오면 [다음]을 클릭한다.

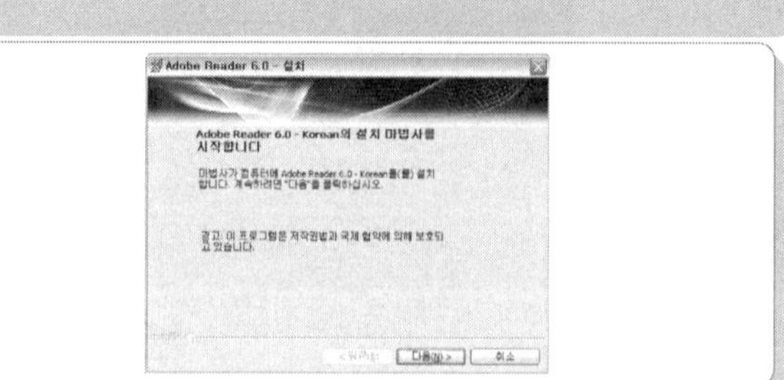

Step 04 프로그램이 설치될 경로를 지정하는 단계이다. 경로를 변경하려면 [대상 폴더 변경]을 클릭하면 된다. [다음]을 클릭한다.

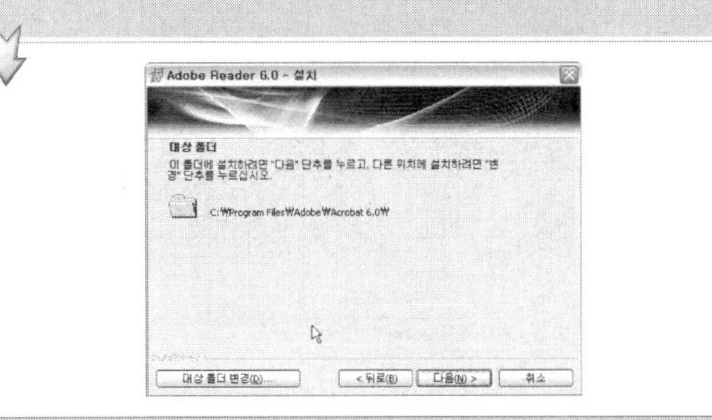

Step 05 프로그램의 설치준비 완료 메시지가 나온다. [설치] 버튼을 클릭한다.

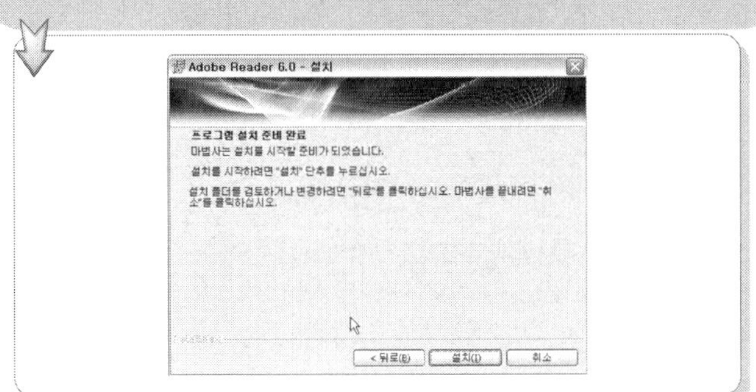

Step 06 프로그램의 설치진행 상황을 보여준다.

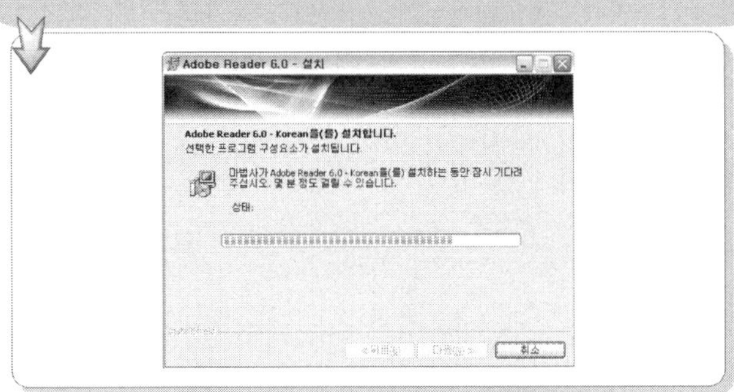

Step 07 완료 메시지가 나오면 [마침] 버튼을 클릭한다.

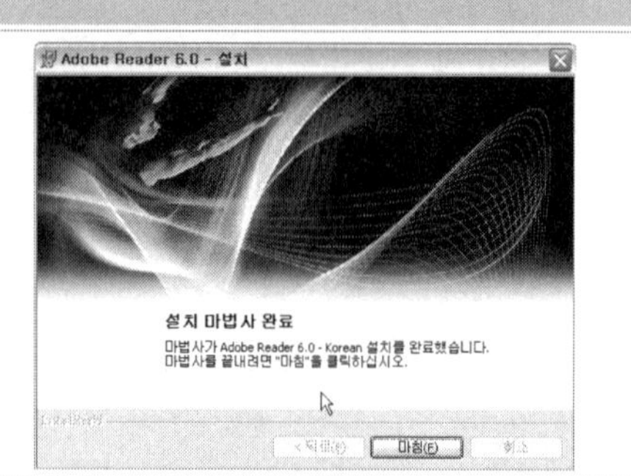

Step 08 바탕화면의 바로가기 아이콘을 클릭하거나 윈도우의 [시작] ⇨ [프로그램] ⇨ [Adobe Reader 6.0]을 클릭하면 다음과 같은 메시지 창이 뜬다. 소프트웨어 사용권 허가 계약서로 [동의] 버튼을 누른다.

최종 사용자 사용권 계약서

다음 사용권 계약서를 읽으십시오. Page Down 키를 누르면 계약서의 나머지 부분도 볼 수 있습니다.

ADOBE SYSTEMS INCORPORATED

ADOBE® READER 소프트웨어 사용권 계약서
사용자 고지 사항: 중요한 내용이므로 자세히 읽으십시오. 사용자는 ADOBE READER 소프트웨어("소프트웨어")의 전부 또는 일부를 사용함에 있어 다음의 특별 제한 사항을 포함한 이 계약서의 모든 조건에 동의해야 합니다. 제2조의 사용 제한, 제4조의 양도, 제6조의 보증 조항, 제7조의 책임 조항이 제한 사항입니다. 이 계약서가 사용자에 의하여 서명된 협상된 계약서와 같은 강제성을 지닌다는 점에 동의해야 합니다. 사용자가 이러한 내용에 동의하지 않으면 소프트웨어를 사용할 수 없습니다. 만약 이 사용권을 검토할 기회 없이 CD와 같은 유형적 매체 형식의 소프트웨어를 취득하였고, 이 계약서에 동의하지 않으면, (A) 소프트웨어를 사용하지 않고, (B) 구매한 날로부터 30일 이내에 소프트웨어 구매 영수증과 함께 구매한 장소에 반품하는 경우에는 구매 대금 전액을 환급하여 드립니다

이 소프트웨어에 대한 모든 지적 재산권은 Adobe 및 해당 공급업자에게 있습니다. Adobe

위 사용권 계약서의 모든 조항에 동의하십니까? 동의하지 않으면 Acrobat이 닫힙니다. 이 계약서에 동의하면 Acrobat이 시작됩니다.

동의(A) 동의하지 않음(D)

Step 09 Adobe Reader를 실행한 화면이다.

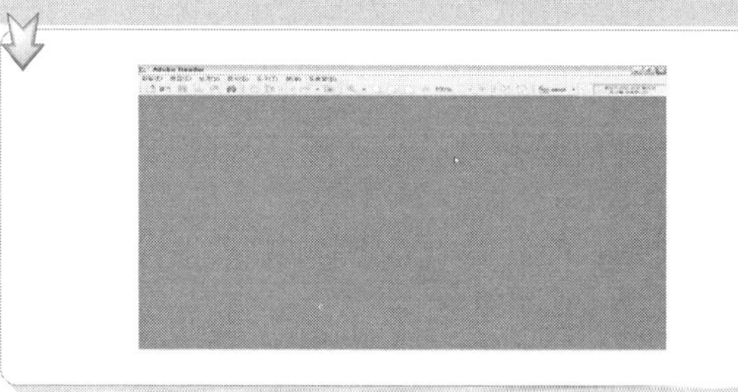

Section 4 기본 길잡이

4.1 PDF 문서 열기

Step 01 **탐색기에서 열기**: 윈도우 탐색기를 이용하여 PDF 확장자를 가진 파일을 찾은 후, 더블클릭한다.

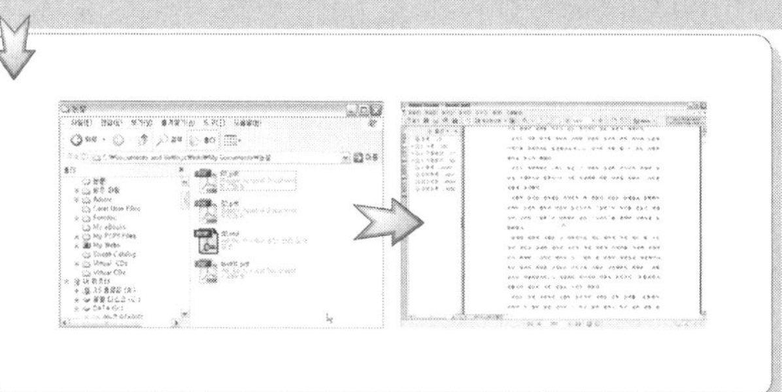

Step 02

Adobe Reader에서 열기: Adobe Reader를 실행한 후, [파일]-[열기] 또는 열기 아이콘을 클릭한다. 다음과 같이 '열기' 창이 나타나면 PDF 파일을 선택한다.

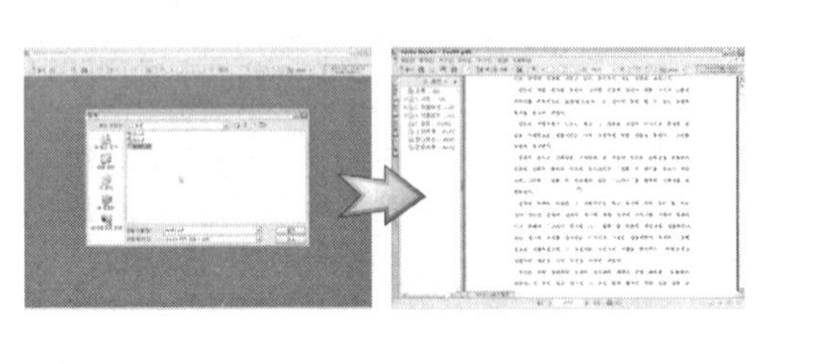

4.2 PDF 문서 읽기

Step 01

PDF로 작성된 도움말 파일을 불러와 보자. 도움말 파일은 'C:₩Program Files₩Adobe₩Acrobat 6.0₩Help₩KOR'에 위치해 있다. 만일 한글 글꼴이 설치되어 있지 않다면 업데이트 화면이 나온다. 온라인 업데이트를 클릭하면 글꼴을 업데이트 한다.

(35%) Adobe Reader Update Manager
1:1 (한국어 글꼴) 업데이트 다운로드 중
파일 이름: alf_kor.exe
위치: C:₩Documents and Settings₩info₩Applicatio...₩Updater₩
남은 시간: 9분 4초 (1490중 4210 KB)
일시 중지(P)
취소(C)

Step 02

업데이트가 완료되면 문서를 보여준다. 좌측에는 목차가 나오는데, PDF 문서는 인쇄물과는 달리 하이퍼텍스트 기능을 지원한다. 읽고자 하는 목차를 마우스로 클릭하면 해당하는 페이지로 이동하여 오른쪽에 해당 본문을 보여준다.

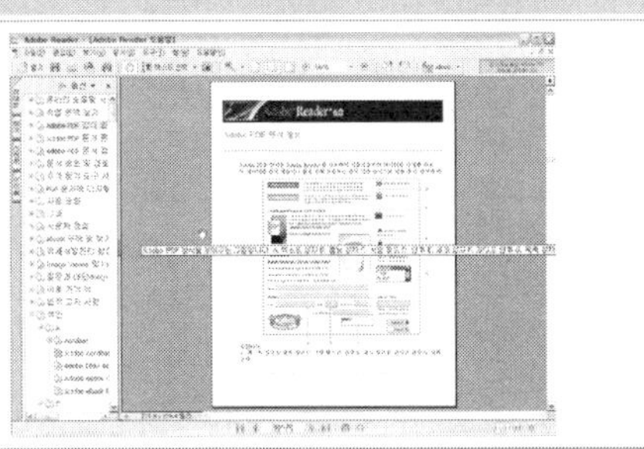

Step 03

오른쪽의 문서보기 화면을 넓히기 위해 책갈피 화면을 없애려면 [보기] ⇨ [탐색 탭] ⇨ [책갈피]의 선택을 해제하거나 책갈피 창의 [X] 버튼을 클릭하면 된다.

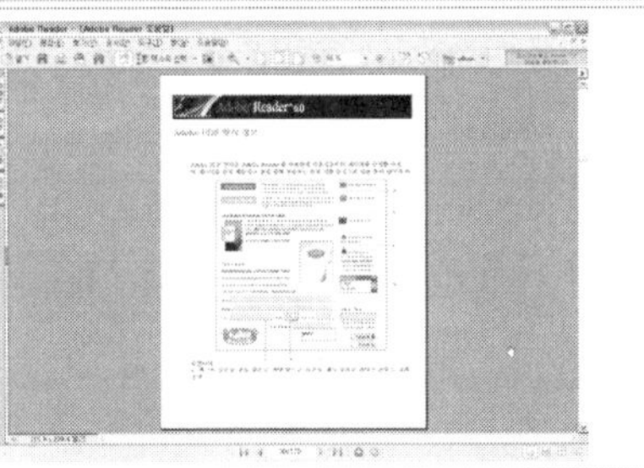

Step 04

PDF 문서는 확대/축소가 가능하며 사용자가 원하는 만큼 확대하거나 축소해서 볼 수 있다. 가장 많이 사용되는 방법이 아이콘을 이용하여 '실제크기', '페이지에 맞추기', '너비에 맞추기'를 설정할 수 있다. 다음은 '페이지에 맞추기'를 선택한 화면이다.

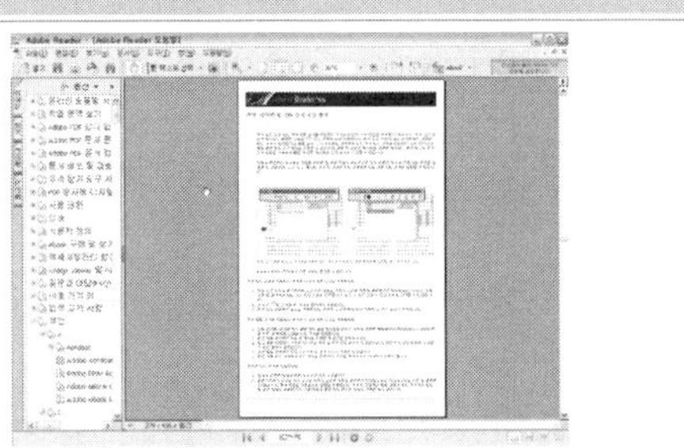

Step 05

확대/축소는 아이콘을 이용하여 영역을 지정하여 해당 부분을 확대할 수 있다. 다음은 영역을 지정하여 확대한 화면이다. 반대로 축소하려면 [Ctrl]키를 누른 상태에서 문서를 클릭하면 된다.

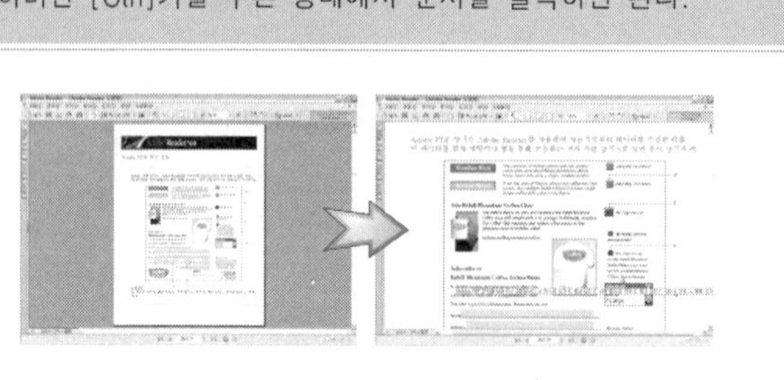

확대 비율을 직접 입력하거나 지정할 수도 있는데 125% 비율 입력상자를 이용하면 된다. 드롭다운 버튼을 클릭하면 다양한 확대/축소 비율이 나타난다.

Step 06

페이지 이동은 [Page Up], [Page Down]을 이용하는 것이 일반적이며, 하단의 페이지 이동 아이콘을 이용할 수도 있다. 페이지 이동 아이콘은 화면의 중앙 하단에 있으며 이동할 페이지를 직접 입력해도 된다.

4.3 문자열 검색

Step 01

PDF 문서는 이미지 파일이 아니라면 문자열 검색이 가능하다. 문자열 검색을 하려면 아이콘을 클릭한다. 화면의 오른쪽에 검색창이 나타난다.

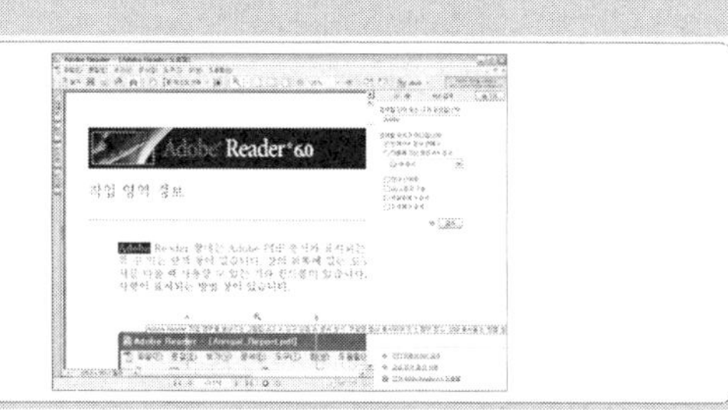

검색할 단어나 구를 입력할 수 있으며 검색할 위치를 현재 문서뿐만 아니라 특정 위치에 있는 PDF 문서까지도 확장할 수 있다. 검색 옵션으로 [단어 단위로], [대/소문자 구분], [책갈피에서 검색], [주석에서 검색] 등을 설정할 수 있다.

Step 02

문자열 검색으로 'Adobe'라고 입력한 검색결과이다. 검색어와 전체 검색된 결과의 수 그리고 결과가 출력된다. 결과를 클릭하면 좌측의 본문이 해당 단어가 있는 곳으로 이동한다. 다음은 마지막 검색어를 클릭하여 본문에서 찾아간 화면이다.

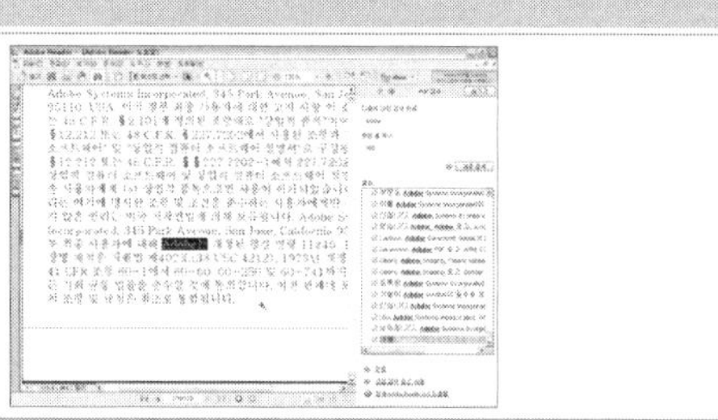

4.4 인쇄하기

Step 01

인쇄를 하려면 프린터 아이콘을 누르거나 [파일] ⇨ [인쇄]를 선택한다. 인쇄 대화상자가 나타나며 인쇄범위, 페이지 처리 등을 지정할 수 있다.

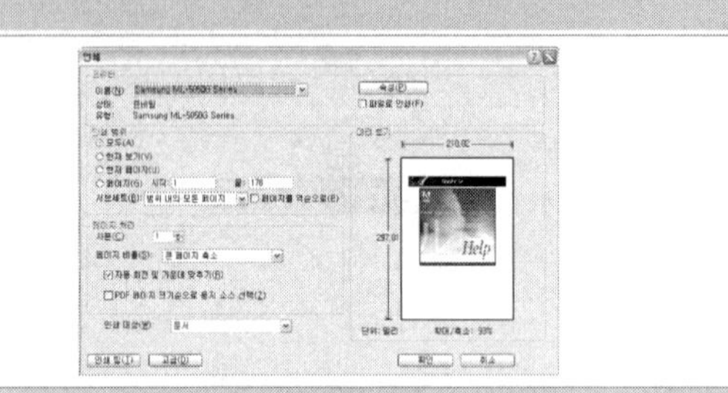

4.5 PDF 서비스의 활용

Step 01

국내 신문사 홈페이지에서 제공하는 PDF 파일 서비스를 이용해 보자. PDF 서비스 사이트(http://pdf.sportsseoul.com)중에 한 곳으로 접속한다.

Step 02

화면 좌측의 메뉴에서 날짜별 검색을 클릭한다.

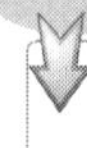

Step 03

날짜별 검색을 클릭하고 원하는 날짜를 지정한다. 검색할 날짜를 '2006년 8월 31일'로 지정하고 [검색]을 클릭한다.

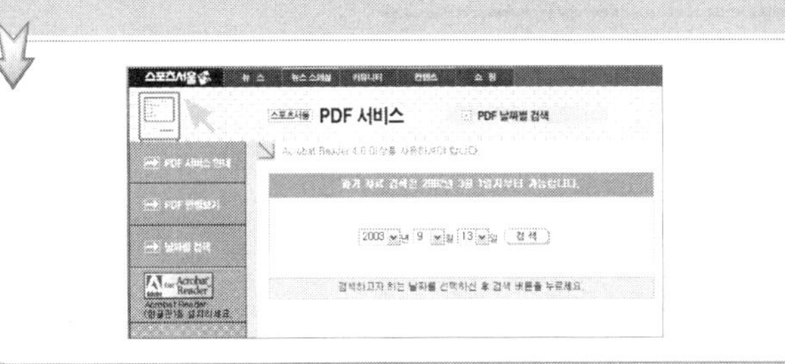

Step 04

해당 날짜의 각 면과 내용이 나오며, 우측에는 PDF 파일의 크기가 표시된다. 이중에서 하나의 PDF 기사를 클릭한다.

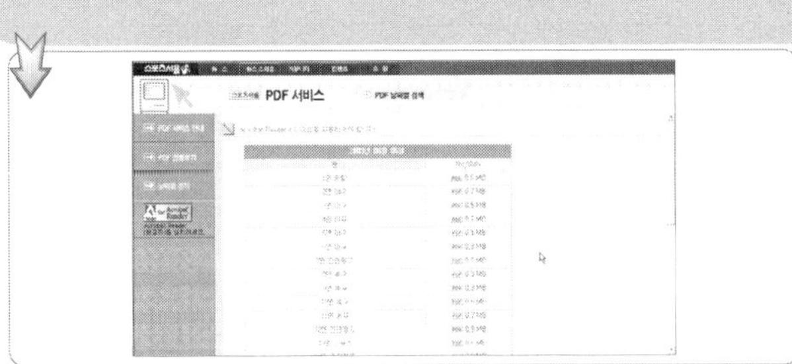

Step 05

Adobe Reader가 실행되면서 웹 브라우저 내에서 선택한 기사의 PDF 원문을 보여준다.

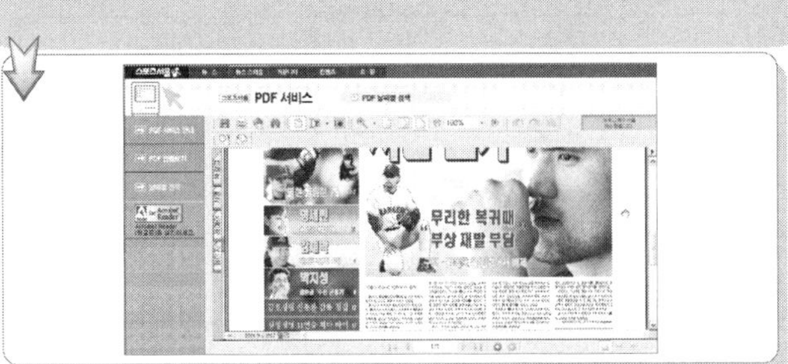

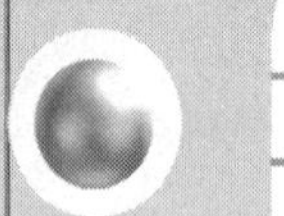

Note

Chapter 17

Hypercam

Chapter
Hypercam

Section 1

HyperCam 소개

프로그램 리뷰

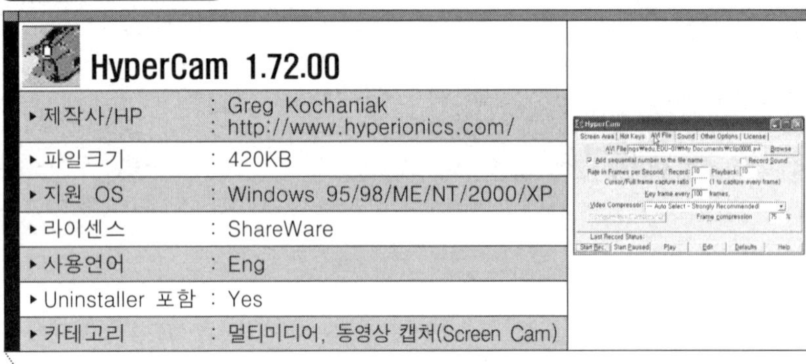

HyperCam 1.72.00

▸ 제작사/HP	: Greg Kochaniak : http://www.hyperionics.com/
▸ 파일크기	: 420KB
▸ 지원 OS	: Windows 95/98/ME/NT/2000/XP
▸ 라이센스	: ShareWare
▸ 사용언어	: Eng
▸ Uninstaller 포함	: Yes
▸ 카테고리	: 멀티미디어, 동영상 캡쳐(Screen Cam)

HyperCam 1.72.00은 화면상의 움직임을 동영상으로 캡쳐할 수 있는 동영상 캡쳐 프로그램이다. 이 프로그램은 HyperSnap-DX의 제작사로 유명한 Hyperionics사에서 제작한 스크린 동영상 캡쳐 프로그램이다. 본 프로그램은 기능 제한이 있는 셰어웨어이다.

주요 기능은 컴퓨터의 모니터 스크린에 나오는 영상을 일정 시간 간격으로 캡쳐하여 AVI(Audio-Video Interleaved)라는 동영상 파일로 저장할 수 있다. 또한 각종 설명 및 Presentation 자료 제작에 유용하게 사용할 수 있으며 사운드 녹음도 가능한데 마우스의 클릭하는 소리까지 저장할 수 있다. 사용방법도 간단하며 다양한 압축 코덱도 제공한다.

사용자가 캡쳐를 원하는 영역만을 직사각형 형태로 지정할 수 있으며, 캡쳐할 윈도우 역시 선택이 가능하다. 기능은 6개의 탭으로 분류되어 있어 간단한 방법으로 사용할 수 있다.

주석과 스크린 노트, 초당 프레임수, 압축률 등의 설정이 가능하며, 단축키를 지정하여 편리하게 사용할 수 있다.

셰어웨어 버전인 경우에는 AVI 동영상의 왼쪽 상단에 'Unregisted Hyper Cam'이란 메시지가 삽입되는 제한이 있다. 고해상도의 캡쳐 영상을 얻기 위해서는 고성능 컴퓨터일수록 유리하다. 컴퓨터의 성능이 우수하지 않으면,

실행 시작후 작동하기까지 시간이 오래 걸린다는 단점이 있다. 그래서 캡쳐하는 동안 가능한 관련없는 프로그램은 종료하는 것이 좋다.

HyperCam 1.7x은 Hyperionics Technology사 홈페이지의 [다운로드] 메뉴에서 최신 버전을 입수할 수 있다.

http://www.hyperionics.com/

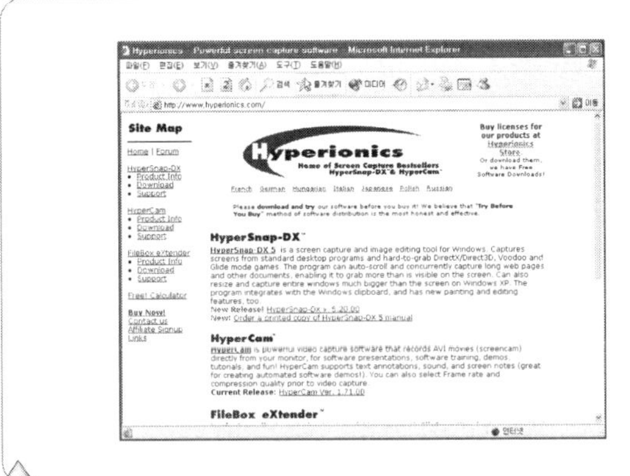

Hyperionics Technology사의 메인 홈페이지 화면으로, 왼쪽 메뉴에서 [HyperCam]/[Download]를 클릭한다.

Section 2
HyperCam 활용

다음은 HyperCam을 이용한 모니터의 화면을 캡쳐하는 과정이다.

Step 01

윈도우의 [시작]/[모든 프로그램]/[HyperCam]/[HyperCam]의 순으로 선택한다.

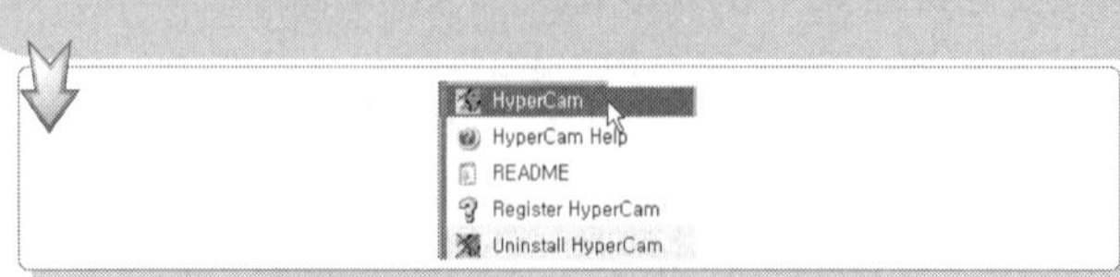

Step 02

셰어웨어이므로 정상적으로 등록되지 않았음을 설명하고, 작업한 모든 AVI 파일에는 등록판이 아니라는 'Unregistered Hypercam'이라는 메세지가 적힌다는 것을 밝히고 있다. 여기서 [확인]을 누른다.

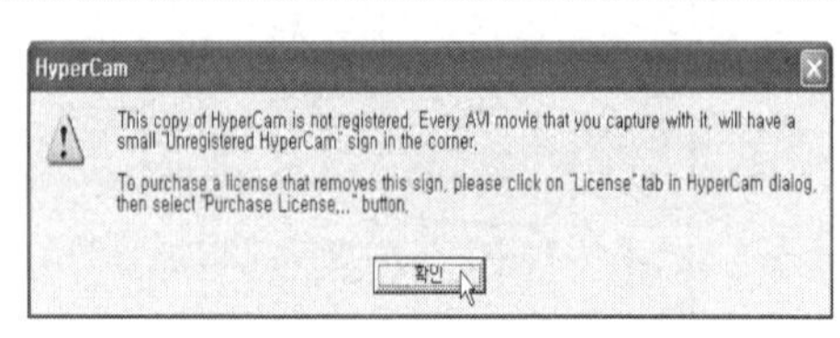

Step 03

[Screen Area] 탭에서 [Select Region] 버튼을 클릭한다. 특정 프로그램이 실행되는 동영상을 캡쳐할 경우에는 [Select Window]를 선택해도 된다.

Step 04

마우스가 '+'모양으로 바뀌면, 다음과 같이 화면상에서 캡쳐할 영역을 설정한다. 설정을 완료하면 다시 HyperCam의 초기화면이 나온다.

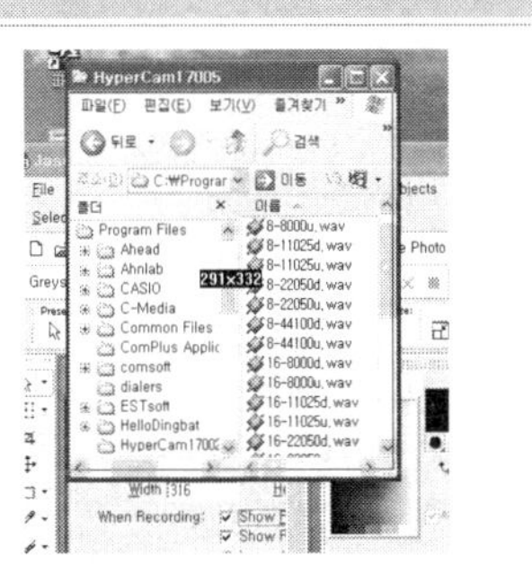

Step 05

[Hot Key] 탭을 선택하여 단축키를 확인하거나 설정을 바꾼다. 여기서는 기본적으로 설정되어 있는 캡쳐시작과 종료는 F2, 일시정지/다시 시작은 F3으로 정한다. 또한 [Pan Lock]은 [Shift+F3]인데, 이는 캡쳐할 때 마우스가 움직이는 지점을 위주로 캡쳐할 때 사용된다.

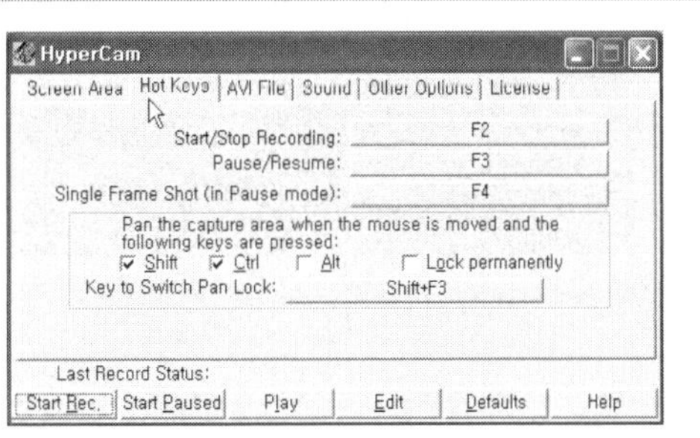

Step 06

[AVI File] 탭에서 저장할 파일명을 입력하고 압축률을 조정한다. 여기서는 50%의 압축률을 지정하였다. 참고로, [Sound] 탭에서 사운드 녹음 여부를 선택할 수 있고, [AVI File] 탭에서도 사운드 녹음 여부를 선택할 수 있다.

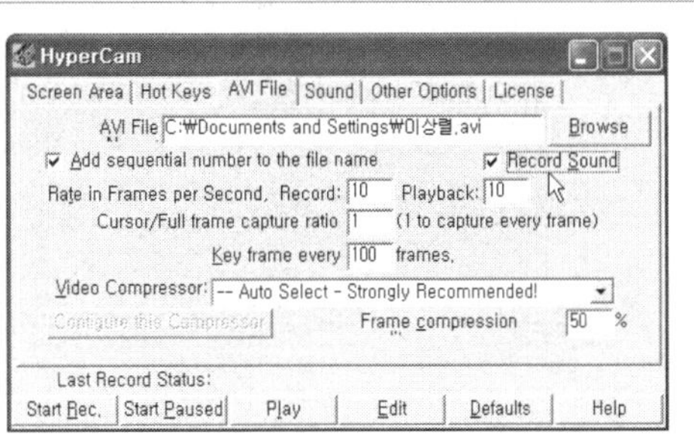

Step 07

캡쳐를 시작하려면 화면 하단의 [Start Rec.] 버튼을 누르거나 단축키인 F2를 누른다.

Step 08

다음과 같이 특정 영역을 동영상으로 캡쳐하고 있으며, 캡쳐하는 동안 해당 영역의 테두리가 깜박인다. 또한 캡쳐중에 캡쳐 영역 창의 이동도 가능하다. 기본 설정 단축키는 [Ctrl+Shift] 키인데, 두개의 버튼을 누른 상태에서 마우스로 이동하면 캡쳐 영역도 함께 이동한다.

Step 09

캡쳐를 종료하려면 단축키(F2)를 누르거나 [Stop Rec.] 버튼을 선택하면 된다. 다시 HyperCam 초기화면이 나오는데 [Play] 버튼이 활성화된 것을 볼 수가 있다. [Play] 버튼을 누르면 윈도우의 동영상 재생기(Window Media Player)를 통해서 캡쳐된 내용을 볼 수 있다.

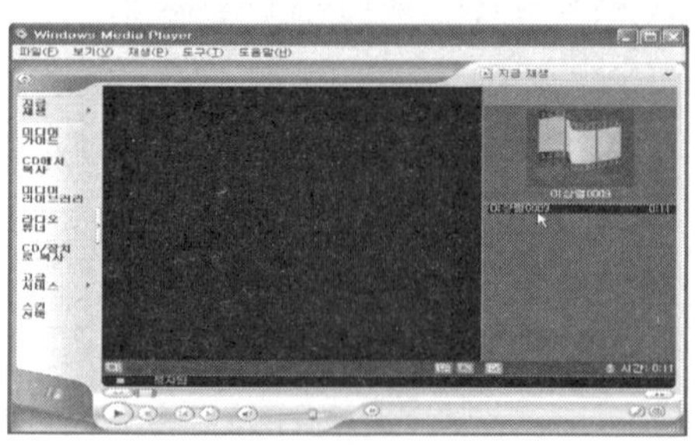

Chapter

18

SnagIt

SnagIt

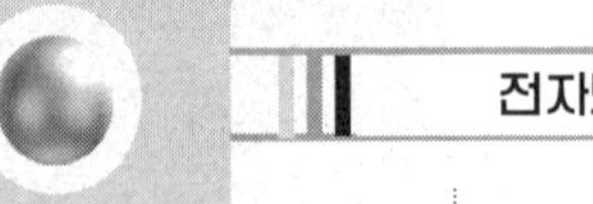

Section 1 SnagIt 소개

프로그램 리뷰

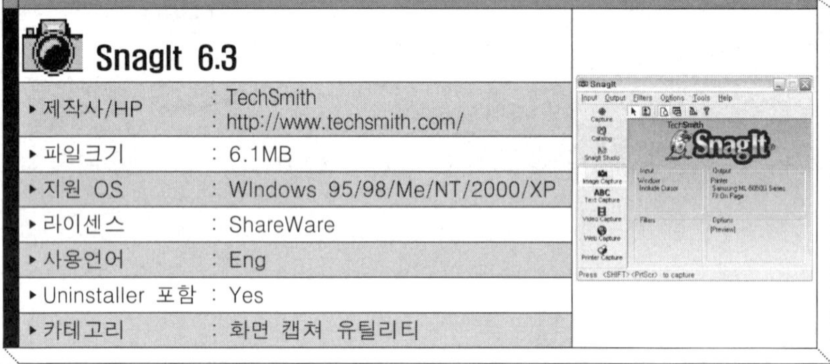

SnagIt 6.3

▸ 제작사/HP	: TechSmith : http://www.techsmith.com/
▸ 파일크기	: 6.1MB
▸ 지원 OS	: WIndows 95/98/Me/NT/2000/XP
▸ 라이센스	: ShareWare
▸ 사용언어	: Eng
▸ Uninstaller 포함	: Yes
▸ 카테고리	: 화면 캡쳐 유틸리티

SnagIt은 화면 캡쳐 유틸리티로 캡쳐 및 저장, 인쇄 기능을 제공한다. 특히 보이지 않는 부분까지 모두 캡쳐해 주는 기능을 제공하며, 전체 화면이나 특정 부분, 특정 창 등을 제한적으로 캡쳐할 수도 있다. 캡쳐시 마우스 포인터를 보이게, 혹은 안 보이게 하는 기능도 있으며, 캡쳐한 화면을 파일, Email, 클립보드, 프린터 등으로 전송할 수 있다.

가장 특징적인 기능은 웹 페이지처럼 스크롤해야 하는 페이지의 경우 자동으로 스크롤하면서 하나의 그림으로 캡쳐할 수 있다. 또한 사용자가 원하는 단축키의 사용자 정의를 통하여 원하는 단축키로 캡쳐 명령을 수행할 수 있다.

단순히 화면 캡쳐 뿐만 아니라 동화상까지 캡쳐하는 기능도 유용하게 쓰인다.

Section 2 다운로드 사이트

SnagIt은 제작사의 홈페이지인 http://www.techsmith.com에서 다운로드 할 수 있다.

이 프로그램은 30일 동안 자유롭게 사용할 수 있는 세어웨어이다.

http://www.techsmith.com/download/snagitdefault.asp

Section 3 설치 및 실행하기

Step 01 다운로드 받은 파일을 더블클릭하면 다음과 같은 환영 메세지가 출력된다. [Next]를 클릭하여 다음으로 진행한다.

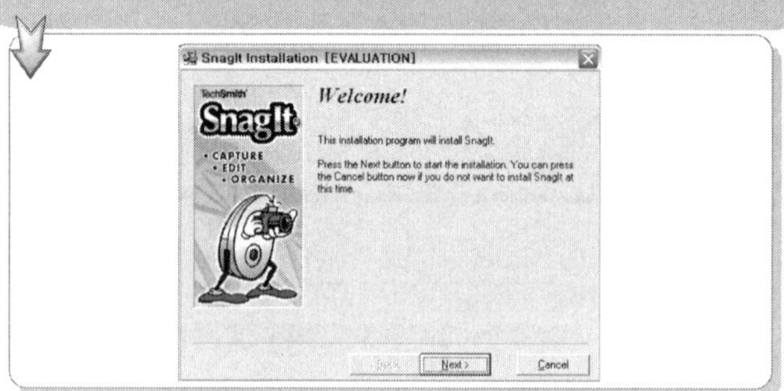

Step 02 프로그램의 라이센스 설명 화면이 나타난다. 프로그램을 설치하려면 [Accept] 버튼을 클릭한다.

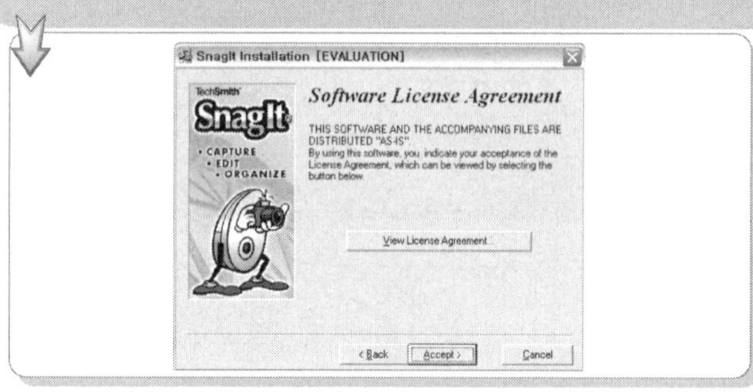

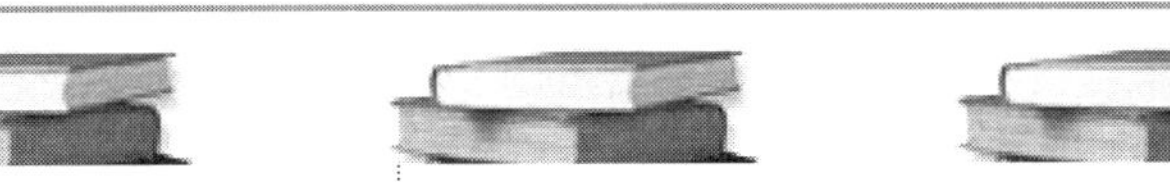

Step 03 프로그램이 설치될 위치를 지정하며, 생성할 단축아이콘을 지정한다.

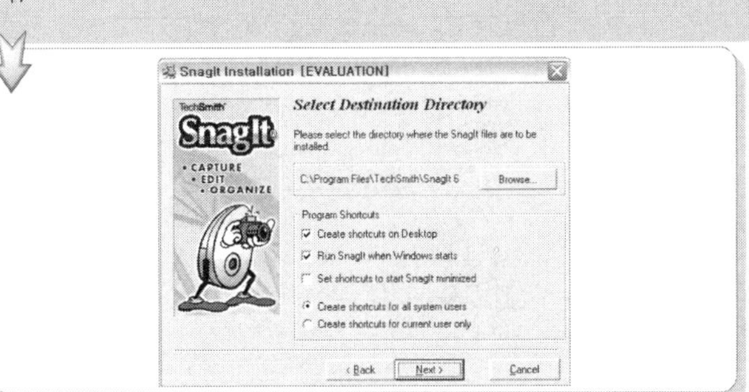

Step 04 SnagIt과 함께 설치될 다른 프로그램을 선택하는 단계이다. [SnagIt Studio]나 [Capture Printer Driver] 등을 설치할 수가 있다.

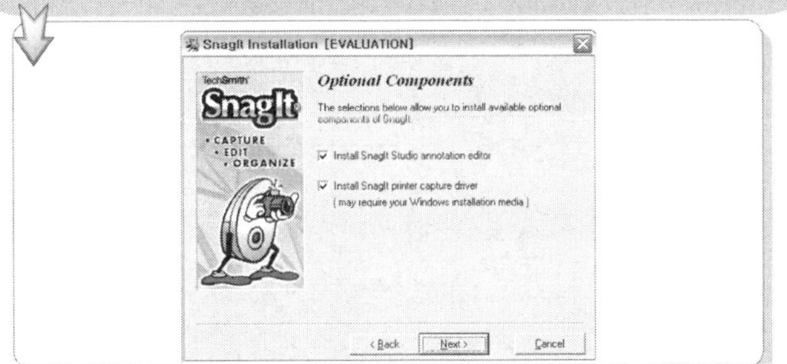

Step 05 각종 프로그램에 포함하여 SnagIt을 실행할 수 있도록 하는 단계로서 MS Office 프로그램에 포함되어 SnagIt을 실행할 수 있도록 설정할 수도 있다.

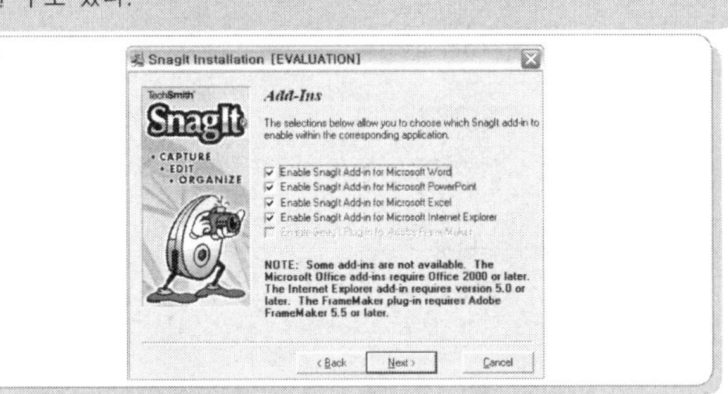

Step 06 지금까지의 설치환경 설정이 완료되면 설치준비 완료 메세지가 나온다. [Next]를 클릭하면 설치를 시작한다.

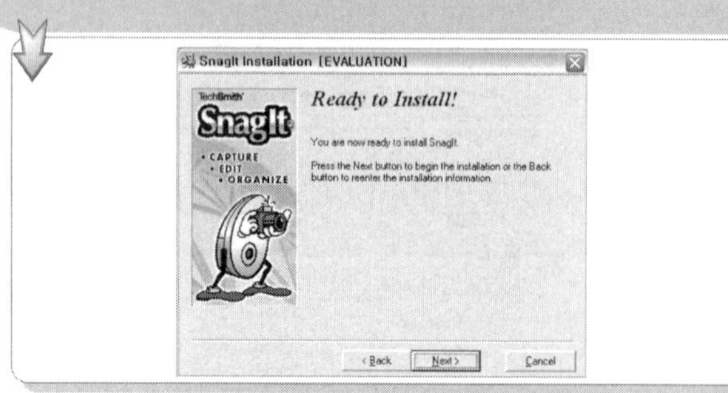

Step 07 프로그램의 압축을 풀고 설치되는 과정을 보여준다.

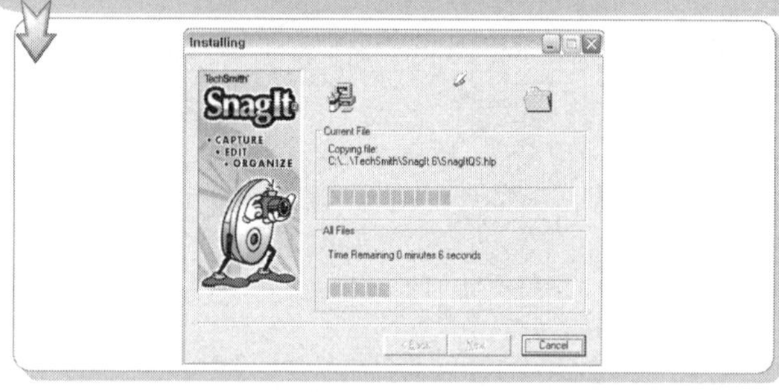

Step 08 설치완료 화면에서 [Finish] 버튼을 클릭하면 프로그램 설치가 종료된다.

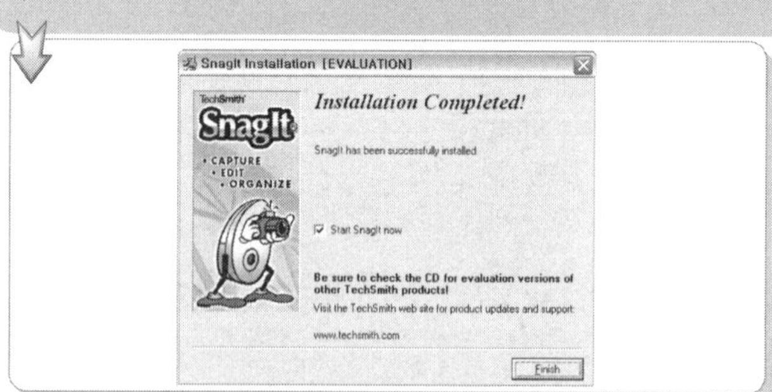

Step 09 [Finish]를 클릭하면 프로그램이 실행되며 쉐어웨어이므로 프로그램의 사용기간을 알려주는 메세지가 나타난다. [마침]을 클릭한다.

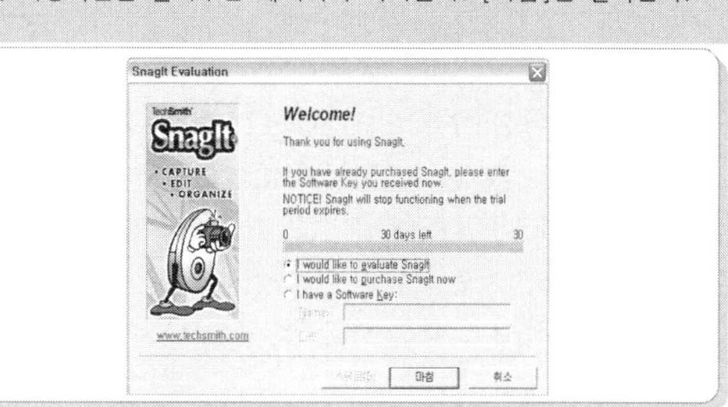

Step 10 SnagIt의 실행 초기화면이 나타난다.

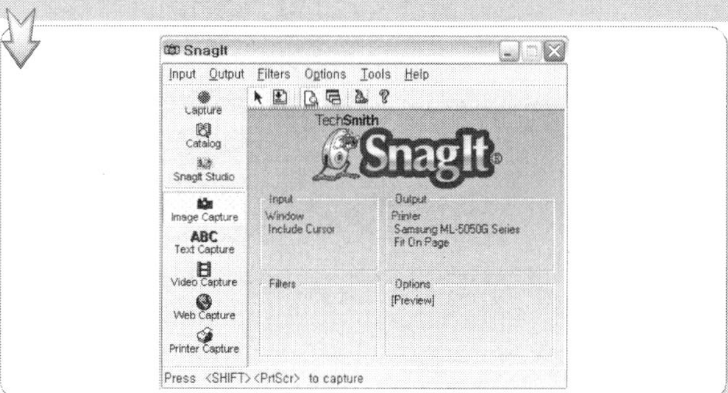

Section 4 기본 길잡이

4.1 메뉴의 이해

기본값으로 설정된 Image Capture는 일반적으로 사용하는 캡쳐 방식으로 사용자가 캡쳐한 것을 이미지 파일로 저장, 프린트, 외부 프로그램에 붙여넣

기, 메일 또는 웹으로 전송할 수 있다.

Image Capture의 메뉴를 살펴보면 다음과 같다.

1. Input 메뉴

Input 메뉴에서는 캡쳐방법을 선택할 수 있다. 전체 스크린/창/활성창/선택영역/설정한 선택영역/비트맵 파일/클립보드/도스/메뉴 중에서 캡쳐 방법과 마우스 포인터를 포함해서 캡쳐할지, Auto Scroll 기능 사용, 클립보드 자동 캡쳐, Properties(환경설정)의 Fixed Region에서 사용할 캡쳐 사이즈 등을 설정할 수 있다.

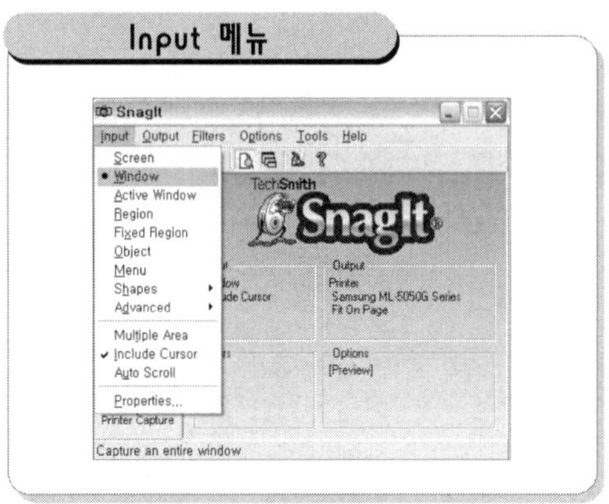

Input 메뉴

2. Output 메뉴

캡쳐한 이미지를 프린트하기/다른 편집 프로그램으로 편집할 수 있게 클립보드에 저장/파일로 저장/메일로 보내기/파일로 저장/카탈로그 저장/웹으로 전송 등을 선택할 수 있고, 캡쳐한 이미지를 자체 뷰어로 보기 및 다양한 포맷으로 저장할 수 있다.

Output 메뉴

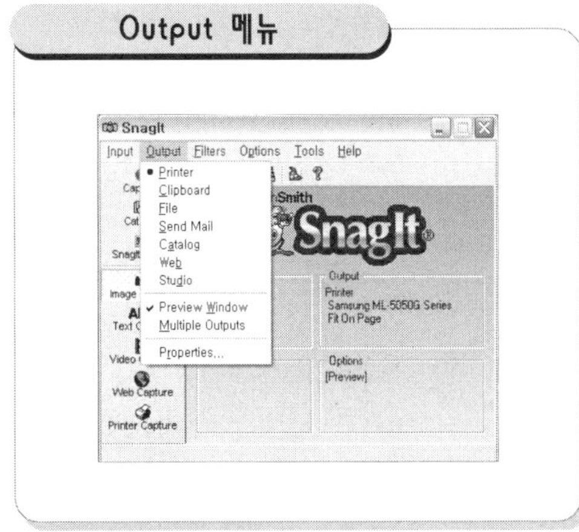

RGB

Red, Green, Blue 컴퓨터 디스플레이에서 사용될 색상을 나타내는 시스템을 가리킨다. 시각적 스펙트럼 내에서 어떤 색상을 얻기 위해 적, 녹, 청이 다양한 비율로 섞여질 수 있다. R, G, B의 레벨은 각각 0~100% 까지 변화할 수 있다.

3. Filters 메뉴

캡쳐한 이미지의 흑백 변환, 디더링, 그레이스케일 효과 선택과 해상도를 선택할 수 있고, RGB 값 변경과 현재의 컬러를 사용자가 지정한 컬러로 변경할 수 있다. 또한 이미지의 사이즈와 프린트, 캡션에 관한 설정이 가능하다.

Filter 메뉴

4. Options 메뉴

캡처, 메인 창, 반복 캡처의 핫키와 옵션, 자동 캡처 기능 사용에 대한 설정과 메인 창의 모양을 변경할 수 있다.

Options 메뉴

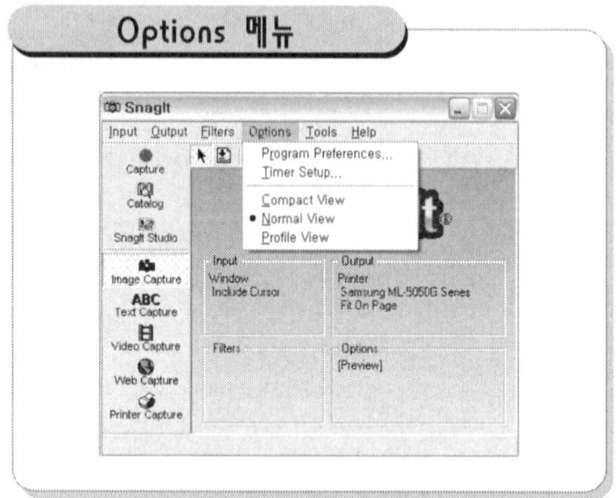

5. Tools 메뉴

이미지, 텍스트, 비디오 중에서 캡처할 대상을 선택할 수 있고, [Catalog Browser]와 [SnagIt Studio]를 실행할 수 있다.

Tools 메뉴

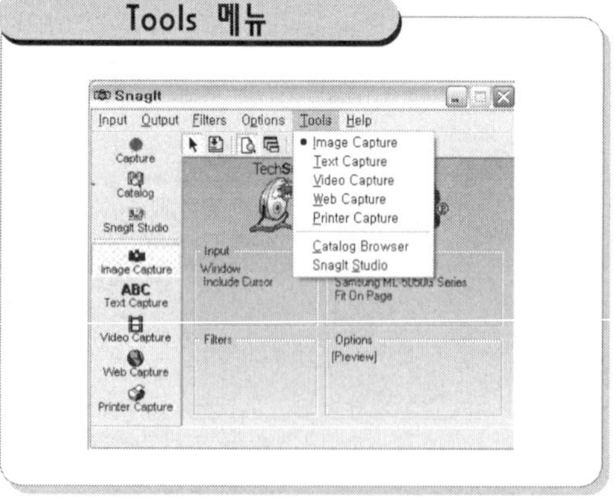

6. Help 메뉴

SnagIt의 사용법, 마법사로 캡처하기, 도움말, 버전과 사용기간, 등록, 구입 정보를 확인할 수 있다.

Help 메뉴

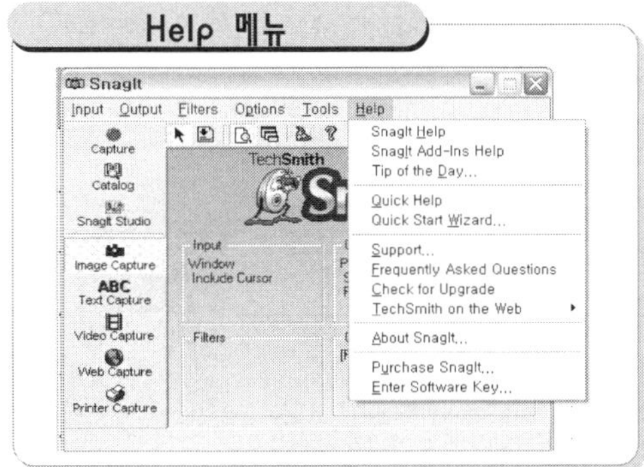

4.2 이미지 캡쳐하기

Step 01 이미지를 캡쳐하기 위해서는 메인 창에서 [Image Capture]를 선택하거나, Tools 메뉴에서 [Image Capture]를 선택한다.

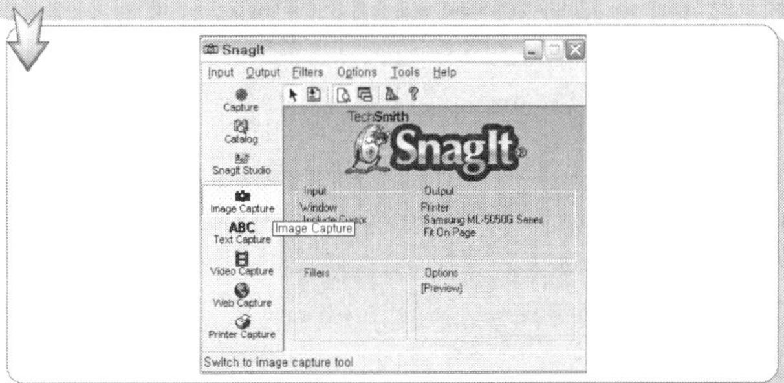

Step 02 Input 메뉴에서 캡쳐 방식과 마우스 포인터를 포함해서 캡쳐하거나, 스크롤이 있는 경우에 자동으로 스크롤해서 캡쳐하기를 선택할 수 있다.

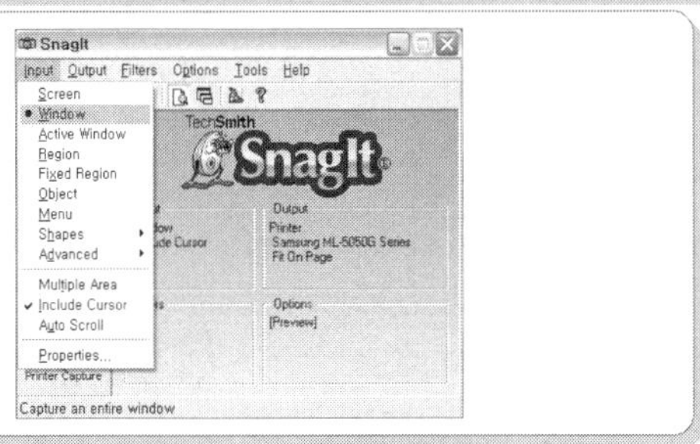

Step 03

Output 메뉴에서 캡쳐한 이미지를 저장하는 방법을 선택하는데, 프린트/클립보드/파일/메일로 전송/카탈로그/웹으로 전송 중에서 선택할 수 있다.

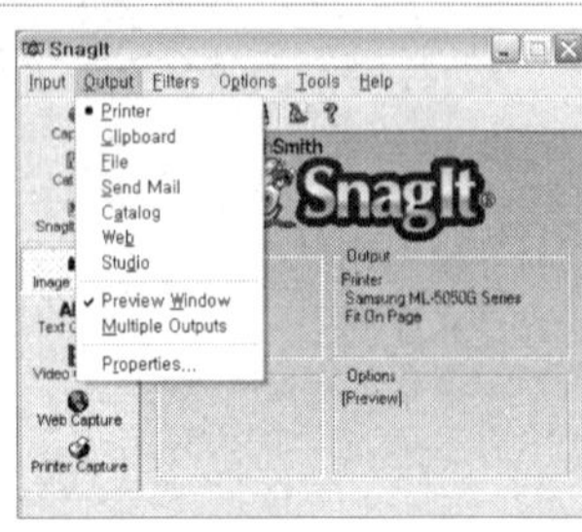

Step 04

캡쳐할 이미지를 선택하고, [Options ⇨ Program Preferences ⇨ Hotkeys]에서 설정해 놓은 단축키를 누르거나, 메인 창의 [Capture]를 클릭해서 캡쳐를 시작한다.

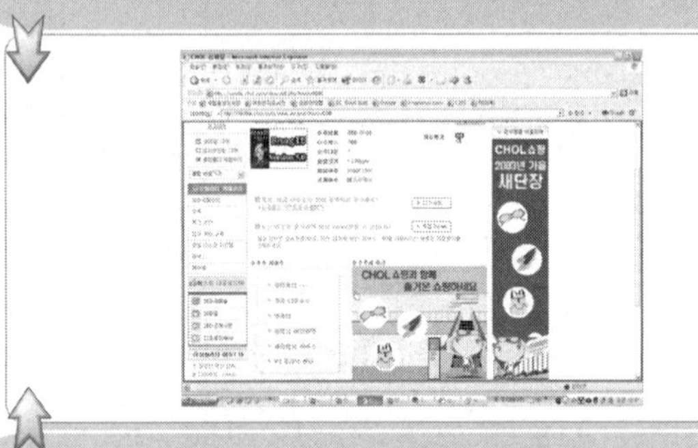

Input 메뉴의 Window를 선택하였을 경우 윈도우의 영역이 붉은색 선으로 지정된다. 원하는 영역을 선택한 후, 마우스로 클릭하면 캡쳐가 실행된다.

Step 05

다음의 화면은 캡쳐된 이이지의 미리보기 화면이다. 저장을 위해서 화면 상단의 [Save As] 버튼을 클릭한다.

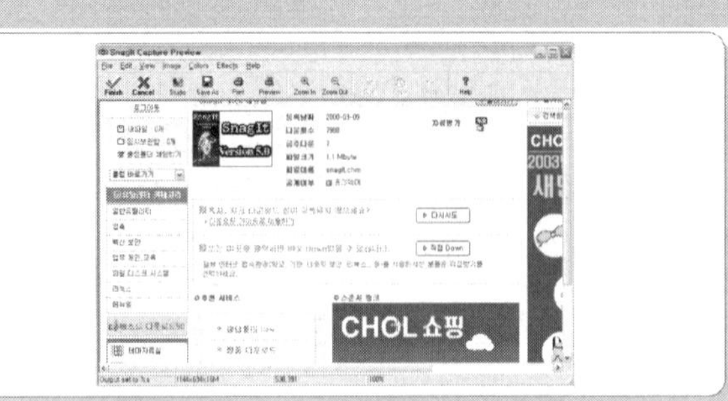

Step 06 저장할 위치와 파일명, 확장자를 지정하고 [저장]을 누르면 캡처 과정이 끝난다.

4.3 동영상 캡처하기

Step 01 움직이는 동영상을 캡처하기 위해서는 메인 창에서 [Video Capture]를 선택하거나, Tools 메뉴에서 [Video Capture]를 선택한다.

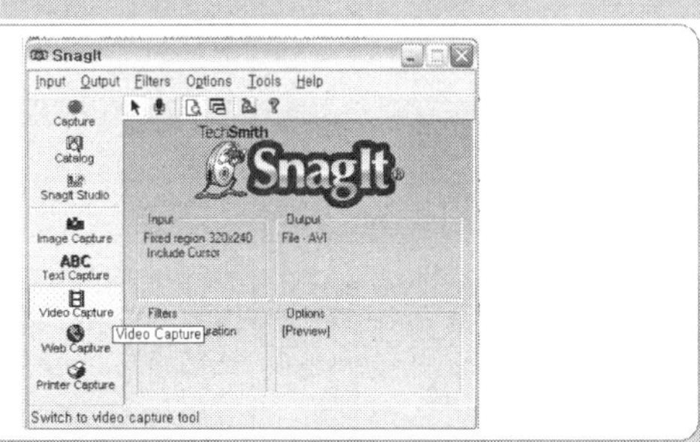

Step 02 지정해 놓은 단축키를 누르거나 [Capture] 버튼을 누르면 사각형의 영역이 나타난다.

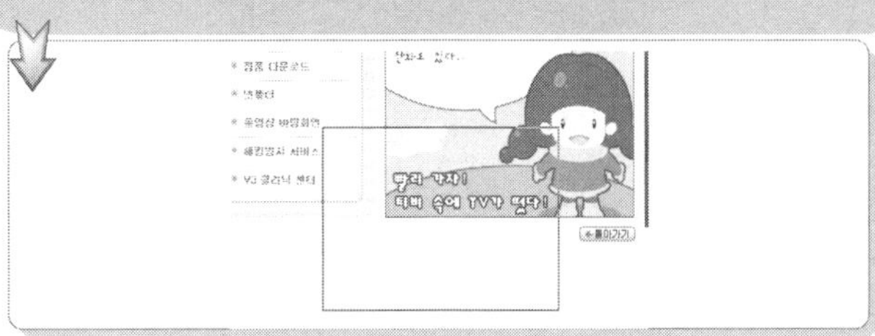

Step 03

사각형을 원하는 동영상의 위치로 이동한 후, 클릭하면 다음과 같은 대화상자가 나타난다. [Start]를 클릭하면 캡처가 실행된다.

SnagIt Video Capture

Capture Statistics
Captured Frames: 0
Dropped Frames: 0
File Size: 0
Video Length: 0 Seconds
Capture Length: 0 Seconds

Capture Properties
Frame Size: 320 x 240
Frame Rate: 15.0 frames/sec
Colors: 16777216
Compression: Microsoft Video 1
Record Audio: Disabled

Start | Stop | Resume | Cancel

Press <SHIFT><PrtScr> to stop video capture

Step 04

캡처가 진행되는 동안에는 사각형 영역내에서 이루어지는 모든 동작이 동영상으로 캡처된다. 캡처가 진행되는 동안은 사각형이 깜빡거린다.

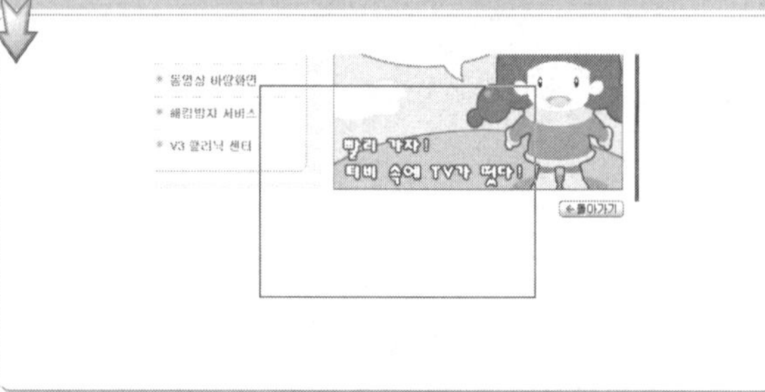

Step 05

캡처를 종료하기 위해서 캡처 실행시에 사용한 단축키를 한번 더 누르면 다음과 같은 대화상자가 나타난다. 동영상 파일에 관련된 정보가 출력된다. [Stop] 버튼을 클릭하면 종료된다.

SnagIt Video Capture

Capture Statistics
Captured Frames: 573
Dropped Frames: 15
File Size: 3773440
Video Length: 39 Seconds
Capture Length: 39 Seconds

Capture Properties
Frame Size: 320 x 240
Frame Rate: 15.0 frames/sec
Colors: 16777216
Compression: Microsoft Video 1
Record Audio: Disabled

Start | Stop | Resume | Cancel

Press <SHIFT><PrtScr> to stop video capture

Step 06

캡쳐 종료 후, 미리보기 화면으로 확인할 수 있다. 이미지 캡쳐와 달리 동영상 실행단추가 있음을 볼 수 있다. 재생단추를 클릭하면 동영상을 볼 수 있다.

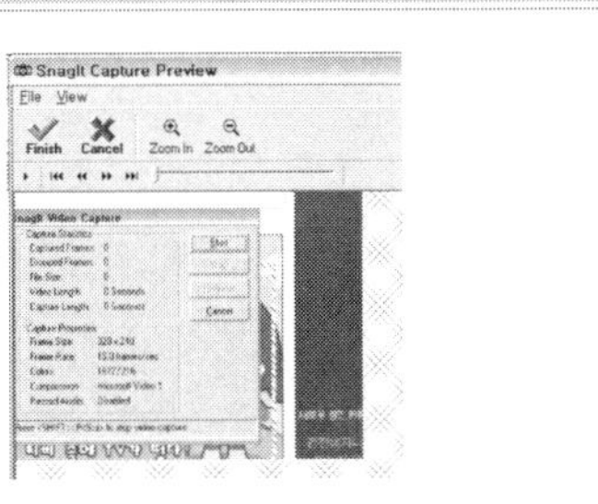

Step 07

[Finish]를 클릭하면 다음과 같은 대화상자가 나타난다. 저장 위치와 파일 이름을 지정한 후, [저장]을 클릭한다. 참고로 저장되는 파일은 AVI 확장자를 가진다.

Save As
저장 위치(I): img02
파일 이름(N): test
파일 형식(T): AVI Files (*.avi)
저장(S)
취소

> **AVI**
>
> Audio Visual Interleaved
>
> 윈도우에서 사용되는 동화상 파일

Note

Chapter
19

ProShow

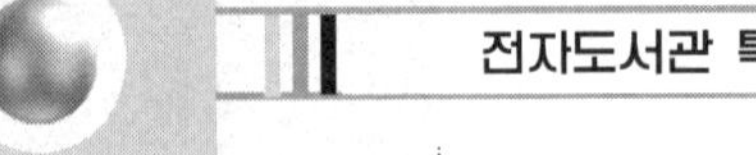

Section 1 ProShow 소개

프로그램 리뷰

ProShow 2.1

▸ 제작사/HP	: South Pacific Software(AU)
▸ 파일크기	: 112KB
▸ 지원 OS	: WIndows 95/98/Me/NT/2000/XP
▸ 라이센스	: FreeWare
▸ 사용언어	: Eng
▸ Uninstaller 포함	: No
▸ 카테고리	: 프리젠테이션, 교육

ProShow는 케이블 방송, EBS 방송의 컴퓨터 관련 프로그램에서 사용되어 유명해진 모니터 화면 확대 프로그램이다. 또한 교육현장에서 프로젝션 TV를 사용하는 교실에서 자주 사용되는 프로그램이다. 이 프로그램은 컴퓨터 화면에 밑줄을 긋고, 동그라미 치기 등의 50여 가지의 프리젠테이션 툴을 제공한다.

하나포스 자료실(http://pds.hanafos.com)에서 ProShow라고 검색하면 쉽게 구할 수가 있다.

ProShow는 다음의 경우에 활용도가 높다.

[ProShow의 활용]

① 청중의 주의 집중을 유도할 때
② 중요 내용을 표시해 줌으로써 효과적으로 내용을 전달하려 할 때
③ 반복되는 소리를 계속해서 사용하려 할 때
④ 필요한 화면을 캡쳐하여 보여주거나 보관하려 할 때
⑤ Time Out 기능이 있어 시간 제한을 두고 과제를 해결하려 할 때
⑥ Guess Game(그림 알아 맞추기, 숨은 단어 맞추기 등)을 하려 할 때

Section 2 설치 및 실행하기

2.1 설치하기

ProShow의 설치과정은 다음과 같다.

Step 01 ProShow는 별다른 인스톨 과정이 필요없다. 즉, 자료실에서 받은 Proshow.zip의 압축을 풀면 proshow라는 폴더가 생기고 그 안에 proshow.exe 라는 실행 화일을 클릭하면 된다.

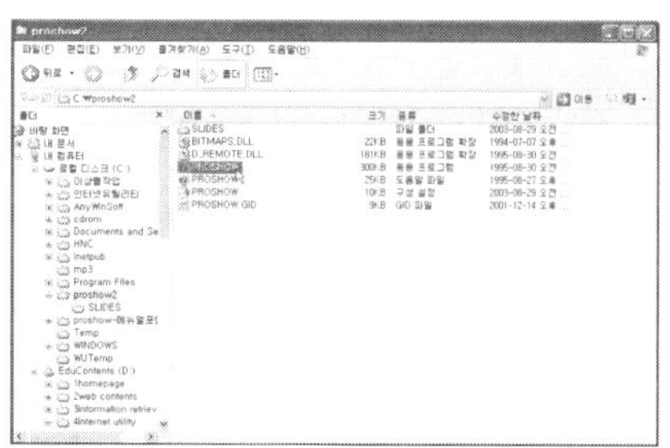

Step 02

만약 CD에서 하드디스크의 proshow 폴더로 카피한 경우에는 오른쪽 마우스를 클릭하여, [등록정보]나 [속성]을 선택하고 반드시 [읽기전용]을 해제하고 [확인]을 누른다.

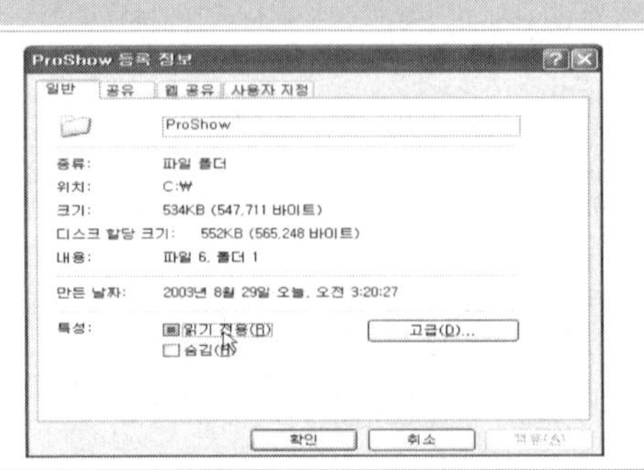

Step 03

Proshow 폴더에서 중요한 파일은 Proshow.exe, Proshow.hlp, Proshow.ini 이다.

Proshow.exe : Proshow 실행파일
Proshow.hlp : Proshow 영문 메뉴얼
Proshow.ini : Proshow 환경설정 파일

Bitmaps.dll D_remote.dll Proshow Proshow Proshow

2.2 실행하기

Step 01

먼저 Proshow 폴더에서 proshow.exe를 클릭한다.

Proshow

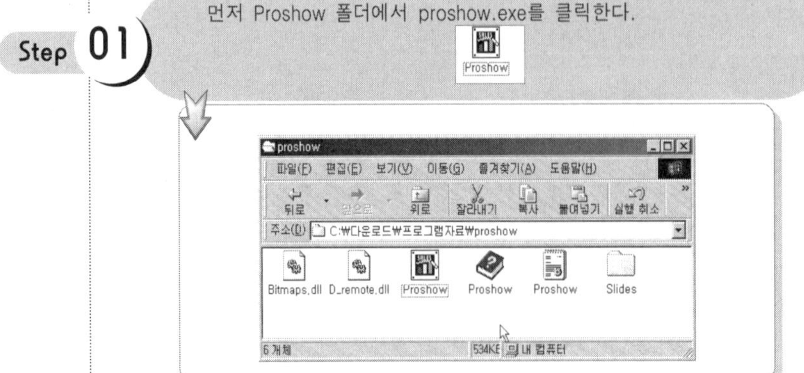

Step 02 다음의 시작화면이 잠시 나타났다가 사라진다.

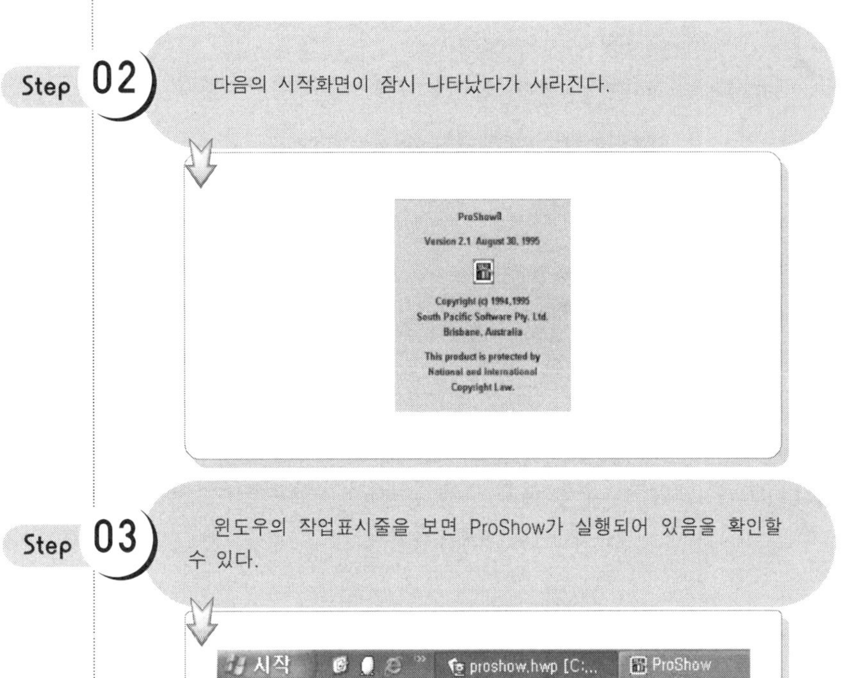

Step 03 윈도우의 작업표시줄을 보면 ProShow가 실행되어 있음을 확인할 수 있다.

Section 3 기본 길잡이

ProShow의 활용을 위해 기본 설정에 대한 이해가 필요하다.

Step 01 윈도우의 작업표시줄에서 Proshow 아이콘을 선택한다.

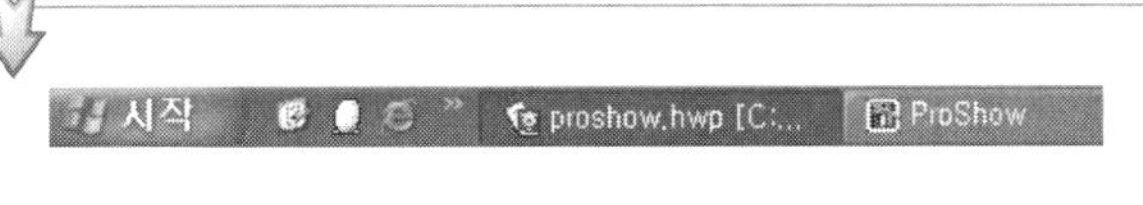

Step 02

ProShow의 도구막대 설정화면이 나온다.

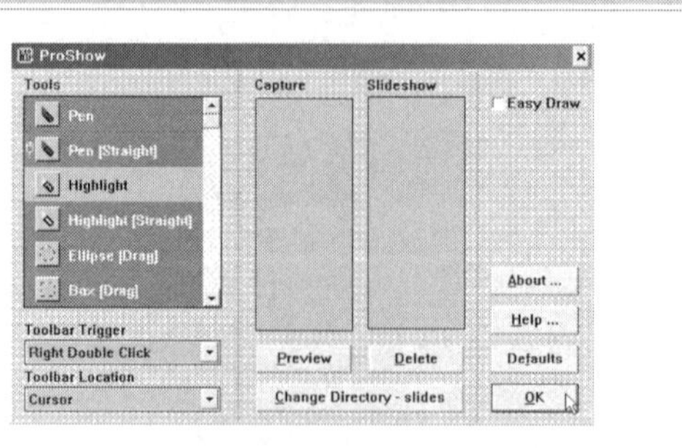

Step 03

여기서 가장 중요한 부분은 바로 [Toolbar Trigger]로서, 활성 도구막대를 불러내는 단축키이다. 즉, [Tools]에서 진한 회색으로 선택한 도구를 불러오는 단축키이다. 여기서는 오른쪽 마우스를 더블클릭하는 [Right Double Click]로 설정하였다.

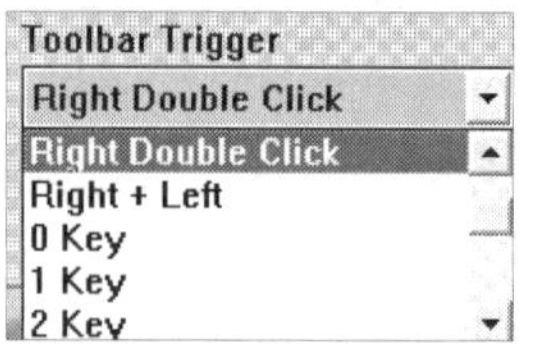

Step 04

[Toolbar Location]은 앞의 활성 도구막대를 불러올 때, 위치를 미리 지정해 주는 것이다. 여기서는 현재 활성 도구막대를 불러오기 위해 오른쪽 마우스를 더블클릭한 커서가 있는 위치에서 나타나는 [Cursor]를 선택하였다.

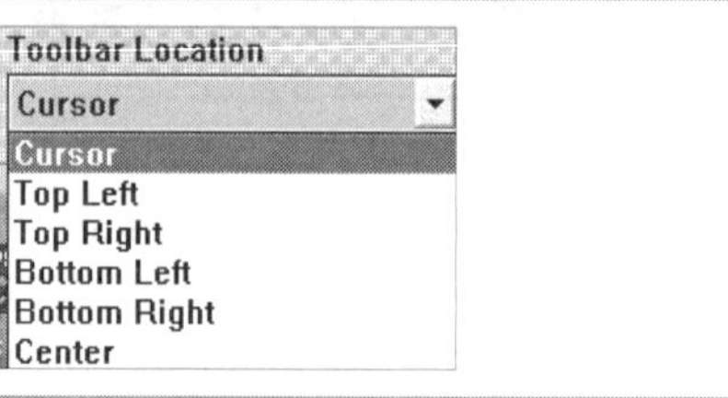

[선택 옵션]

- Cursor : 마우스 포인트가 있는 곳에서 도구막대가 생깁니다.
- Top left : 화면 맨위 왼쪽에 생깁니다.
- Top right : 화면 맨위 오른쪽에 생깁니다.
- Bottom left : 화면 맨 아래 왼쪽에 도구막대가 생깁니다.
- Bottom right : 화면 맨 아래 오른 쪽에 도구막대가 생깁니다.
- Center : 화면 중앙에 도구막대가 생깁니다.

Step 05

상단의 [Tools]는 어떤 효과를 사용할 것인지를 결정하는 박스로서, 약 70개의 도구가 있다. 여기서 짙은 회색으로 나오는 것이 바로 도구막대에 포함된 아이콘이고, 여기에 더 추가시키려면 옅은 회색으로 되어있는 아이콘에 마우스 왼쪽 버튼을 클릭하면 짙은 회색으로 변한다. 이것으로 도구막대에 아이콘을 쉽게 포함시킬 수 있는데, 포함시킬 수 있는 아이콘의 수는 25개가 한계이다.

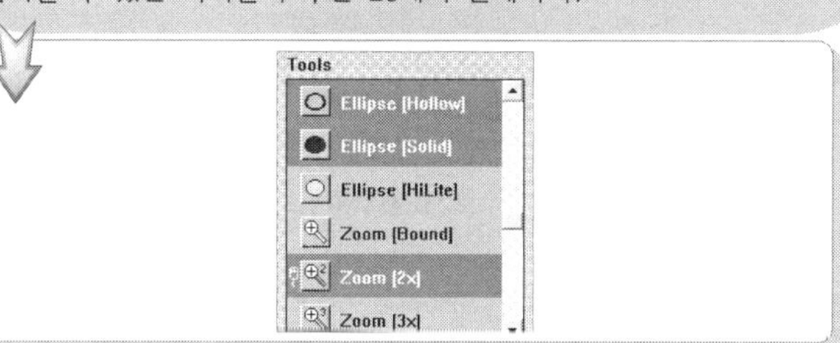

Step 06

[Tools]에서 자주 사용하는 기능으로 선택된 도구는 단축키를 표시하는 마우스 모양이 왼쪽 끝에 표시된 것을 볼 수가 있다. 단축키를 변경할 수도 있지만, 주로 키보드에서 자주 사용하는 숫자나 마우스 기능키 이므로, 가능한 이 기능이 설정된 경우에 더블 클릭하여 [None]으로 변경하는 것이 좋다.

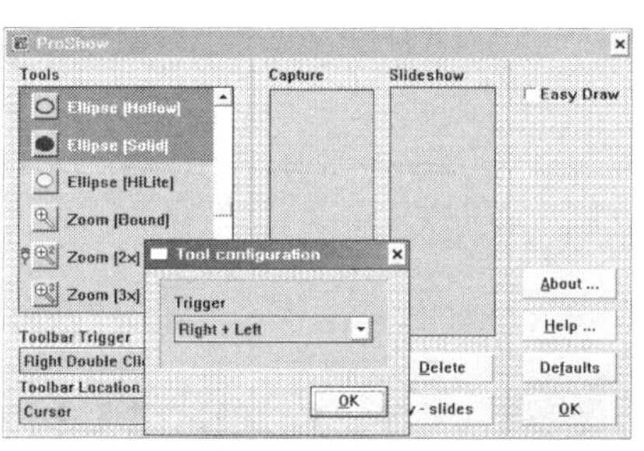

여기서는 기본적으로 제공하는 대부분의 단축키는 [None]으로 변경하였고, 자주 사용하는 툴 기능 중에서 일상 키보드 사용과 충돌이 적은 단축키인 직선 빨간펜(Long Right Click), 화면의 두배 확대(Right+Left Mouse)만 사용하였다.

Step 07

ProShow에는 캡쳐나 슬라이드쇼 기능 등이 있지만, 이 기능은 다소 불안정하므로 다른 전문적인 프로그램을 사용하는 것이 좋을 듯하다. 캡쳐는 [Tools] 메뉴에서 [Capture Screen](바탕화면 전체를 캡쳐), [Capture Window](활성창의 캡쳐), [Capture Area](캡쳐하려는 영역을 마우스 오른쪽 버튼을 한번 클릭한 후 영역을 지정) 등이 있다. [Tools] 메뉴에서 세 가지 기능중 하나 이상을 선택하여야 캡쳐할 수가 있다.

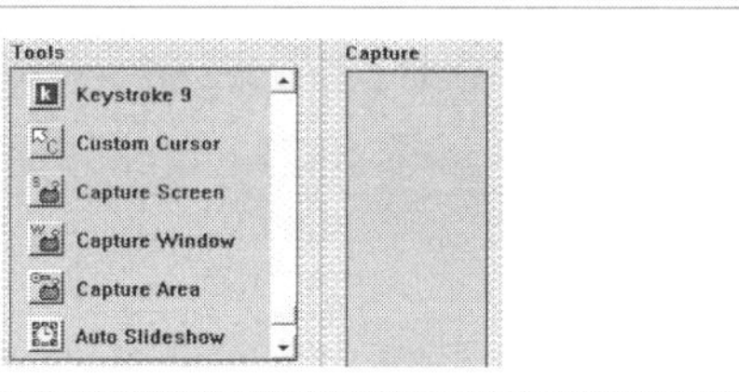

Step 08

설정을 완료하였다면 [OK]를 클릭하면 되고, 원 상태의 설정키로 되돌리려면 [Defaults]를 누르면 된다. 참고로 [Help...]는 영문 메뉴얼을 보여준다.

About ...
Help ...
Defaults
OK

Step 09

실제 ProShow 프로그램을 종료하는 하는 방법은 오른쪽 상단의 ×키를 누르면 된다. 참고로 미리 설정한 Tool에 대한 정보는 proshow.ini에 저장된다. 그러므로 완성된 proshow.ini를 준비하는 것도 매우 중요하다.

Section 4 고급 테크닉

실제 ProShow를 이용하여 프리젠테이션을 위한 주요 기능을 살펴보자.

Step 01

먼저, 활성 도구막대를 불러오는 방법을 마우스 오른쪽을 더블클릭한다.

Step 02 활성 도구막대 기능 중에서 현재 프리젠테이션에 적절한 Tool를 선택한다. 여기서는 빨간색 직선기능을 이용한 예제이다.

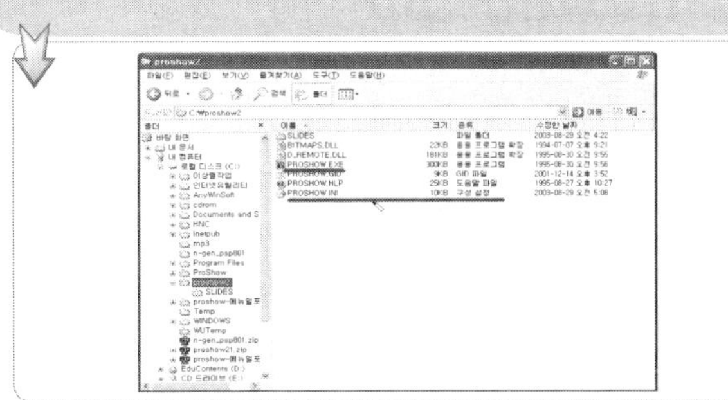

Step 03 프리젠테이션한 빨간색을 없애기 위해서는 [Clr](Clear)를 클릭하면 되며, 활성 도구막대를 보이지 않게 하려면 [Exit]를 누르면 된다.

Note

Chapter

Chapter 20

AIFTP

AIFTP

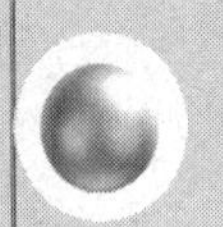

Section 1 ALFTP 소개

프로그램 리뷰

ALFTP 3.32

▸ 제작사/HP	: ESTSoft : http://www.estsoft.co.kr
▸ 파일크기	: 2.1MB
▸ 지원 OS	: WIndows 95/98/Me/NT/2000/XP
▸ 라이센스	: FreeWare
▸ 사용언어	: Kor
▸ Uninstaller 포함	: Yes
▸ 카테고리	: FTP

ALFtp는 ESTSoft사의 Ftp 클라이언트 프로그램으로 서버와 클라이언트 사이의 파일 송수신을 위한 프로그램이다. 안정적인 파일의 송수신 기능과 사용의 편리성으로 많이 사용되고 있다. 개인 사용자에 한하여 제한없이 사용할 수 있으며, 기업이나 단체, 공공기관, 교육기관, PC방 등에서는 라이센스를 구매한 후에 사용해야 한다.

ALFtp의 기능과 특징은 다음과 같다.

1 ▶ 사이트 맵 지원: 자주 접속하는 사이트의 정보를 사이트 맵을 통하여 관리할 수 있도록 구성되어 있으며 기본적인 사이트 주소, 사용자 ID, 비밀번호 이외에 리모트 디렉토리, 다운로드 디렉토리 등을 추가로 설정할 수 있다.

2 ▶ 서버기능 지원: 서버메뉴 설정을 통하여 간단히 자신의 PC를 FTP 서버로 활용할 수 있다.

3 ▶ 인터페이스 변경 용이: 서버측과 클라이언트측의 화면을 상하 또는 좌우 분할이 쉽다.

4 ▶ 예약 전송: 파일 송수신시에 예약 전송이 가능하며 폴더로 파일을 전송할 수도 있다.

5 ▶ 파일 검색기능: 탐색기를 사용하는 것처럼 FTP 서버에 위치한 파일을 찾아준다.

6 ▶ 다국어 지원: 한글메뉴 뿐만 아니라 영문메뉴도 지원하는 다국어 설정이 가능하다.

7 ▶ 명령어 입력 지원: 클라이언트 프로그램으로 제어가 불가능한 명령의 경우에 명령 입력기능으로 세밀한 제어를 할 수 있다. FTP 명령모드에 익숙한 전문가와 고급 사용자들을 위한 기능이다.

8 ▶ Drag & Drop 기능: 파일을 송수신할 경우에 도구모음을 이용한 방법 이외에도 파일을 선택한 후, 마우스로 Drag & Drop하여 송수신할 수 있다.

9 ▶ 이어 받기: 파일 수신시에 오류로 전송이 중단되었을 경우에 이어받기 항목을 선택하면 다음에 수신할 때 받았던 곳부터 이어받기가 가능하다.

10 ▶ 기타: 접속시 캐쉬 파일 삭제를 통한 하드디스크 공간절약, 서버나 클라이언트 파일 수정시 연결할 프로그램 지정, Passive 옵션을 이용한 사이트 접속 기능 등을 지원한다.

Section 2 다운로드 사이트

ALFtp 프로그램은 ALTools 쇼핑몰인 http://www.altools.com에서 최신 버전을 구할 수 있다. 개인 사용자들에게는 광고가 포함된 공개버전이 무료 배포되고 있으며 기업, 교육기관 등의 단체에서는 라이센스를 구입해야 사용할 수 있다.

http://www.altools.com

Section 3 설치 및 실행하기

Step 01 다음은 설치 시작 화면이다. [다음]을 클릭한다.

Step 02

프로그램을 설치할 폴더를 지정하는 단계로 이동한다. 설치위치를 확인하고 [다음]을 누른다.

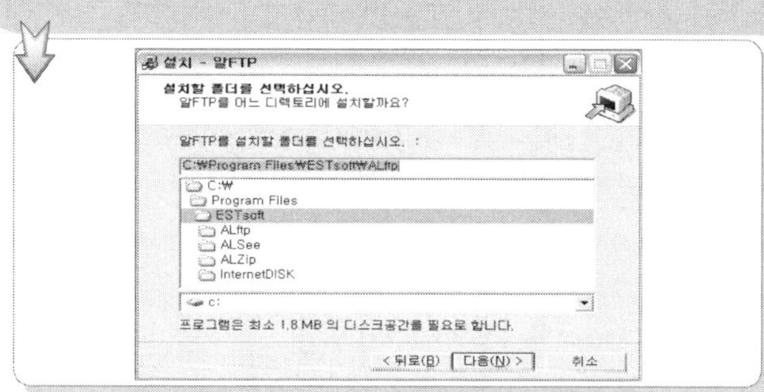

Step 03

단축아이콘을 프로그램 그룹에 등록하기 위한 과정이다. 기본적으로 [이스트소프트] 폴더의 ALFtp 폴더에 단축아이콘이 생성된다.

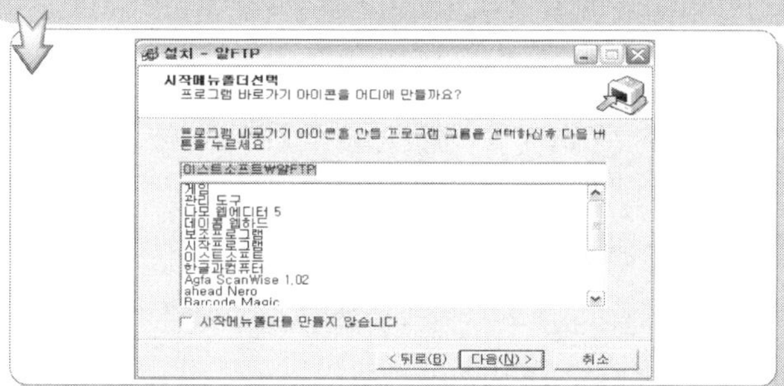

Step 04

바탕화면, 빠른 실행, 시작메뉴 등에 아이콘을 등록할 것인지를 선택한다. 기본적으로 모두 선택되어 있으며, Check Box로 원하는 곳에 단축아이콘을 만들 수 있다.

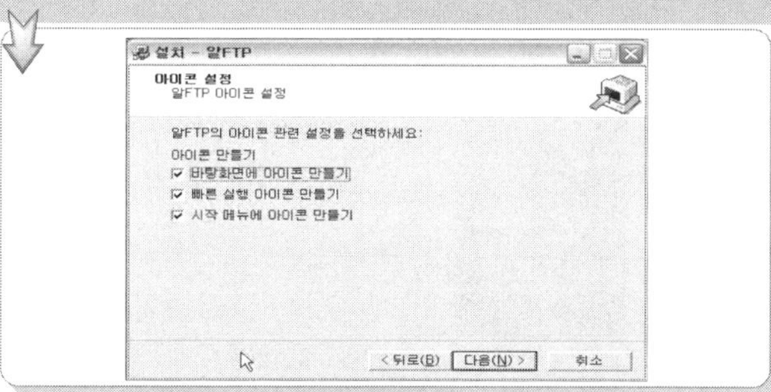

Step 05

대상 폴더, 시작메뉴 폴더, 추가기능 등 현재까지 설정한 내용을 확인한다. 설정내용을 변경하려면 [뒤로] 버튼을 클릭하여 설정을 변경한다.

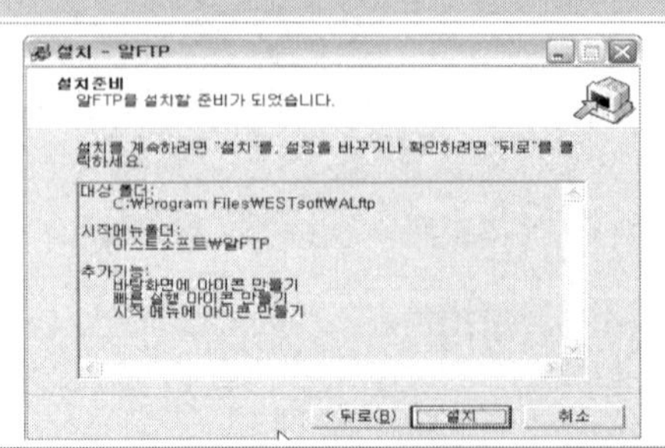

Step 06

설치 단계로, 필요한 파일들을 설치하고 프로그램을 레지스트리에 등록한다.

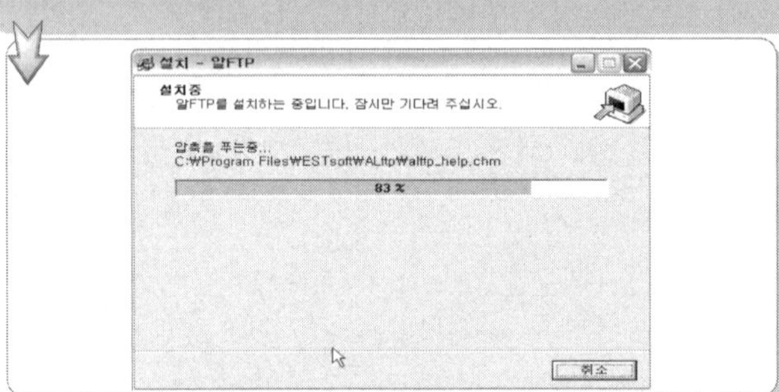

Step 07

설치종료 화면이 나오면 설치가 완료된 것이다. [알FTP 실행하기]를 체크하면 설치과정이 끝나고 ALFtp가 실행된다.

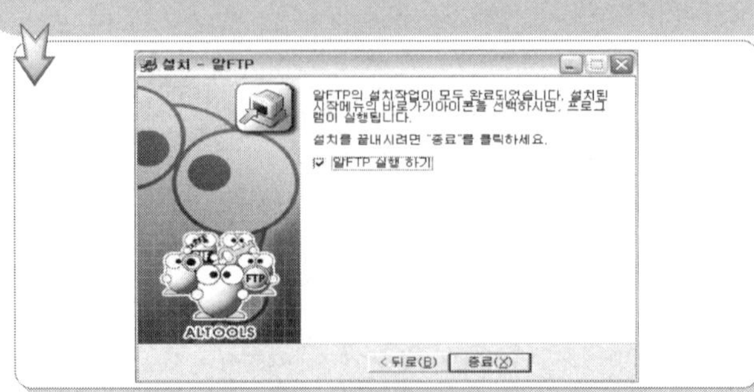

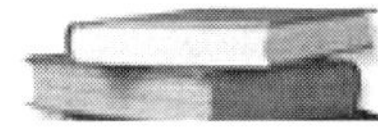

Step 08 ALFtp가 실행되면서 먼저 사이트 맵이 나타난다.

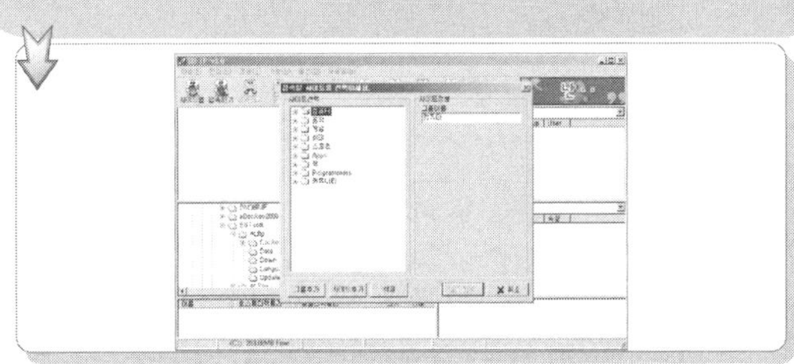

Section 4 기본 길잡이

4.1 서버 접속

1. 사이트 맵 설정

사이트 맵은 웹 브라우저의 즐겨찾기 기능과 유사한 기능으로, 자주 이용하는 FTP 사이트를 정리해 두고 필요할 때 바로 접속할 수 있도록 도와주는 기능이다.

여기서는 사이트 맵을 설정하고 FTP 사이트에 접속하는 방법에 대하여 살펴보자.

Step 01 자주 방문하는 사이트 그룹과 사이트를 등록해 보자.

Step 02

[그룹추가] 메뉴를 선택하여 새로 등록할 그룹의 이름을 지정한다. 예제로 "자주 방문하는 곳"이라는 그룹을 생성해 보자.

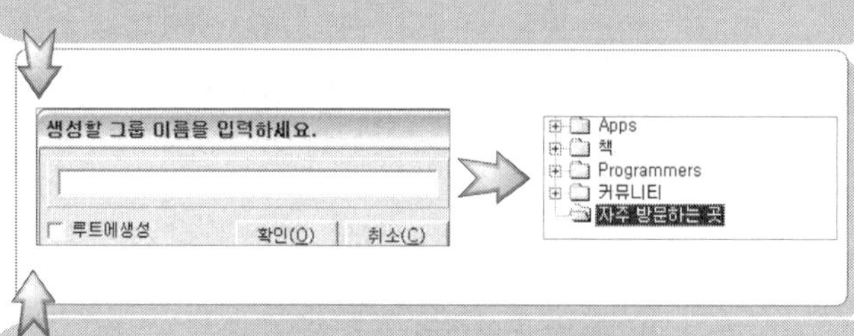

[루트에 생성]을 선택하면 최상위에 그룹이 위치하게 된다.
[확인]을 클릭하면 사이트 맵에 추가한 그룹 폴더가 생성된다.

Step 03

그룹이 추가되면 해당 그룹을 선택한 상태에서 [사이트 추가] 버튼을 클릭한다. 대화상자에 원하는 사이트 이름을 설정한다.

주의할 점은 [루트에 생성] 옵션을 체크해 두면 사이트가 폴더내에 생성되지 않고 루트에 생성되므로 폴더별로 분류하려면 선택하지 않는 것이 좋다.

새로 만든 폴더인 [자주방문하는 곳] 내에 [My Home Page] 사이트가 등록되었음을 확인할 수 있다.

Step 04

사이트 이름설정이 완료되고 원하는 그룹에 등록되면 사이트 관련 정보를 입력해야 한다. 분류 디렉토리에서 사이트 이름을 선택하면 오른쪽에 [사이트 정보] 입력화면이 나타난다.

[사이트 정보]의 입력 항목은 다음과 같다.

1 ▶ 사이트 이름: 저장하려는 FTP 서버의 이름을 임의로 지정할 수 있다.

2 ▶ FTP 주소: 접속하려는 FTP 서버의 주소를 입력한다. 주소를 입력할 때는 'ftp://'를 제외한 도메인 네임이나 IP Address만을 입력한다.

3 ▶ 사용자 ID: 접속하려는 FTP 서버에 등록된 ID를 입력한다. 만일 접속하려는 서버가 익명연결 서비스를 제공하는 Anonymous FTP 서버라면 [익명연결]을 선택한다. [익명연결]을 선택하면 ID입력란에 'anonymous'라는 ID가 자동으로 입력된다.

4 ▶ 비밀번호: 접속하려는 ID에 대한 비밀번호를 입력한다. [비밀번호저장]을 선택하면 접속시마다 비밀번호를 입력하지 않아도 된다.

5 ▶ 리모트 디렉토리: FTP 서버에 접속할 때 항상 접속하는 경로가 있다면 해당 디렉토리의 절대경로를 입력한다. FTP 서버에 접속한 후, 현재 위치에서 [Ctrl+S]키를 누르면 자동으로 리모트 디렉토리가 설정된다.

6 ▶ 다운로드 디렉토리: 다운로드 받을 디렉토리를 미리 설정해 두면, 지정된 장소로만 선택파일을 다운로드할 수 있도록 설정된다.

7 ▶ 포트: 일반적으로 FTP는 21번 포트를 사용한다. 그러나 서버에 따라서 포트를 달리 사용할 수 있으므로 다른 포트를 사용하는 서버에 접속할 경우는 해당 포트를 변경한다.

8 ▶ 시간제한: 접속을 시도할 때 기다리는 시간을 설정한다.

9 ▶ Passive Mode: 방화벽 등의 문제로 서버에 접속되지 않을 경우에 설정한다.

2. 사이트 맵을 통한 서버 접속

설정이 완료되면 [접속] 버튼을 클릭하여 연결을 시도한다. 접속 중 메시지가 나온 후, 접속완료 화면을 볼 수 있다.

다음은 ALFtp로 네이버의 Ftp 서버(ftp://ftp.naver.com)에 접속하는 과정이다.

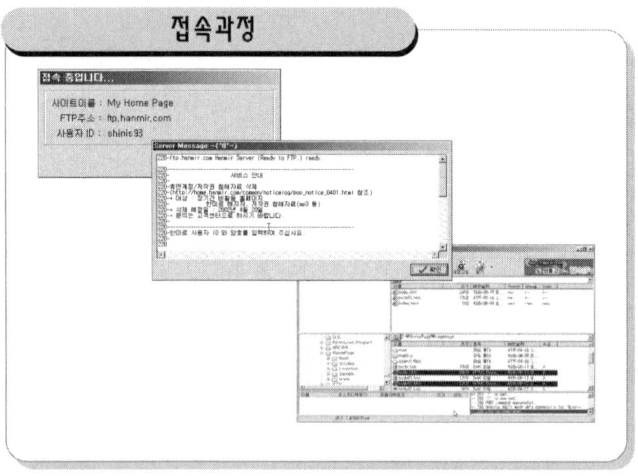

3. 사용자 입력을 통한 FTP 서버 접속

사용자 입력을 통한 접속을 위해서는 FTP 실행화면에서 [접속하기] 아이콘을 클릭하거나 [Ctrl+F4] 또는 [파일] ⇨ [접속하기]를 선택한다.

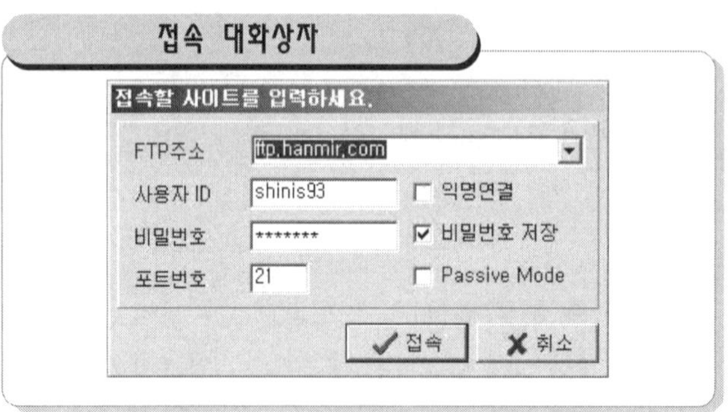

1 [FTP 주소], [사용자 ID], [비밀번호], [포트번호], [Passive Mode]를 설정한다. [FTP 주소]의 드롭다운 메뉴를 클릭하면 접속했던 사이트의 주소가 나오며 다른 주소를 선택하면 [사용자 ID]와 [비밀번호], [포트번호] 등의 기본 설정사항이 함께 변경된다.

2 [접속]을 클릭하면 로그인 과정을 진행한다.

다음은 ALFtp로 사용자 입력을 통한 접속화면의 예제이다.

접속과정

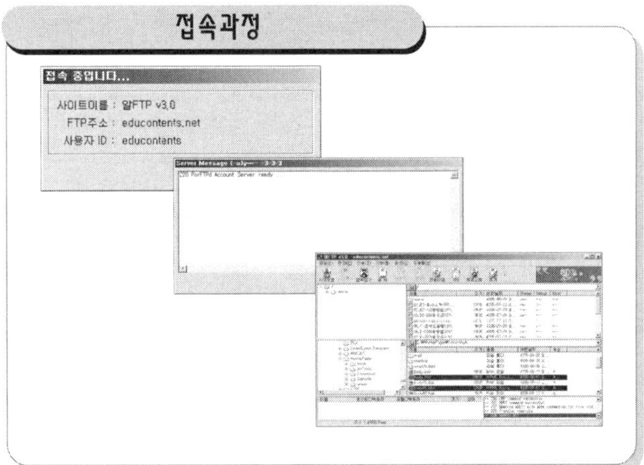

4.2 파일의 송수신

1. File UpLoad

Step 01 원하는 서버에 접속 후, 하단에 위치한 자신의 컴퓨터의 해당 드라이브 또는 폴더에서 업로드할 파일을 선택한다.

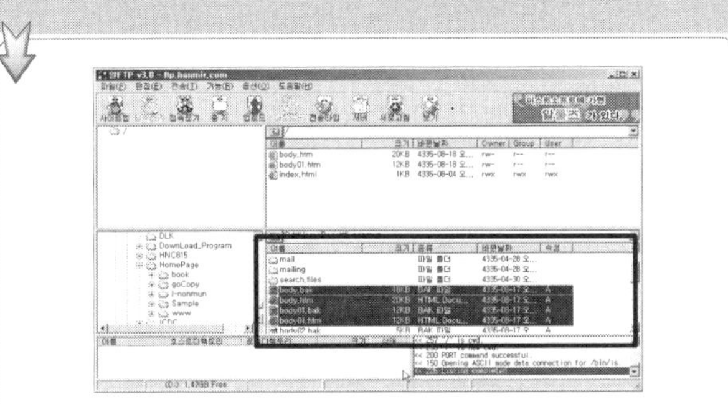

Step 02

파일이 선택되면 [icon]를 선택하거나 해당 파일을 마우스로 드래그&드롭한다.

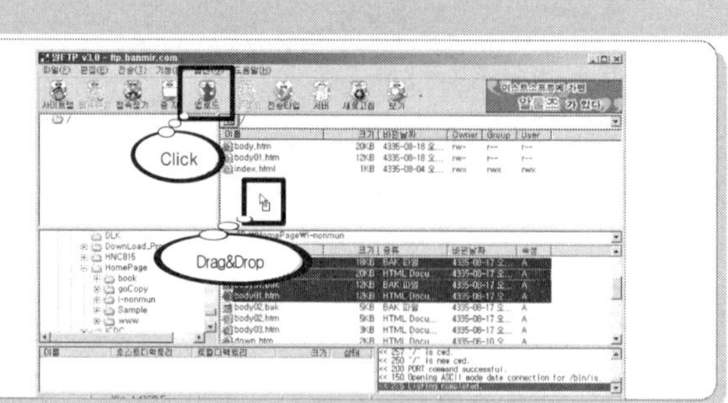

Step 03

파일 업로드 과정에서 이미 존재하는 파일과 업로드 중인 파일이 동일한 이름을 가지고 있다면 중복파일 대화상자가 나타난다.

- 건너뛰기: 중복파일을 덮어쓰지 않는다.
- 덮어쓰기: 중복파일을 덮어쓴다.
- 이어서 전송: 업로드시 오류로 인하여 파일이 전송중 끊어졌을 경우 선택한다.
- 모든 파일에 적용: 위에서 선택한 옵션을 모든 파일에 적용한다.

Step 04

파일이 전송중일때 화면의 하단 창에 전송중인 파일의 전송상태가 표시된다.

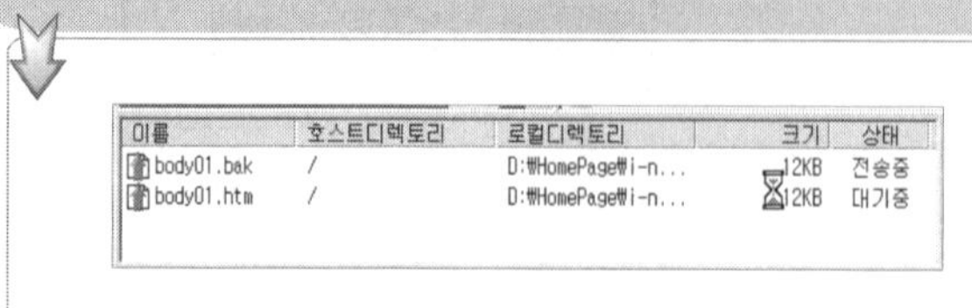

Step 05 다음은 전송완료 화면이다.

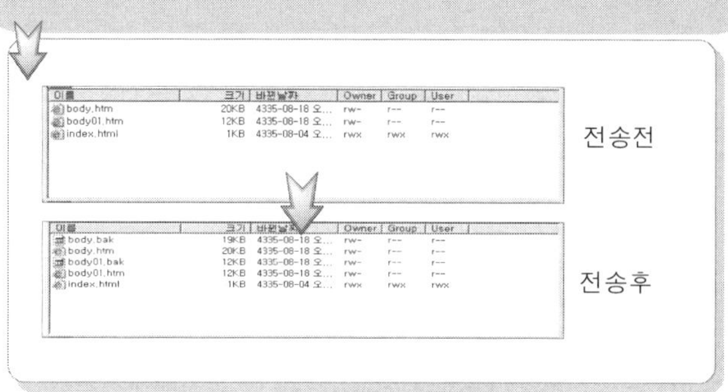

2. File DownLoad

Step 01 원하는 서버에 접속 후, 상단에 위치한 서버의 해당 폴더에서 다운로드할 파일을 선택한다.

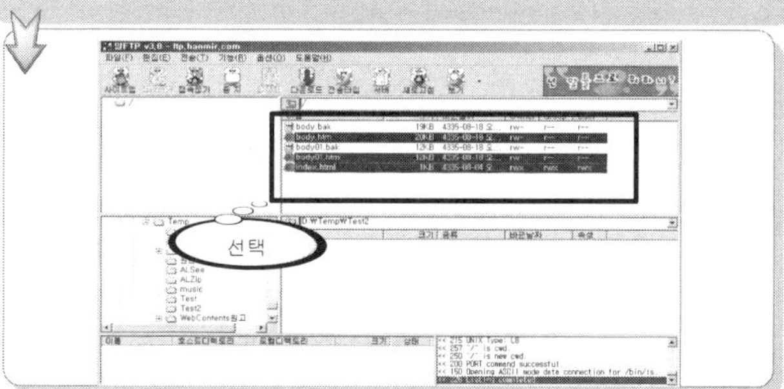

Step 02 파일이 선택되면 를 선택하거나 해당 파일을 마우스로 드래그&드롭한다.

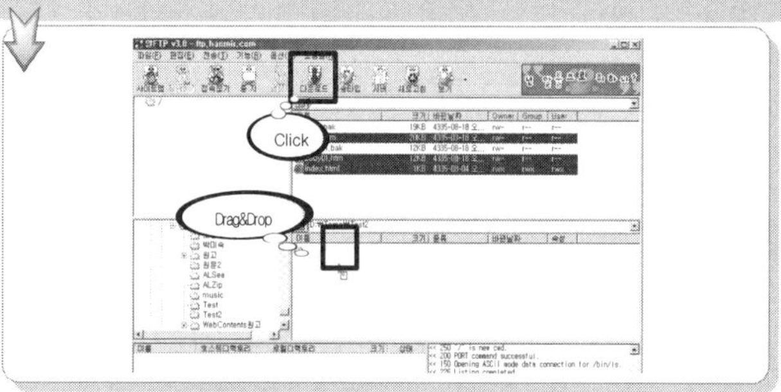

Step 03

파일을 다운로드 하는 과정에서 이미 존재하는 파일과 다운로드되는 파일과 동일한 이름의 파일이 있으면 중복파일 대화상자가 나타난다. 파일이 전송중일때 화면의 좌측 하단 창에 다운로드중인 파일의 전송상태가 표시된다.

이름	호스트디렉토리	로컬디렉토리	크기	상태
body.htm	/	D:₩Temp₩Test2	20KB	전송중
body01.htm	/	D:₩Temp₩Test2	12KB	대기중
index.html	/	D:₩Temp₩Test2	1KB	대기중

Step 04

다음은 전송완료 화면이다.

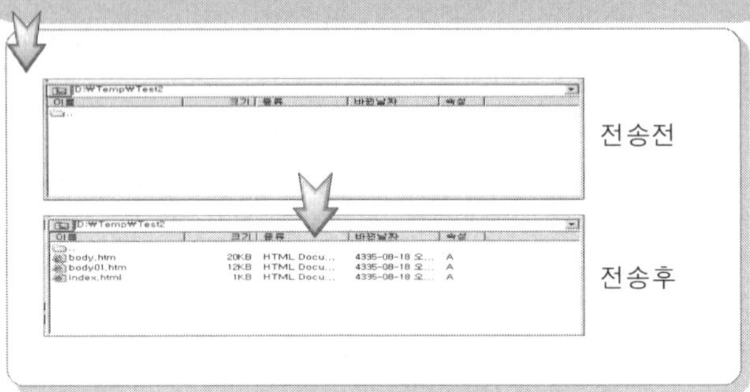

3. 예약 전송

예약 전송기능은 서버에서 송수신할 파일이 여러 곳에 분산되어 있을 경우에 유용하게 사용한다. 즉, 파일을 송수신할 위치로 이동하여 매번 다운로드나 업로드를 하는 수고를 줄일 수 있다. 예약 기능은 파일의 업로드와 다운로드를 함께 예약할 수 있으며 폴더를 변경하여 설정할 수 있다.

예약 전송방법은 Drag&Drop을 이용한 방법과 메뉴를 이용한 방법([전송] ⇨ [전송할 파일 예약])이 있다.

여기에서는 Drag&Drop을 이용한 방법에 대해서 살펴보자.

Step 01 ALFtp를 실행한 후, 업로드할 폴더나 파일을 선택한다.

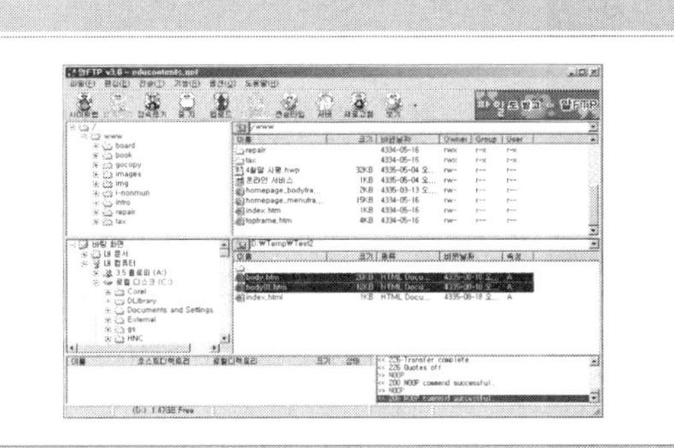

Step 02 선택한 파일을 좌측 하단의 예약 창으로 Drag&Drop한다.

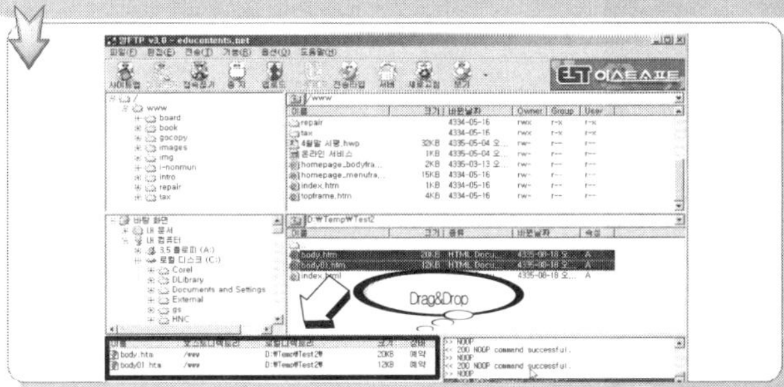

Step 03 같은 방법으로 Server측의 파일을 예약 창으로 Drag&Drop한다.

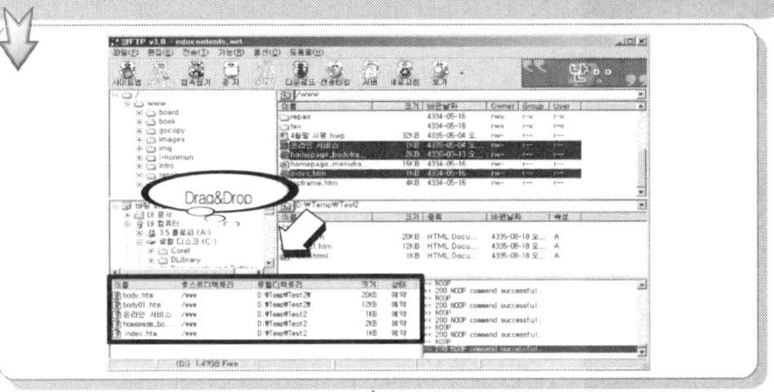

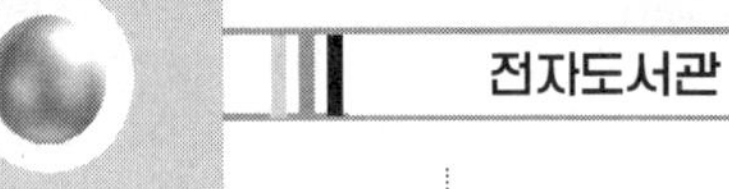

Step 04 파일 메뉴의 [전송] ⇨ [예약된 파일 전송시작] 버튼을 클릭한다. 전송이 완료되면 예약 창은 공란으로 비워진다.

전송전

전송중

전송후

Step 05 다음은 전송완료 화면이다.

Section 5 고급 테크닉

5.1 서버 설정과 실행

ALFtp는 개인 PC에서도 간단한 Ftp Server를 운영할 수 있다. 그러나 방화벽, IP 공유, IP 강제할당을 부여한 경우에는 작동이 불가능하다.

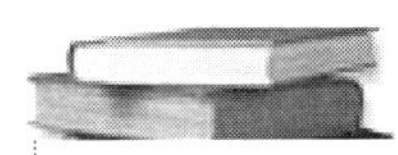

Step 01

ALFtp를 실행한 후, [서버] 아이콘을 클릭한다.

서버가 실행되고 있지 않으면 [서버실행] 메뉴가 활성화되어 있다. [서버실행]을 클릭하면 다음의 대화상자가 나타난다.

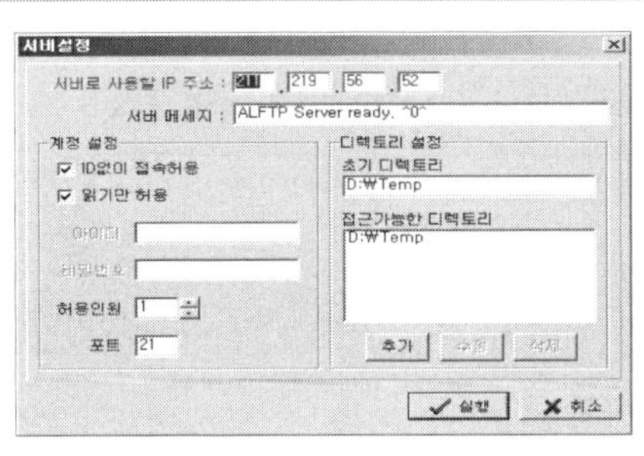

1 ▶ 서버로 사용할 IP 주소: 서버로 사용할 IP 주소를 입력한다. 보통 자신의 컴퓨터에 할당된 IP 주소를 입력한다.

2 ▶ 서버 메시지: 클라이언트가 접속할 때 처음 보여 줄 메시지를 입력한다.

3 ▶ ID없이 접속허용: 클라이언트에서 접속시 익명 연결은 'anonymous'로 접속할 수 있으며, ID와 Password를 입력하지 않아도 접속이 가능하다.

4 ▶ 읽기만 허용: 클라이언트에서 접속한 후, 파일의 다운로드만이 가능하고 업로드와 삭제는 할 수 없다.

5 ▶ 아이디: 접속시 사용할 ID를 입력한다.

6 ▶ 비밀번호: 접속시 사용할 비밀번호를 입력한다.

7 ▶ 허용인원: 동시접속 가능 사용자 수를 지정한다. 최대 5명까지 동시접속이 가능하다. 접속할 사용자들은 모두 동일하게 현재 설정중인 FTP 서버에서 지정한 아이디와 비밀번호를 사용한다.

8 ▶ 포트: FTP 서버가 사용할 포트번호를 지정한다. 기본값인 21을 사용할 수 없을 경우에만 변경한다.

9 ▶ 초기 디렉토리: 하나의 드라이브나 디렉토리만 설정이 가능하며, 클라이언트가 처음으로 접속했을 때 나타나는 디렉토리에 해당한다.

10 ▶ 접근가능한 디렉토리: 하나 이상의 디렉토리를 설정할 수 있으며, 클라이언트가 접근할 수 있는 디렉토리를 의미한다.

Step 02

대화상자의 내용을 설정하고 [실행] 버튼을 클릭하여 서버를 실행한다. 서버를 실행하면 다음의 상황표시 창이 나타난다. 상황표시 창에서 클라이언트의 작업을 확인할 수 있다.

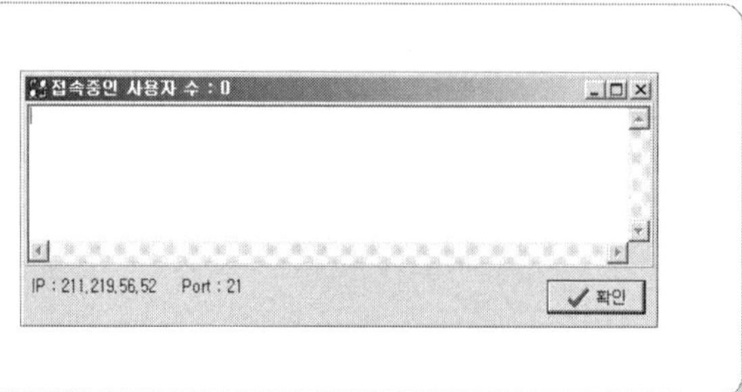

5.2 접속 테스트

Step 01

접속 테스트를 위해서 다른 컴퓨터나 자신의 컴퓨터에서 윈도우의 [시작] ⇨ [실행]을 선택한다.

대화상자에서 서버 설정에서 확인한 IP 주소를 다음과 같이 입력한 후, [확인]을 클릭한다.(예 ftp 211.219.56.52)

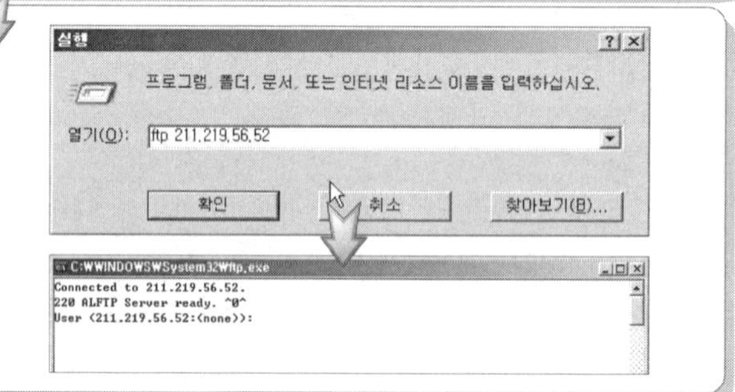

Step 02

ID와 Password를 입력하면 로그인 과정이 진행된다.

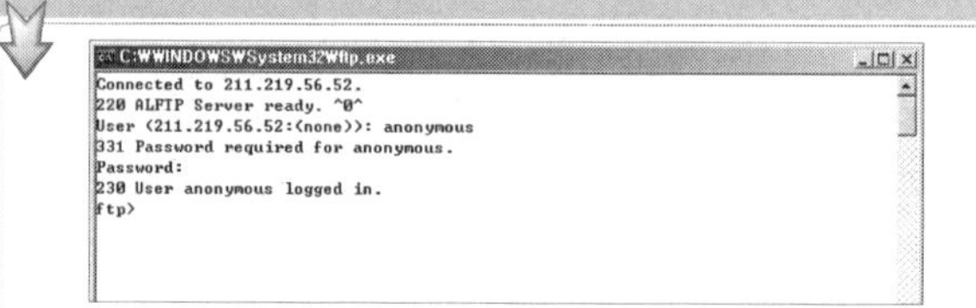

Step 03 'pwd'를 입력하여 현재 로그인된 위치(폴더)를 확인한다.

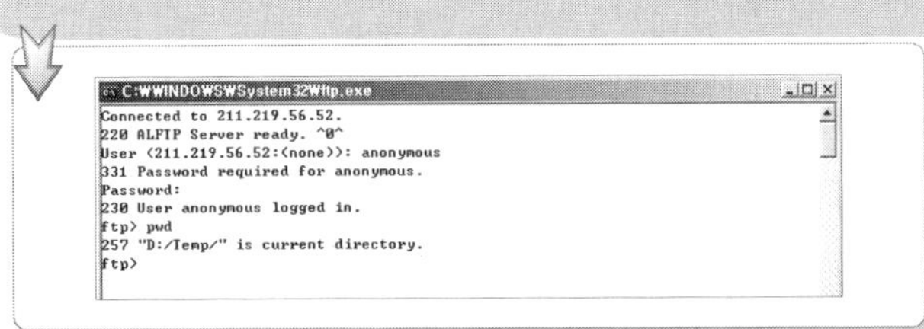

```
C:\WINDOWS\System32\ftp.exe
Connected to 211.219.56.52.
220 ALFTP Server ready. ^0^
User (211.219.56.52:(none)): anonymous
331 Password required for anonymous.
Password:
230 User anonymous logged in.
ftp> pwd
257 "D:/Temp/" is current directory.
ftp>
```

Step 04 설정된 초기 디렉토리를 보여준다. 'cd'명령으로 디렉토리를 이동한 후, 'ls' 명령으로 디렉토리내의 파일을 확인한다.

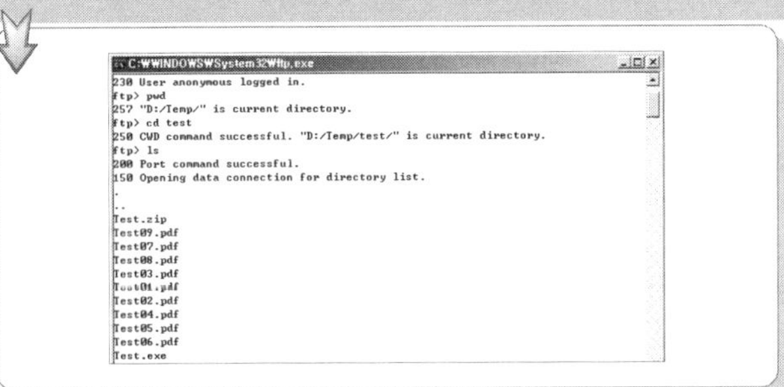

```
C:\WINDOWS\System32\ftp.exe
230 User anonymous logged in.
ftp> pwd
257 "D:/Temp/" is current directory.
ftp> cd test
250 CWD command successful. "D:/Temp/test/" is current directory.
ftp> ls
200 Port command successful.
150 Opening data connection for directory list.
.
..
Test.zip
Test09.pdf
Test07.pdf
Test08.pdf
Test03.pdf
Test01.pdf
Test02.pdf
Test04.pdf
Test05.pdf
Test06.pdf
Test.exe
```

Step 05 파일을 다운로드 받기 위해서는 'get' 또는 'mget' 명령어를 사용한다. 우선 다운로드 받을 파일이 바이너리 파일일 경우 'bin'명령을 사용하여 전송받을 파일의 유형을 지정한다.

```
test08.pdf
test09.pdf
test10.pdf
test05.pdf

226 File sent ok
ftp: 120 bytes received in 0.03Seconds 4.00Kbytes/sec.
ftp> bin
200 Type set to I.
ftp>
```

Step 06 전송상태를 확인하기 위해 'hash'명령을 사용한다. 전송상태를 2048byte 단위로 '#'표시로 나타낸다. 여기서는 'get' 명령을 이용하여 'get test05.pdf'를 입력한다. 다운로드가 완료되면 다음과 같은 결과를 확인할 수 있다.

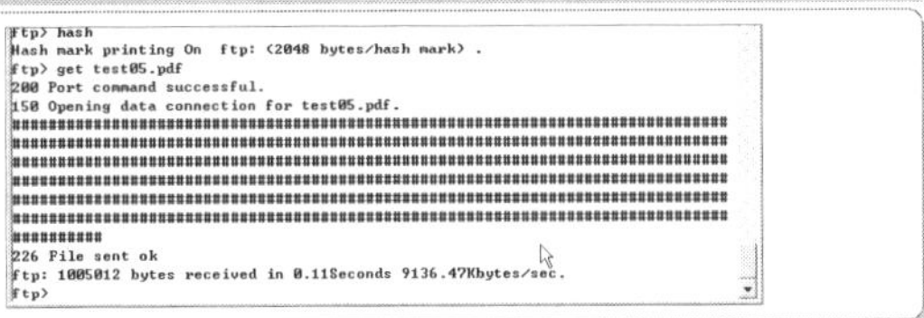

```
ftp> hash
Hash mark printing On  ftp: (2048 bytes/hash mark) .
ftp> get test05.pdf
200 Port command successful.
150 Opening data connection for test05.pdf.
##########################################################################
##########################################################################
##########################################################################
##########################################################################
##########################################################################
##########################################################################
#########
226 File sent ok
ftp: 1005012 bytes received in 0.11Seconds 9136.47Kbytes/sec.
ftp>
```

Step 07

'mget' 명령을 이용하면 여러 개의 파일을 동시에 다운로드 받을 수 있다. 'mget *.pdf'를 입력하면 다음과 같이 파일을 다운받을 것인지 여부를 묻는 메시지가 나온다. 'y'를 입력하고 다운로드를 시작한다.

```
226 File sent ok
ftp: 1298 bytes received in 0.00Seconds 1298000.00Kbytes/sec.
mget test05.pdf? y
200 Port command successful.
150 Opening data connection for test05.pdf.
######################################################################
######################################################################
######################################################################
######################################################################
######################################################################
######################################################################
##########
226 File sent ok
ftp: 1005012 bytes received in 0.10Seconds 10050.12Kbytes/sec.
ftp> _
```

Step 08

파일의 업로드 명령은 'put' 또는 'mput'을 사용한다. 전송상태의 표시는 'get' 명령과 같이 바이너리 모드 지정 및 'hash' 명령을 사용한다. 업로드 예제로 'put test05.pdf'를 입력한다. 전송결과는 다음과 같다. 업로드 여부를 확인하기 위해서는 'ls' 명령을 사용하여 파일을 열람한다.

```
ftp> bin
200 Type set to I.
ftp> hash
Hash mark printing Off  .
ftp> hash
Hash mark printing On  ftp: (2048 bytes/hash mark) .
ftp> put test05.pdf
200 Port command successful.
150 Opening data connection for test05.pdf.
######################################################################
######################################################################
######################################################################
######################################################################
######################################################################
######################################################################
##########
226 File received ok
ftp: 1005012 bytes sent in 0.14Seconds 7178.66Kbytes/sec.
ftp>
```


Step 09

'mput' 명령도 'mget' 명령과 사용법은 동일하다. 여러 개의 파일을 동시에 업로드 할 수 있다. 'mput *.pdf'를 입력하면 파일을 업로드 할 것인지 여부를 물어오면 'y'를 누르면 전송을 시작한다. 전송을 원치 않을 경우는 'n'을 입력한다.

```
mput test05.pdf? y
200 Port command successful.
150 Opening data connection for test05.pdf.
######################################################################
######################################################################
######################################################################
######################################################################
######################################################################
######################################################################
##########
226 File received ok
ftp: 1005012 bytes sent in 0.14Seconds 7178.66Kbytes/sec.
mput test01.pdf? y
200 Port command successful.
150 Opening data connection for test01.pdf.

226 File received ok
ftp: 1298 bytes sent in 0.00Seconds 1298000.00Kbytes/sec.
mput test02.pdf? _
```

Step 10

'by'를 입력하면 FTP 접속이 종료된다.

위의 과정은 서버의 상태표시 화면에서도 동일하게 보여 진다.

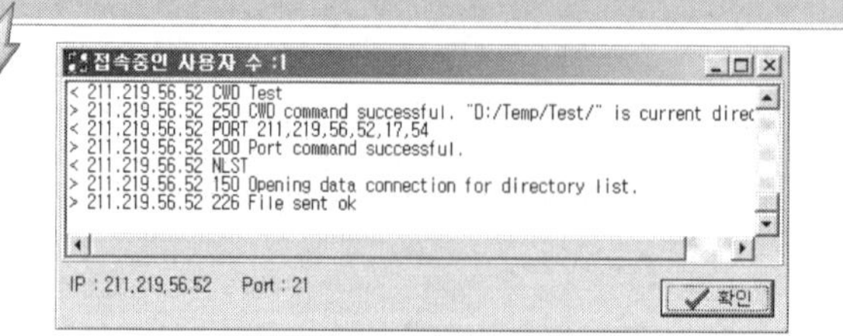

참고문헌

남태우, 이병기. 디지털도서관의 이해, 군포:한국디지틀도서관포럼, 2002.

이상렬. 인터넷유틸리티활용론, 서울:에듀컨텐스유피아, 2005.

이흥용. 목록학, 서울:훈민, 2002.

정영미, 도서관정보전산화론, 서울:구미무역, 1989.

정영미, 안현수. 전자도서관 구축론, 서울:구미무역, 1998.

황금숙. 디지털도서관론, 서울:학문사, 2000.